全国高职高专汽车类规划教材编审委员会

主　任： 王世震

副主任： 何乔义　胡　勇　宋保林　周洪如　郭振杰
　　　　　 上官兵　吴喜骊　张红伟　于万海　刘晓岩

委　员：（按姓名汉语拼音排序）

曹景升	陈东照	陈　瑄	程丽群	崔培雪	崔雯辉
代　洪	戴晓锋	丁继斌	董继明	高朝祥	龚文资
郭振杰	韩建国	韩卫东	何乔义	侯世亮	胡　勇
黄杰明	黄远雄	惠有利	吉文哲	贾建波	贾永枢
李　刚	李　宏	李立斌	李效春	李　彦	李永康
李远军	刘凤波	刘鸿健	刘景春	刘晓岩	刘照军
卢　华	罗富坤	骆孟波	潘天堂	蒲永峰	强卫民
任成尧	上官兵	宋保林	宋东方	宋延东	孙海波
索文义	谭克诚	田春霞	涂志军	王凤军	王贵槐
王国彬	王海峰	王洪章	王怀玲	王　琳	王培先
王世震	王小飞	王秀红	韦焕典	韦　倾	吴东平
吴喜骊	吴兴敏	伍　静	熊永森	徐　强	闫　永
杨传福	杨会志	姚　杰	易宏彬	于万海	于秩祥
曾庆吉	张　博	张国勇	张红伟	张　军	张俊海
张立荣	张　文	张宪辉	张忠伟	张子成	赵北辰
赵伟章	赵文龙	郑　劲	周洪如	朱成庆	朱　凯

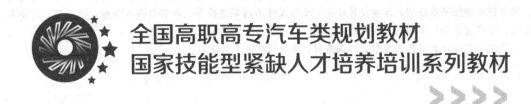

全国高职高专汽车类规划教材
国家技能型紧缺人才培养培训系列教材

汽车钣金维修

第二版

冯培林　黄春华　主　编
赵　文　张仲颖　副主编
张启森　主　审

化学工业出版社
·北京·

本书以轿车承载式车身为主系统介绍了现代汽车钣金维修方面的常用知识和技术。主要内容有汽车钣金维修安全知识、汽车钣金维修常用工具及设备、车身结构及主要附件的拆装、车身材料、车身焊接与切割、汽车钣金维修基本技能、车身拉伸校正、车身钣件的切割更换等。本书由浅入深地安排章节，理论联系实际，尽可能地介绍实用的知识和技术。

本书图文并茂，既可作为教学、培训教材，也可供相关人员学习。

图书在版编目（CIP）数据

汽车钣金维修/冯培林，黄春华主编. —2版. —北京：化学工业出版社，2017.1（2023.1重印）
全国高职高专汽车类规划教材　国家技能型紧缺人才培养培训系列教材
ISBN 978-7-122-28645-1

Ⅰ.①汽…　Ⅱ.①冯…②黄…　Ⅲ.①汽车-钣金工-维修-高等职业教育-教材　Ⅳ.①U472.4

中国版本图书馆CIP数据核字（2016）第304887号

责任编辑：韩庆利

责任校对：宋　玮　　　　　　　　　装帧设计：史利平

出版发行：化学工业出版社（北京市东城区青年湖南街13号　邮政编码100011）
印　　装：天津盛通数码科技有限公司
787mm×1092mm　1/16　印张21　字数523千字　2023年1月北京第2版第4次印刷

购书咨询：010-64518888　　　售后服务：010-64518899
网　　址：http://www.cip.com.cn
凡购买本书，如有缺损质量问题，本社销售中心负责调换。

定　价：43.00元　　　　　　　　　　　　　　　版权所有　违者必究

前言

汽车钣金维修的技术人才是我国紧缺的技术人才,随着我国汽车工业的快速发展和人民生活水平的不断提高,汽车在社会上的保有量不断增加,汽车钣金维修技术人才的匮乏现象也越来越明显;而仅仅依靠传统的汽车钣金维修知识和技术,已不能适应对当今社会上各种新车型、新材料车身的高效率修复的需要。在此前提下,我们通过对社会维修行业的充分了解,编写了此教材。

教材在编写中,切实地贯彻了高职高专教材的"基础理论教学要以应用为目的,以必须、够用为度,以掌握概念、强化应用、培养技能为教学重点"的原则。保证了教材内容的科学性、先进性、实用性,突出应用能力和综合素质的培养。

本教材内容系统完整,新技术也突出实用,能非常密切地把理论和实践结合起来,便于在学习时容易理解各知识点,在技能操作中容易领会技术要领。本教材章节之间的安排,科学有序,梯度明显,便于教师制订教学计划和编写教案。

本教材属于"项目引导、任务驱动"型教材,是根据调研企业岗位工作任务来组织内容,主要宗旨是以任务为主线、教师为主导、学生为主体,将所要学习的新知识隐含在一个或几个任务之中,通过任务的实施来学习新知识,掌握新技能。为了减少重复和保持专业技术学习的系统性,学习任务特意按照"大任务"形式编写,如项目1汽车钣金维修安全知识仅有一个学习任务,但实际包括了汽车钣金修理车间的环境安全、汽车钣金修理的人身安全、工具和设备的安全等;项目3车身结构及主要附件的拆装任务2车身外部附件的拆装和调整,实际包括了前后保险杠拆装调整、车门拆装调整、发动机盖拆装调整、行李箱盖拆装调整、前后挡风玻璃拆装、车门玻璃拆装等,任务3汽车室内附件的拆装实际包括了立体内装饰板的拆装、车顶棚装饰板的拆装、座椅的拆装、汽车卡扣等;项目4车身材料仅有一个学习任务,实际包括了金属材料、非金属材料等;项目7车身拉伸校正任务1车身测量实际包括了平面测量、中心量规测量、三维测量等;项目8车身钣件的切割更换任务2翼子板的切割更换实际包括了前翼子板切割更换、后翼子板切割更换,任务3立柱的切割更换实际包括了A、B、C立柱的切割更换。

本书由冯培林、黄春华担任主编,赵文、张仲颖担任副主编,张启森担任主审。编写分工如下:冯华林(编写项目1)、彭志华(编写项目2任务1和任务2)、黄春华(编写项目3任务1)、赵文(编写项目3任务2)、李嵩(编写项目3任务3)、李静(编写项目4)、刘志强(编写项目5任务1和任务2)、覃卫国(编写项目5任务3至任务5)、陆润宗(编写项目6任务1至任务3)、陈荣昌(编写项目6任务4至任务6)、梁国伟(编写项目7任务1至任务3)、冯培林(编写项目8任务1至任务7)、张仲颖(编写项目8任务8、任务9)。

因为时间非常仓促和水平有限,书中难免还存在不足之处,恳请读者批评指正。

本书配套电子课件,可赠送给用书的院校和老师,如果需要,可发邮件到hqlbook@126.com索取。

编 者

目 录

项目 1 　汽车钣金维修安全知识　　1
任务　汽车钣金维修安全知识认知　　1

项目 2 　汽车钣金维修常用工具及设备　　11
任务 1 　汽车钣金维修常用工具　　11
任务 2 　汽车钣金维修常用设备　　23

项目 3 　车身结构及主要附件的拆装　　35
任务 1 　车身结构认知　　35
任务 2 　车身外部附件的拆装和调整　　41
任务 3 　汽车室内附件的拆装　　60

项目 4 　车身材料　　82
任务　车身材料认知　　82

项目 5 　车身焊接与切割　　94
任务 1 　气体保护焊　　94
任务 2 　电阻点焊　　108
任务 3 　氧-乙炔焊　　116
任务 4 　钎焊　　123
任务 5 　等离子切割　　128

项目 6 　汽车钣金维修基本技能　　134
任务 1 　车身覆盖件凹陷变形的维修　　134
任务 2 　覆盖件的局部挖补维修　　150
任务 3 　铝合金钣件的维修　　154
任务 4 　塑料件的维修　　160
任务 5 　车身钣金件的制作　　177
任务 6 　钣金维修工具的制作　　190

项目 7 　车身拉伸校正　　195
任务 1 　车身测量　　195
任务 2 　车身损伤分析　　234

任务 3　车身拉伸矫正 …………………………………………………………… 246

◎ 项目 8　车身钣件的切割更换　267
　　任务 1　纵梁的切割更换 …………………………………………………………… 267
　　任务 2　翼子板的切割更换 ………………………………………………………… 286
　　任务 3　立柱的切割更换 …………………………………………………………… 295
　　任务 4　汽车门槛板的切割更换 …………………………………………………… 305
　　任务 5　行李箱后围板的切割更换 ………………………………………………… 308
　　任务 6　汽车地板的切割更换 ……………………………………………………… 311
　　任务 7　车顶的切割更换 …………………………………………………………… 315
　　任务 8　车身整体截断的切割更换 ………………………………………………… 318
　　任务 9　车门外板（蒙皮）的更换 ………………………………………………… 321

◎ 参考文献　327

项目1 汽车钣金维修安全知识

任务　汽车钣金维修安全知识认知

教学目标

1. 熟悉汽车钣金维修车间的环境安全要求。
2. 熟悉汽车钣金工具与设备的使用安全要求。
3. 掌握汽车钣金维修人员人身安全保护的方法。

任务引入

汽车钣金维修相关工作人员必须熟悉汽车钣金维修车间的环境安全要求、工具与设备的使用安全要求和掌握维修人员保护人身安全的方法，才能安全、高质量高效率完成车身修复工作。

任务分析

钣金维修车间的环境安全主要包括工作区域布置、环境卫生、消防、移动车辆、易燃易爆有毒物质处理等安全；工具与设备的使用安全主要包括手动工具、动力工具、设备的使用安全；钣金维修人员人身安全包括呼吸系统和身体各部位的保护。

相关知识

一、汽车钣金维修车间的环境安全

1. 工作区布置

汽车钣金车间主要是进行事故车辆的检查、零部件拆卸、钣件加工维修、车身测量校正、车身钣件更换、车身装配调整等工作。设立的各工位要合理布置，使每个工位的各项具体工作都能方便快捷地进行。流水线式的工位布置能使工作效率大大提高。

2. 电气路布置

钣金维修车间的工作要使用电和压缩空气，电、气路的布置是否合理，是否符合规范非常重要。

车身的焊接工作用电量很大，电路的布置除了要符合电工布线安全规范外，还要特别注意焊接电流的要求。如气体保护焊焊接时的电流必须大于15A，电阻点焊设备的电流必须要30A以上。配电箱中的三孔、四孔的插座要保证接地良好，连接焊机电源线不能过长，以免引起线路过热损坏。

压缩空气管路要合理布置，各个工位安装有开关和快速接口；配备必要的油、水分离器等装置，保证使用的压缩空气有良好的质量和稳定性。车间使用的压缩空气压力一般为0.5～0.8MPa。

3. 消防安全

钣金维修车间中有各种易燃物品，焊接和切割金属中产生的飞溅火花，气焊的明火，很容易造成火灾。车间必须配备足够的灭火装置和灭火材料。比如干粉灭火器、防火沙等。灭火器要摆放在车间的固定位置，并要有明显的标志，方便取出；应定期检查、定期重新加注灭火剂。

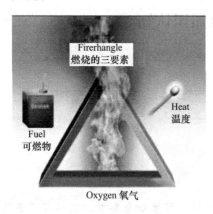

图 1-1-1　燃烧的三要素

（1）燃烧三要素　燃烧的三个基本要素是温度（热量）、可燃物和氧气，如图1-1-1所示。只要使其中的一个要素缺失就能熄灭火焰，防止火灾的发生。

（2）火灾四种类型　火灾因燃烧物的不同可分为A、B、C、D四种类型：

A类火是由一般固体可燃物如木材、纸、塑料等引起的火灾。

B类火是由可燃液体如油、汽油、油漆、溶剂等引起的火灾。

C类火是由电气设备引发的火灾。

D类火是由某些可燃金属如铝、镁、钠、钾等引起的火灾。

不同类型的火要用不同类型的灭火器来扑灭，当然，有些灭火器可以扑灭几种类型的火。比如干粉灭火器，它可以扑灭易燃物、易燃液体和电气火灾。

（3）在车间维修操作时应该注意的防火事项

① 钣金维修车间禁止吸烟。在车间内也不要随身携带火柴或打火机。

② 进行焊接或切割时，注意待修车辆周围及车上的易燃材料，必须让它们远离热源或者得到有效的覆盖。在没有确定容器原来所盛的是什么材料之前，切勿切割或焊接。

③ 不要在油漆、稀释剂或其他可燃液体或材料周围进行焊接或切割。

④ 不要在蓄电池周围进行焊接或打磨。蓄电池充电时可产生氢气，从而存在爆炸的可能。

⑤ 在维修靠近燃油过滤管的板料，或是靠近油箱的框架和底板损坏需要维修时，应将燃油箱排空后拆下，并将它和汽油放在安全位置。在油箱加油管周围进行作业时，应将其拧紧并盖上湿抹布。

⑥ 钣金维修中一定要断开蓄电池，不要让车辆上的导线短路，造成电气火灾，也避免因为焊接而损坏汽车的电脑控制件。

⑦ 如果不慎发生了火灾，不要慌张，要谨慎处理，及时打火警电话，人要贴近地面，避免吸入烟气，如果过热或烟气过大，要及时离开。

4. 车间清洁

车间清洁不仅能使工作人员有良好的精神状态，提高工作效率，而且在出现火灾或者其他事故时也能做到及时施救或撤离。

（1）所有地面应保持清洁、有序。地板上有油、油脂或冷却液，会使人滑倒，必须清理干净。可用工业吸油剂擦净油污。

（2）保持地面干燥无水。避免因为带电导线突然落下，使人通过水的接触发生严重的触电事故。如图1-1-2所示。

图1-1-2　保持地面干燥无水

（3）通道和人行走道要保持清洁和有足够的安全间距。避免因通道内堆放混乱导致事故的发生或来不及处理事故。

（4）操作者的正规工作区要用防滑地板条装修地面，并划分开每个人的工作地段。

5. 车间移动车辆和驻车安全

（1）谨慎驾驶。必要时二人合作，一人驾驶，一人在车外安全位置指挥。慢速驾驶，并让车窗玻璃始终是开着的，以便驾驶者听到指挥者的警示。

（2）小心观察车辆行驶方向的状况。在车间移动车辆时，应查看各个方向，确保没有障碍物。并要特别注意其他作业的人员是否把他们的腿脚伸到行驶路线上。

图1-1-3　安全固定车辆

（3）安全固定车辆。停车时关闭整车电路，点火钥匙应转到关闭位置；在对车辆进行作业时应拉起驻车制动器，车辆为自动变速器，则应置于驻车挡；如果车辆为手动变速器，则挂入空挡。同时用楔形木块垫住轮胎防止车辆移动，如图1-1-3所示。

（4）检查车辆时，注意手指远离处于拉伸状态时的弹簧，如发动机罩和车门的铰链弹簧非常有力，以免手指被夹伤或割破；避免接触旋转中的部件，如散热器风扇叶片和传动带，以免手指、头发等被绞入造成人身伤害。

6. 有害气体和灰尘的控制

汽车钣金维修车间常遭受到有害气体、灰尘等的危害，应制订相应的控制措施来保证通风。可采取换气系统进行地面抽气，或以强力抽气中心来抽吸维修时的磨料和喷漆场地的灰尘。只有在通风良好的地方运行发动机，才能防止一氧化碳的危害。维修车间最好安装尾气排气系统，利用它排出一氧化碳；如果没有安装，可用直接通往室外的管道系统，通过过滤装置排出室外。

7. 良好的辅助工作

良好的辅助工作能使我们及时处理出现的事件，也可以减少或减轻事故产生的危害。

（1）车间应安装有事故报警电话，并有报警电话号码表放在电话旁边的明显位置。这些电话号码应包括医生、医院、消防及警察部门，以便于出现事故时能及时求救。

（2）工作地区应有急救包，供处理轻微伤害用。急救包中应有消毒纱布、绷带、剪子及其他有关物品。如图1-1-4所示。

（3）车间应有冲洗眼睛的设备，便于由于不小心被溶剂等腐蚀性液体接触到眼睛时及时冲洗。如图1-1-5所示。

图 1-1-4　急救包

图 1-1-5　冲洗眼睛的设备

(4) 配备有金属盖的金属容器，用于存放脏污的擦拭材料或其他易燃材料。存放脏污的擦拭材料容器应及时移到建筑物外面安全的地方，并应每天倒空。

8. 溶剂和其他易燃液体的处理

汽车钣金维修过程中需用各种溶液来清洗表面和设备，以及稀释涂料。这些溶液是非常易燃的，它们的蒸发烟雾很容易引起剧烈燃烧，必须十分小心处理。

(1) 在任何有可能存在由高度易燃性液体产生的高浓度蒸气的场地上，应对所有火源严加控制和监视，以防火灾。

(2) 分装溶剂时，首先要保证溶剂桶接地可靠，并用导线将桶与安全罐连接起来，再用专用的输送泵通过桶上的孔抽送。否则产生的静电将引起火花进而导致爆炸。如图 1-1-6 所示。运送溶剂时避免溢出。

(3) 定期报废或清洗所有空的溶剂容器。这些容器底部残余的溶剂蒸气是重要的火源，切记勿用汽油作清洗剂。

(4) 维修中使用的溶剂和其他易燃液体，必须存放在经过批准的通风透气的储存室金属柜中。不能把超过一天用量的漆料放在储存区以外。

(5) 在没有使用时，所有易燃和易爆液体的桶和管道的连接器必须保持严密封闭。

二、工具和设备安全

图 1-1-6　用专用的泵抽送溶剂

在进行汽车钣金维修时会用到大量的手动、电动、气动工具和校正设备，在使用任何工具前都要充分了解它的使用方法、安全提示及操作规程，避免产生危险。

1. 手动工具安全

(1) 手动工具应保持清洁和良好的工作状况，不能粘有润滑脂、机油等，使用完毕和收拾前应将其擦拭干净。

(2) 手动工具应专物专用，在使用前应检查是否存在裂纹、碎片、毛刺、断齿或其他的情况。特别强调钣金维修中用的钢质钣金锤和铝质钣金锤不能互用，否则会破坏钣金锤或者车身钣件。

（3）在使用扳手松开或上紧螺栓螺母时，尽量用拉力而少用推力动作，使用推力时必须保持好身体重心，以防跌倒。

（4）在工具柜拿取工具时，不要同时打开多个抽屉以免造成工具柜倾翻事故。

（5）在工作过程中不要把螺丝刀、冲子或其他尖锐的工具放到口袋里，以免刺伤自己或损坏车辆。

（6）保持良好的职业习惯，将所有的零件和工具整齐、正确地放在指定位置，提高工作效率。

（7）车底维修用躺板不用时应将其竖起放到安全位置，不能随意放在地上，以免有人踩到摔倒受伤。

2. 动力工具和设备安全

（1）使用电动工具和设备，必须注意安全用电。应确保它们的电源线能正确接地。定期检查电线的绝缘层有无裂缝或裸露出导线，及时更换有破损的电线。如图1-1-7所示。

（2）在使用动力工具前要安装好动力工具的护具，如图1-1-8所示角磨机的护具。

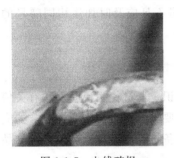

图1-1-7　电线破损

图1-1-8　注意安装角磨机的护具

（3）在对工具进行维修和维护之前，要先将工具的电源或气源断开。

（4）使用动力工具和设备时不能超出其额定功率。如砂轮或其他转动工具的最大转数（r/min）和气动工具的额定压力。否则就会损坏工具或设备，也容易造成人员伤害事故。

（5）当用工具进行金属表面或者其他表面打磨修整时，应注意调整好速度，并在转速平稳后才能进行工作；避免由于过热，烧坏了被加工表面，并软化了工具的金属部分。

（6）在用动力工具对小零件进行加工，比如打磨、钻孔工作时，不要一个手拿零件，一个手拿工具操作，否则容易造成对手部的伤害。一定要使用夹紧钳或台钳来固定小零件。

（7）在利用空气压缩机进行压缩空气时，要调整好压缩机的充气压力，保证不超过警示的极限。

（8）使用吹气枪工作时，压力值应保持在0.5MPa以下。在清洁车门、立柱和其他难以达到的位置时，注意戴上护目镜和防尘口罩。禁止用吹气枪来清洁身上衣物，更加不能直接对着皮肤吹，因为即使是在较低的压力下，压缩空气也能使灰尘粒子嵌入皮肤，可能造成皮肤发炎。

（9）车辆举升机的安全

① 首先阅读举升机说明书。参阅具体车辆的维修信息，找出推荐的车辆举升点位置。

② 使用前应检查操作手柄是否正常。检查操作结构是否灵敏有效，液压系统不允许有爬行现象。

③ 举升机支撑臂支撑车辆时，支撑臂和橡胶垫块要注意调整好，使橡胶垫块能对正该

车型规定的举升点，四个支角应在同一平面上，支起后四个托架要锁紧。

④ 举升时人员必须离开车辆。车辆升高150mm时暂停举升，通过小心摇晃一下汽车检查车辆在举升机上是否平衡。如果听到异响，表明车辆可能没有正确支撑，应降下车辆并重新对正车辆和橡胶垫块；检查无问题后可以继续举升。

⑤ 举升到需要高度时，必须确保保险锁销（机械锁）已经插入到位，并确保安全可靠才可开始在车底作业。

⑥ 除低保及小修项目外，其他繁琐笨重作业，不得在举升机上进行车辆维修；有人作业时严禁升降举升机。

⑦ 举升机下降前务必检查车底没有任何其他物品，以免其他物品顶起汽车造成车辆跌落事故。

⑧ 举升机不得频繁起落。发现操作机构不灵，电机不同步，托架不平或液压部分漏油，应及时报修，不得带病操作。

⑨ 作业完毕应清除杂物，打扫举升机周围以保持场地整洁。

⑩ 定期（半年）排除举升机油缸积水，并检查油量，油量不足应及时加注相同牌号的压力油。同时应检查润滑举升机传动齿轮及链条。

三、汽车钣金维修人身安全

汽车钣金维修人员在工作中必须有很强的个人安全保护意识，通过使用说明书和有关信息掌握各种工具和设备的安全操作规范。在抬起和搬运物品时要量力而行，注意姿势，如应弯曲膝部而不能弯背和弯腰进行，对于重物必须使用适当的设备进行提升和搬运。搬运物品姿势和设备如图1-1-9所示。

图1-1-9 搬运物品姿势和设备

在汽车钣金维修工作中，除以上所示搬运物品要注意保护身体外，还必须做好呼吸系统和身体各部位的卫生防护。

1. 呼吸系统防护

各种呼吸器如图 1-1-10 所示。

（1）供气式呼吸器　由一个有透明护目镜的兜帽和一个外接气源软管组成。干净可呼吸的空气通过软管从一个单独的气源泵送到面罩或头盔中。供气式呼吸器是最安全的保护方式，可以隔绝任何有毒气体、蒸气、烟雾以及微尘，建议在喷涂所有类型的底漆、涂料、密封材料和防腐材料时都使用供气式呼吸器。利用喷砂处理旧漆面时也最好使用供气式呼吸器。

（2）滤筒式呼吸器　由一个橡胶面罩、预滤器和滤筒组成，能够清除空气中的溶剂和其他蒸气，属于防毒口罩类呼吸保护器。在进行涂料稀释、调色或涂装时应该戴上此类防毒呼吸器。

（3）焊接用呼吸器　由一个特殊的滤筒来过滤焊接的烟尘，在对镀锌钢材进行焊接时必须戴上，以免产生的焊接烟尘和锌蒸气对人体产生伤害。

（4）防尘呼吸器　防尘呼吸器只是一个防尘口罩，一般是用多层滤纸制作而成，它能够阻挡空气中的微粒、粉尘进入人的鼻腔、咽喉、呼吸道和肺部。在进行打磨、研磨或用吹风机吹净钣件操作时会产生大量的粉尘，应佩戴防尘呼吸器。

(a) 供气式呼吸器及喷砂处理

(b) 滤筒式呼吸器　　　　(c) 焊接用呼吸器　　　　(d) 防尘呼吸器

图 1-1-10　各种呼吸器

2. 身体各部位保护

（1）头部的防护　汽车钣金维修人员在工作中要戴上安全帽，一般工作可戴布质工作帽，防止灰尘或油污的污染，保持头发的清洁；在车下作业或者进行拉伸校正操作时要戴硬质安全帽，防止碰伤头部。

（2）眼睛和面部的防护　眼睛和面部的防护用品如图 1-1-11 所示。

汽车钣金维修人员在进行锤击、钻孔、磨削和切削等工作时都要求佩戴防护眼镜、风镜、面罩、头盔等眼睛和面部的保护装置。氧-乙炔焊操作时应佩戴有深色镜片的"墨镜"；有些工作必须使用防飞溅面罩或头盔保护。在利用金属调理剂处理金属表面时，因调理剂含

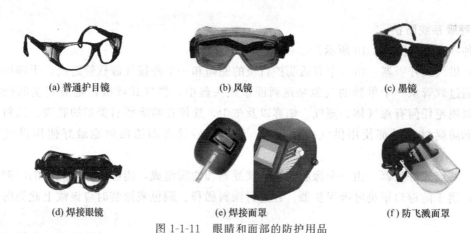

图 1-1-11 眼睛和面部的防护用品

有磷酸,最好使用防酸碱护目镜,防止调理剂溅沫进入眼睛。在进行电弧焊、等离子切割时应佩戴焊接专用的焊接护目镜或焊接面罩,以免受高温、紫外线或熔融金属的灼伤。

(3) 耳的防护　在噪声严重的环境中工作,必须佩戴耳塞或耳罩等耳朵保护装置,例如使用气动錾、气动锯等切割工具、击打钣件、打磨等操作中产生的高分贝噪声都会对耳朵产生伤害;在进行焊接时,耳塞或耳罩还可以避免被飞溅的金属损伤耳朵。如图 1-1-12 所示。

(4) 身体的防护　在进行钣金维修工作时,需要穿上规定的工作服,并把扣子扣好。过于宽松的衣服、未扣上扣子的衬衣袖子、悬摆的领带、首饰及悬在外面的衬衣下摆,这在钣金维修车间都是非常危险的;焊接时必须穿上焊接专用工作服。

(5) 手的保护　根据不同的工作选择相应的手套,以防止手受到伤害。特别是在焊接时,应该戴上皮质的手套,防止被飞溅的金属烧伤。在用化学溶液处理金属表面时,最好用橡胶手套,以免被灼伤。如图 1-1-13 所示。

在离开工作场地时要彻底洗手,同时建议使用适当的清洁剂,一定不能把稀释剂当清洁剂来用。每天工作结束时可用一种不含硅的护肤膏滋润皮肤。

图 1-1-12 耳罩　　　　图 1-1-13 手套

(6) 腿、脚的保护　在进行钣金维修工作时,最好穿上有金属脚尖衬垫及防滑鞋底的安全工作鞋。金属衬垫可保护脚趾不受落下物体伤害。如果要长跪在地上进行操作,可以佩戴护膝。如图 1-1-14 所示。

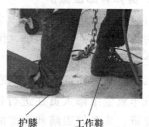

图 1-1-14 腿、脚的保护

任务实施

一、维修车间的环境安全和个人卫生防护

（1）进行"7S"工作。

对车间实习场地和工位、工具、设备、台架进行"整理、整顿、清扫、清洁、素养、安全、节约"工作。

（2）检查电源箱的插座220V、380V是否适用，各用电设备使用电源情况，各用电工具、设备的电线电缆是否安全。

（3）检查压缩空气快速接头、开关、接管是否正常可用。

（4）根据汽车钣金维修各种工作岗位练习穿戴相应个人卫生防护用品。

二、灭火器的使用

下面以手提式干粉灭火器为例练习灭火器的使用方法，如图1-1-15所示。注意，灭火练习场地要在空旷场所进行。

（1）穿戴必要防护用品，如口罩等。

（2）摇动瓶体使灭火器中干粉均匀。如图1-1-15（b）所示。

（3）站在距离火源2～3m的地方。注意，不要站在逆风位置。

（4）拉出手柄上的安全销。如图1-1-15（c）所示。

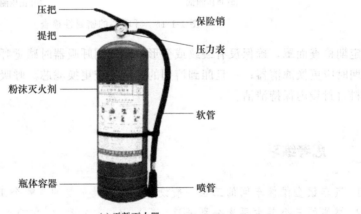

(a) 干粉灭火器

(b) 摇匀干粉

(c) 拉出安全销

(d) 对准火焰的根部灭火

图1-1-15　干粉灭火器及其使用方法

(5) 握稳灭火器和喷管,将喷嘴对准火焰的根部。

(6) 挤压压把,将灭火剂喷入火焰中,将火熄灭。如图1-1-15 (d) 所示。

拓展知识

呼吸器的测试和保养

呼吸器的密封是非常重要的,它能防止污染的空气通过滤清器进入人的肺部。使用呼吸器前要检查有无空气泄漏,对呼吸器进行密合度测试,负压和正压都要检查。一般可用如图1-1-16所示方法快速检查。

(1) 负压测试 用手掌挡住滤筒不给进气,并用力吸气。密合性良好时,面罩部分会随着正常的呼吸而朝向脸部凹陷。

(2) 正压测试 用手罩住呼气器,并用力呼气。密合性良好时,面罩部分会鼓出,而空气会随着正常的呼气从面罩溢出。

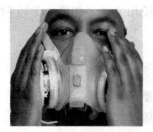 

(a) 负压测试　　　　　　　　　　(b) 正压测试

图1-1-16　呼吸器的密封性检查

定期检查面罩,确保没有裂纹或变形;当使用呼吸器时感觉呼吸困难,或滤清器到达更换周期时应更换滤清器;一旦闻到溶剂的味道就应更换滤芯。呼吸器应保存在气密的容器内或塑料自封袋内保持清洁。

 思考练习

1. 汽车钣金维修车间的工位一般设立哪些?最重要的是哪个工位?
2. 燃烧的三个基本要素分别是(　　)、(　　)和(　　)。
3. 火灾依燃烧物的不同可分哪几个类型?
4. 简述干粉灭火器的使用方法。
5. 呼吸器的种类有(　　)、(　　)、(　　)和(　　)等。
6. 焊接时应该戴(　　)手套。
A. 塑料　　　　B. 橡胶　　　　C. 皮　　　　D. 棉纱
7. 吹气枪的工作压力应该保持(　　)MPa以下。
A. 0.2　　　　B. 0.5　　　　C. 0.1　　　　D. 0.8

项目2 汽车钣金维修常用工具及设备

任务1 汽车钣金维修常用工具

教学目标

熟悉汽车钣金维修常用工具的功能及应用。

任务引入

汽车钣金维修包括附件拆装、凹陷修复、拉伸校正等都需要使用相应工具进行，充分了解和熟悉各种工具的功能及应用是正确选择修复工艺和进行正确修复工作的前提。

任务分析

汽车钣金维修常用工具有钣金锤、垫铁、匙形铁、撬棍等手工工具，有砂轮机、砂带机、打孔机、气动锯、气动钻、气动錾、气动锉等电气动工具。

相关知识

一、汽车钣金维修常用手动工具

1. 钣金锤

钣金锤指在钣金维修中使用的各种规格和样式的锤子。每一种锤子都有其特有的用途，不能用在非车身维修场合，否则会影响维修效率和维修质量。各种钣金锤如图2-1-1所示。

2. 垫铁

垫铁是一种手持的铁砧，通常与钣金锤配合进行维修作业，用在粗加工和锤击加工中。车身钣件的线型很多，所以要利用各种形状的垫铁才能有效快速修复。常用的垫铁有通用垫铁、足跟形垫铁、足尖形垫铁、卷边垫铁和楔形垫铁等。各种垫铁如图2-1-2所示。

3. 匙形铁

匙形铁，也叫修平刀，是一种非常有用的车身修整工具，有时用作锤子，有时又用作垫铁。如整修表面空间受到限制，不易使用垫铁时，匙形铁就可以代替垫铁。匙形铁有很多种形状和尺寸，以满足各种不同形状车身板的需要。如图2-1-3所示。

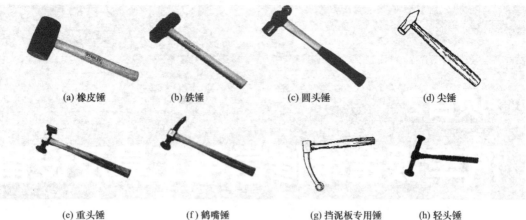

(a) 橡皮锤　　(b) 铁锤　　(c) 圆头锤　　(d) 尖锤

(e) 重头锤　　(f) 鹤嘴锤　　(g) 挡泥板专用锤　　(h) 轻头锤

图 2-1-1　各种钣金锤

(a) 通用垫铁　　(b) 馒头形垫铁　　(c) 足跟形垫铁

(d) 足尖形垫铁　　(e) 卷边垫铁　　(f) 楔形垫铁

图 2-1-2　各种垫铁

图 2-1-3　各种匙形铁

图 2-1-4　匙形铁分散作用力

匙形铁的工作面一般有平面形、弧形和双钩形三种。

(1) 平面形匙形铁　在处理汽车表面的皱折和凸脊，或因划伤而产生的微小拱起，将平面形匙形铁贴紧于待修表面，再用锤打匙形铁，恢复原状特别有效。因为匙形铁的平滑表面可以把锤击力分散到较大的面积上。如图 2-1-4 所示。

(2) 弧形面匙形铁　弧形面匙形铁用在有弹性的反

向拱起表面维修，可以用在维修低凹的金属面。

（3）双钩形匙形铁 也叫双钩修边器，修边器的两端均为钩状，一端用来直接进行拉、撬动作，另一端用来进行错位拉、撬或弯曲工作。该工具的优点是可以防止在金属面边缘进行维修时划伤边缘面，常用来维修挡泥板、车门、发动机罩和后备箱盖等板件的开口凸缘。

4. 撬棍

撬棍是用来通过车身的某些洞口或者缝隙伸进狭窄的空间，把凹陷撬平的工具，比如不用对钣件进行拆卸，就可以把把车门、后翼子板和其他封闭式车身板的凹陷撬平。根据汽车的不同品牌和型号，需要的撬棍种类繁多，形状千奇百怪，可以从自己实际需要来制作。各种撬棍形状如图 2-1-5 所示。

图 2-1-5 各种形状的撬棍

损坏的车身钣件经过校正、拉直等粗加工后，如果表面仍存在一些小的不规则的麻点或小凹点，而用常规的手动加工工具如鹤嘴锤，不能去除时，应选用撬棍进行精加工。在汽车制造厂的许多次品车身就是靠它来修复才得以成为正品；在日常使用的汽车因小物件的撞击而产生的一些凹陷，通过用撬棍来维修，可能很快就能修好，而且不伤及漆面。

5. 车身锉

在变形钣件已经被敲击或拉回等粗加工后，锉削可以显露出钣件上任何需要再加以处理的高点和凹点，或在经精加工去除钣件面上所有的凸、凹点后用车身锉锉平金属板面；经车身锉加工后，再进行打磨机的最终打磨，就可以完成金属精加工的全部工作。

车身维修中常用到的锉有三种。如图 2-1-6 所示。

（1）挠性把柄车身锉 挠性把柄车身锉的挠性把柄可以调整锉片的弯曲度，无论板面是平面、凸起面或是凹低面，它都可以让锉的形状更好地配合板面的形状。但是不要让锉片过度弯曲，防止把锉片折断。

（2）标准固定式锉刀 该锉刀包括一把直的、坚硬的木制把柄，是锉平平的金属板和拱起金属板的理想工具。

（3）弧形锉 即曲面锉，主要用来检查较窄的拱起面、折边和装饰条的平直程度。

(a) 挠性把柄车身锉 (b) 标准固定式锉刀 (c) 弧形锉

图 2-1-6 各种车身锉

6. 冲头和錾子

冲头和錾子是钣金维修人员常备的工具，如图 2-1-7 所示。

图 2-1-7 冲头和錾子的种类

图 2-1-8 用扁冲校直角线

（1）冲头　用于造形和起出零件和校准零件等操作。根据任务不同，形状也不同。

扁冲可以与锤子配合使用，在车身钣件和车架上重新成形凸缘、凸起、直线边缘和弯折等。用扁冲校直角线如图 2-1-8 所示。

尖头冲头，也叫样冲，用于开始冲出一个孔痕或对部件做记号，冲出的凹痕将引导钻孔位置。

起出冲头，有一个渐细的冲杆，可以将销钉、轴和杆推出孔外。

校准冲头，冲杆长而渐细，用于对准车身板和其他部件，比如将车身板上的孔和保险杠对准。

（2）錾子　用于某些手工切削操作，如削去铆钉头或分割金属板料。常用的錾子有扁錾、狭錾、菱形錾和圆头錾等。

汽车钣金维修上最常用的是扁冲和扁錾，样子和形状没有太大的区别，一般认为刃口锋利的为錾子，刃口钝口的为扁冲，可以自己制作。

7. 金属切割工具

（1）手剪刀　是手工剪切薄钢板的常用工具。在使用时应注意，根据不同材料和不同需要选择，比如一般低碳钢板可以用常用的铁皮剪刀，但不锈钢等硬金属应用专业的金属切割剪。如图 2-1-9 所示。

（2）脚踏剪板机　可以满足一般薄金属板料的剪切工作。如图 2-1-10 所示。

图 2-1-9 手剪刀

图 2-1-10 脚踏剪板机

8. 铆枪

铆接是车身维修作业不可缺少的工艺，特别是在铝车身钣金维修中。

铆接时，先将铆钉组件插入被连接的工件通孔中，然后用铆枪将外伸的铆钉杆拉断，铆接即告成功。如图 2-1-11 所示。

9. 凹陷拉拔工具

（1）凹陷拉拔器　即传统的惯性锤，通常带一个螺纹尖头和一个钩尖，一般情况下要求在皱折处钻出或冲出一个或多个孔。拉拔时将螺纹尖头拧入所钻的孔，用滑锤轻轻敲打手

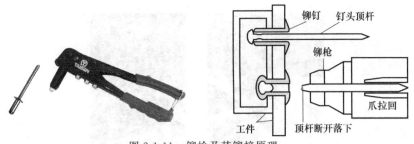

图 2-1-11　铆枪及其铆接原理

柄,慢慢把凹陷拉平。如图 2-1-12 所示。现在的惯性锤带有许多附件,如钩头、螺钉和螺栓连接器等,配合车身修复机可以不用钻孔就能整平凹陷,使用更加方便,更加高效。

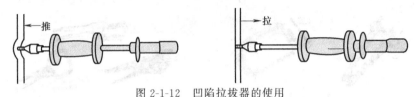

图 2-1-12　凹陷拉拨器的使用

（2）拉拨杆　拉拨杆有一个弯曲的头。同凹陷拉拨器一样,把它插进钻出的孔里,用一根拉拨杆即可把较小的凹陷或皱折拉平,而要拉平较大的凹陷,就要同时用三根或四根拉拨杆。拉拨杆可与钣金锤一起使用,同时敲击和拉拨使车身钣件恢复到原来的形状,而造成金属延展的危险较小。如图 2-1-13 所示。

（3）真空吸盘　真空吸盘可以把车身蒙皮大的凹陷拉出复位,有单盘和多盘选用,有一般吸盘和气动吸盘。如图 2-1-14 所示。

图 2-1-13　拉拨杆　　　　　图 2-1-14　真空吸盘

10. 装饰件拆卸工具

为了保护汽车车身上的装饰件及其连接件,在拆卸时必须使用专用工具。尖叉形状的撬起工具可以撬起装潢小钉、弹簧、夹子和其他装饰固定件工作件。如图 2-1-15 所示。

11. 夹具

在钣金维修中,对部件整形、板料折边等工作,需用到各种夹具,如手虎钳、C 形夹具和大力钳等。特别是大力钳,也叫虎钳扳手,可以迅速夹持钣金件,当把钣金件夹持就位后,就可以解放双手,在车身焊接和定位时经常使用。各种夹具如图 2-1-16 所示。

二、动力工具

1. 气动工具

（1）气动扳手　气动扳手有两种基本形式:一般气动扳手和棘轮扳手。利用压缩空气驱

图 2-1-15　装饰件拆卸工具及其使用

(a) 手虎钳　　　　　　　(b) C形钳　　　　　　　　　(c) 大力钳

图 2-1-16　各种夹具

图 2-1-17　气动扳手

动气马达带动棘轮机构旋转而成的扳手即是气动棘轮扳手，棘轮扳手的特点是扳手向一个方向旋转，依靠棘爪作用，带动螺母旋转；反方向转动时，棘爪空套不起作用，此时螺母不会旋转。只有调节正反向杠杆才能改变螺母旋转方向。如图 2-1-17 所示。

（2）气动钻　气动钻是用压缩空气作动力驱动气马达旋转达到钻孔目的。要切开焊点时，可以使用有底托的焊点钻，利用钻头将焊点切除。如图 2-1-18 所示。

图 2-1-18　气动钻

（3）气动旋具　即气动螺丝刀，可用于各种螺钉（机制螺钉、塑料自攻螺钉、钣金螺钉、复合金属板自钻孔螺钉、精密装配件上的精密螺钉）的旋紧。如图 2-1-19 所示。

图 2-1-19　气动旋具

（4）气动打磨机　一般用于金属磨削、切割，油漆层的去除、腻子层的打磨等工作。气动打磨机有盘式打磨机和轨道式精打磨机两种。盘式打磨机又有复合作用打磨机与单一运动盘式打磨机两个类型，适用于粗打磨。轨道式打磨机用于精加工。当要打磨窄小的位置时，可以用砂带机。如图 2-1-20 所示。

(a) 盘式打磨机　　　　(b) 轨道式打磨机　　　　(c) 砂带机

图 2-1-20　气动打磨机

（5）气动切割锯　用于切割车身钣件。如图 2-1-21 所示。

（6）气动剪　用于切割车身钣件。如图 2-1-22 所示。

图 2-1-21　气动切割锯　　　　　图 2-1-22　气动剪

（6）气动砂轮　用于粗磨金属表面或者切割钣件。如图 2-1-23 所示。

（7）气动锉　用于精加工车身钣件切割后要对接的位置。如图 2-1-24 所示。

图 2-1-23　气动砂轮　　　　　图 2-1-24　气动锉

（8）气动錾　也叫气动凿，用于分离钣金件非常方便，也可以通过更换附件进行切割和其他工作。如图 2-1-25 所示。

（9）气动打孔机　主要用于在车身钣金件更换时，为了便于用气体保护焊塞焊连接而在新钣件上进行打孔。如图 2-1-26 所示。

图 2-1-25　气动錾　　　　　图 2-1-26　气动打孔机

2. 电动工具

前面提到的各种气动工具也可以用电动机为动力，形成电动工具。汽车钣金维修厂中最常用的电动工具有手电钻、角磨机等。

（1）手电钻　是以电为动力的手持式钻孔工具，如图 2-1-27 所示。使用手电钻时，应注意用电安全，同时在钻孔过程中，手电钻应持牢。

（2）角磨机　即手提砂轮机，主要用来磨不易在固定砂轮机上磨削的零件。如发动机罩、驾驶室、翼子板及车身蒙皮等经过焊修的焊缝，可用手提砂轮机磨削平整。如图 2-1-28 所示。

图 2-1-27　手电钻

图 2-1-28　角磨机

任务实施

一、练习使用气动工具

（1）准备工具和相关用品。准备气动钻、气动切割锯、气动錾、气动砂轮机、砂带机、气动打孔机、气动打磨机、工作手套、防护眼镜等。

（2）准备工位。根据练习需要准备相应工位，如工件及工件夹紧等。

（3）安装相应附件。如安装气动钻钻头、气动切割锯锯片、砂轮机砂轮、气动打磨机砂纸等。

（4）调整相应参数。如调节焊点钻削深度，气动砂轮机、打磨机转速等。

图 2-1-29　气动焊点钻应用

（5）穿戴好相应防护用品。

（6）连接气源。用快速接头连接气源。

（7）操作练习。

以气动焊点钻操作练习为例介绍气动工具的使用。

气动焊点钻主要用来钻除车身上的电阻点焊焊点，以利于钣件拆卸。如图 2-1-29 所示。

① 气动焊点钻结构和参数：气动焊点钻转速为 1800r/min，可钻厚度为 1～1.2mm，工作压力为 5～7bar（1bar＝10^5Pa）。其结构如图 2-1-30 所示。

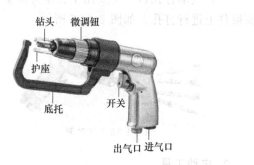

图 2-1-30　气动焊点钻结构

② 连接压缩气快速接头。如图 2-1-31 所示。

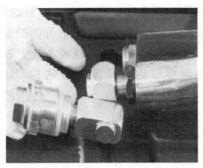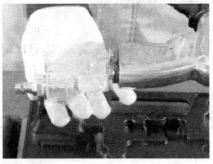

图 2-1-31 连接快速接头

③ 安装钻头。如图 2-1-32 所示。

(a) 拆卸底托　　　　　　　　　　(b) 放入钻头

(c) 固定钻头　　　　　　　　　　(d) 安装底托

图 2-1-32 安装钻头

④ 调整钻削厚度。以被钻钣件后面板件厚度尺寸调整钻头位置，如其厚度为 1mm，则调整钻头与底托之间间隙为 1.2mm。可通过调整钻头安装的深度和微调钮做到，微调钮可以调节 50μm。如图 2-1-33 所示。

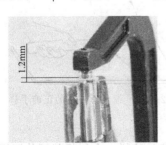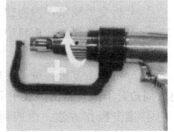

图 2-1-33 调整钻削厚度

图 2-1-34 连接气源

⑤ 连接气源。如图 2-1-34 所示。

⑥ 钻孔。焊点钻也可以作为一般的钻孔工具，此时可以不用底托，调节时使钻头比护座伸出适当量即可。钻削电阻点焊钣件或者车身上钣件时按照上述方法调整好钻削厚度即可钻孔。如图 2-1-35 所示。

二、练习使用电动工具

（1）准备工具和相关用品。准备手电钻、角磨机、工作手套、防护眼镜等。

（2）准备工位。根据练习需要准备相应工位，如工件及工件夹紧等。

(a) 一般钻孔

(b) 钻除电阻点焊焊点

图 2-1-35 钻孔

（3）安装相应附件。如安装钻头、角磨机砂轮等。

（4）穿戴好相应防护用品。

（5）检查相关插座、电线等，保证安全才能使用。

（6）连接电源，操作练习。

三、练习使用钣金锤

1. 钣金锤使用的正确手势

灵活地握住离锤柄端部 1/4 的地方，敲击时用手腕出力，垂直敲击要击打部位，并使锤作环状运动，让锤子从金属表面弹回来，如图 2-1-36 所示。

2. 使用延展法整平金属板

（1）板料中间凸起的整平

① 分析变形现象：四周拉紧、中部放松形成凸鼓。

② 分析变形原因：板料中间凸起原因是中间部分受挤压松弛而导致变形。

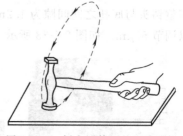

图 2-1-36 钣金锤使用的正确手势

③ 分析敲击方法：矫正时应通过锤击法延展、放松板料的周边，不应再敲击凸鼓中部以免变形加大。

④ 敲击操作方法：由四周开始锤击并逐渐向中间移动，并注意锤击力度要由大逐渐变小、锤击点密度由密逐渐变疏。这样，金属板就可从四周

开始延展、放松,并逐步到达拱起面的中心,中间凸起变形最后被消除。如图 2-1-37 所示。

(2) 板料四周翘曲、扭动的整平

① 分析变形现象:四周放松、中部拉紧形成翘曲、扭动。

② 分析变形原因:由于板料边缘受到挤压而拉伸膨胀所造成。

③ 敲击操作方法:矫正时,锤击从板料的中间部位开始,并逐渐呈放射性地向四周边缘扩散。敲击力度由强到弱、锤击点由密变疏,使板面中间延展,拉紧状态被放松,消除了翘曲和扭动现象。如图 2-1-38 所示。

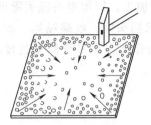

图 2-1-37 中间凸鼓变形的整平

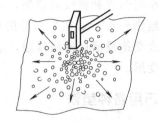

图 2-1-38 四围翘曲变形的整平

拓展知识

巧用各种钣金锤和垫铁

一、巧用各种钣金锤

1. 橡皮锤

橡皮锤能柔和地锤击薄钢板而不会损坏漆面,金属也不容易因被敲击而变形。

2. 铁锤

铁锤用来进行大强度的钣金加工,例如:用来校正和拉直质量较重的车身内部结构,以及校正车架、横梁、重型车身和保险杠支架等。

3. 圆头锤

圆头锤也叫球头锤,有多种质量和尺寸规格。该锤由一个圆形平面锤头和一个球形锤头组成。球形锤头用来敲击和校正金属部件,以及敲平铆钉的头部。

4. 尖锤

尖锤也叫锻工锤,它一头为圆形平面锤头,另一头为尖头锤面。尖头锤头可以用来校直直角的车架元件、保险杠、保险杠托架等直条状结构件。

5. 重头锤

重头锤也叫冲击锤,它一头为圆头,另一头为方头。常用来初步平整金属面,敲平焊点和焊缝,以及初步校直质量较重的金属板。重头锤的顶面较大,可当作垫铁使用,在维修挡泥板、车门时,可把它放在钣件的内侧,在外侧用另外一个锤子去敲击。

6. 鹤嘴锤

鹤嘴锤也叫镐锤,属于精修锤。锤头一头为圆形平面,另一头为尖形。尖头即鹤嘴,鹤嘴头有各种形状和规格,如尖的、圆的和扁的。有的鹤嘴较长,可伸到车身板后面,可用在如前挡泥板等这些操作不方便的部位。鹤嘴头用来消除车身的小凹痕,其平端头与垫铁配合作业可以去除微小的凸点和波纹。鹤嘴锤不能用于修复人的凹陷表面，使用时要小心，若用力过猛，其尖顶端可能戳穿车身的钢板。

7. 挡泥板专用锤

该锤是专门用来粗加工某些高拱起的金属面，例如挡泥板（轮罩），还可以用来加工那些只有长的锤头才能达到的加强件。

8. 轻头锤

轻头锤也叫精修锤，它的形状与重头锤一样，但锤面较小。锤面拱起的锤头适于修平表面微小高凸点和波纹的顶端，一般用来进行金属精加工，即用重头锤去除凹陷之后，用精修锤精修外形，如在车门处的折边等。轻头锤有双圆头锤、收缩锤等。收缩锤指带有锯齿面或交错缝槽面的精修锤，适用于金属表面收缩作业，用来维修被过度锤打而产生的延伸变形。

二、巧用各种垫铁

1. 通用垫铁

通用垫铁也叫万能垫铁，可以用来粗加工挡泥板的拱起部分和车身的相同曲面，校正挡泥板凸缘、装饰条和轮缘，修正焊接区。

2. 馒头形垫铁

馒头形垫铁的质量大，很容易控制在平面金属板上，常用来使金属板减薄和使薄的金属板收缩。可以用来对车门内侧、发动机罩、挡泥板的平面和拱起面以及柱杆顶部进行钣金加工。

3. 足跟形垫铁

足跟形垫铁因形状像足跟而得名。用来在钣件上形成较大形状的凸起，校直高拱起或低拱起的金属板、长形结构件和平面钣件。

4. 足尖形垫铁

足尖形垫铁是一种专门设计的组合平面垫铁，用来收缩车门板、挡泥板裙板、柱杆顶部和汽车各种盖板，也可以用来在挡泥板的底部形成卷边和凸缘。该垫铁的一个面非常平而另外一面微微拱起，特别适合于加工还没有精加工过的金属板件。

5. 卷边垫铁

卷边垫铁用来形成各种大小的卷边。垫铁较大的一端用来形成大而宽的卷边，而小的一端用来形成较窄的卷边。有时也可以用它在薄金属板上形成小的凹痕。

6. 楔形垫铁

楔形垫铁也叫逗号垫铁，用来在柱杆顶部和宽的挡泥板凸缘上生成拱起，也可以用来加工与支架或其他车身内部构件形成一个封闭结构的钣件；在柱杆顶部粗加工出一些小的凹痕，特别是在顶盖梁和横杆的后部，以及在车身其他地方生成皱折等。

 思考练习

1. 列举出几种汽车钣金维修常用的手动工具名称，并说明其作用。
2. 气动工具与电动工具各有什么优点？常用的气动工具有哪些？

任务 2　汽车钣金维修常用设备

教学目标

熟悉汽车钣金维修常用设备的功能及应用。

任务引入

钣金维修包括凹陷修复、拉伸校正等都需要相应设备才能进行，充分了解和熟悉各种设备的功能和使用方法是正确选择修复工艺和进行正确修复工作的前提。

任务分析

汽车钣金维修常用设备有液压机具、车辆举升机、车身焊接设备、车身大梁校正设备等。

相关知识

一、液压设备

汽车钣金维修车间常用的液压设备有千斤顶、举升机、车身校正仪的拉伸矫正装置等。

1. 千斤顶

常用的千斤顶有立式千斤顶、卧式千斤顶、分离式千斤顶，如图 2-2-1 所示。

(a) 立式千斤顶　　　　(b) 卧式千斤顶　　　　(c) 分离式千斤顶

图 2-2-1　液压千斤顶

2. 液压举升机

汽车维修车间少不了液压举升机，常用的有双柱举升机、四柱举升机和剪式举升机，动力就是液压泵或气动泵。液压举升机种类如图 2-2-2 所示。

图 2-2-2　各种液压举升机

二、车身修复机

车身修复机,也叫"介子机"或车身整形机,通过外接不同的焊接工具,可以实现单面点焊、焊接专用螺钉、环形介子、蛇形焊线等功能。很容易将待修的车身进行拉、拔、修、补、回火、加热等钣金整形操作,是现在的汽车钣金维修不可缺少的设备,主要用在车身上一些双层或夹层的钣件上,一些无法通过垫铁和撬棍修复的地方。车身修复机及其配件如图2-2-3 所示。

图 2-2-3 车身修复机及其配件

三、车身大梁校正系统

随着汽车的设计以及结构的逐渐变化,汽车钣金维修的方法和设备也在发生变化。如整体式结构的汽车要求车底板和车身的金属板件必须同时校正,不再像过去的车架车身那样能被简单拆下、修复、然后再装上。以往单纯的液压千斤顶辅助维修,使用的推力点太少,很多车身零件无法接近,不能再满足维修行业的要求。

现在校正车身和车架的新方法正在不断出现,不断完善。这些方法促使许多的高技术高效率的校正设备出现,它们可以更容易地修复被撞坏的汽车。

1. 简易式车身校正架

简易式车身校正架,即"L"型车身校正架,也称为推力器。它可以校正车架和车身,并且能在任意方向施加校正力。这种推力器不仅体积小,而且完全省去了在车辆上拆下损坏的零件再进行校正的时间,可以在小型钣金维修厂使用。但只适合一些小碰撞的维修,并且不能进行精确的修复。如图 2-2-4 所示。

图 2-2-4 简易式车身校正架

2. 地框式校正系统

地框式校正系统,是在建造维修车间地面时就要把地框系统的锚孔或轨道用水泥固定在车间地板上的校正设备,经济实用,特别便于放置维修车辆到校正位置。地框式校正系统除了必须配备足够的夹具和其他附件外,也必须配有手动或气动液压泵和合适的液压顶杆(液压油缸)。如图 2-2-5 所示。

3. 框架式校正系统

框架式校正系统操作方便、占地面积小,使用专用测量头可以快速地把车身变形点拉伸到标准位置,达到快速修复的目的。传统的框架式校正系统只能用在某一品牌甚至某一车型的校正维修上,不能通用。车身维修时,把不变形地方的基准点先安装上夹具并固定,逐渐把没有到位的基准点通过拉伸或者经过维修到位就完成了车身的修复工作。如图 2-2-6 所示。

图 2-2-5　地框式校正系统

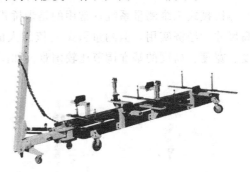

图 2-2-6　框架式校正系统

4. 定位夹具式大梁校正仪

现代汽车钣金在校正维修中开始越来越多地应用通用型车身校正设备,定位夹具式大梁校正仪就是从传统框架式校正系统演变过来的一种通用设备,它克服了框架式校正系统只有某一品牌某一车型专用夹具的缺点,增加了许多可以对应于不同车辆的坚固夹具。通过所配套的车身夹具选择图和车身尺寸图表,就可以组合成所需要的任何一辆汽车定位夹具方式,同一套定位夹具式大梁校正仪可以维修各种不同品牌、不同型号的汽车。如图 2-2-7 所示。

5. 平台式校正系统

平台式校正系统主要由台架、各种夹具、拉伸装置及动力系统、举升装置等组成。可以适用于各种国产和进口轿车、面包车、越野车的校正工作。它的工作台面整体加工,精度高,确保测量精度,底盘操作空间较大。坚固的、可沿工作台导轨作 360°旋转的液压双塔柱配置,通过控制

图 2-2-7　定位夹具式大梁校正仪

气动泵,塔柱轻易地产生 10 吨力(1 吨力等于 98MPa)的拉力。有的平台式校正系统塔柱还配有吊臂,可实现向上的拉伸矫正。如图 2-2-8 所示。

图 2-2-8　平台式校正系统及其配套夹具

四、车身三维测量系统

1. 机械式三维测量系统

机械式三维测量系统,常用的是米桥式测量系统,可以同时测量车身基准点的长、宽、高尺寸。经济实用,但测量数据是依靠人的眼睛观察读到的,难免存在读数误差;测量长度、宽度、高度的基准调节比较困难。如图 2-2-9 所示。

图 2-2-9　机械式三维测量系统

2. 电子测量系统

车身电子测量系统在汽车钣金维修中的使用,标志着中国事故车维修全面的进入了信息化、电子化时代。电子测量系统不仅避免了人为读数和计算的误差,而且通过计算机系统就可以确定了测量的基准,进行自动对中,确保了测量的精确度;并具有打印功能,可以把维修前、维修过程中和维修后的测量结果打印出来,提高了车主、维修企业和保险公司之间的信任程度。有的车身电子测量系统还有蓝牙功能,即无线电通信技术功能,更加方便了钣金维修技术人员的工作。现在的车身电子测量系统主要有激光扫描式、超声波定位式、传感器感应式、轨道式四种。

(1) 激光扫描式　激光扫描式测量系统主要由激光源(扫描仪)、反射挂牌、测量点的各种夹具和计算机系统组成。工作时由激光源向挂在测量点的反射挂牌射出激光束,激光束经挂牌反射回来后,计算机系统识别并计算出测量点所在点的长、宽、高尺寸。其优点是能够同时进行多点测量,提高了测量效率;但在测量过程中要注意,测量结果容易受风、空气中的灰尘等影响。如图 2-2-10 所示。

图 2-2-10　激光扫描测量系统

(2) 超声波定位式　超声波定位式测量主要是指超声波测量系统，也叫声呐测量系统，主要由超声波发射器、横梁（接收器）、各种精确加工的附件和计算机管理系统组成。它能同时监控多个测量点，可以实现维修中全程监控，实时显示所修复尺寸的变形量，并指示需要修复的矫正力大小和方向，把复杂的拉伸矫正工作变得简单，提高了整个维修质量和维修效率。在使用时要注意，超声波测量系统测量结果容易受周围环境噪声影响。如图 2-2-11 所示。

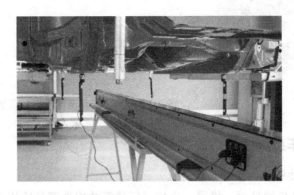

图 2-2-11　超声波测量系统

(3) 传感器感应式　利用传感器感应式原理的车身测量系统，最典型的是机械手臂测量系统，也叫自由臂测量系统。指在一个柔性的机械手臂上安装有位置传感器（测量探头），测量时将位置传感器放在相应测量点上，然后将感应数据传输给计算机的测量方法。传感器感应式能够进行悬挂零件的测量。传感器感应式只能进行一次一点测量，效率较低；另外，在测量过程中如果车辆发生移动，则需要重新定位。自由臂测量系统又分为有轨道和无轨道式两种。如图 2-2-12 所示。

(a) 有轨道自由臂测量系统　　　　(b) 无轨道自由臂测量系统

图 2-2-12　自由臂测量系统

(4) 轨道式　Allvis 车身电子测量系统，类似可以自由伸长的轨道式量规，精确度高，中文界面，操作便捷；配备各种测量头，车身底部和上部尺寸可轻松测量；测量数据即时显示，通过蓝牙技术无线传输；适合各种维修方式操作，如校正平台、举升机、地八卦等；测量不受外界干扰，测量精度稳定；具备损坏/维修报告打印输出功能，可用文件证明车辆在维修前、维修中、维修后的状况。如图 2-2-13 所示。

图 2-2-13　Allvis 车身电子测量系统

五、车身焊接与切割设备

1. 惰性气体保护焊设备

现代汽车的纵梁、横梁、立柱、门槛等结构件都是应用高强度钢或超高强度钢制造，许多汽车制造商在车身的维修手册中，都规定要利用熔化极惰性气体保护焊（简称 MIG 焊）焊接，不能用氧-乙炔或焊条电弧焊进行焊接。

熔化极惰性气体保护焊是指用惰性气体保护焊缝，而且作为电极的焊丝在焊接过程中不断熔化填敷焊缝的一种焊接方法。惰性气体通常使用氩气（Ar）或氦气（He）。有时在惰性气体中混合有其他少量的 O_2、CO_2 或 H_2 形成富氩混合气体保护焊。

现在国内的钣金维修车间中，大多使用的是二氧化碳气体，这准确说来是属于熔化极活性气体保护焊。国外或有条件的地区采用的是富氩混合气体保护焊，就是用大概 25％的 CO_2 和 75％的 Ar 混合气体做保护气，这会使焊接更容易，焊缝质量更好。富氩混合气体保护焊和二氧化碳气体保护焊都称为活性气体保护焊（简称 MAG 焊），但人们还是习惯把它们称为惰性气体保护焊。

现在许多焊机都是既能够进行 MIG 焊也能够进行 MAG 焊的，使用时只用更换气瓶和减压器就可以了。如图 2-2-14 所示。

2. 电阻点焊设备

汽车制造厂对汽车车身的焊接主要是电阻点焊，现在国内的汽车钣金维修通常是用二氧化碳气体保护焊的塞焊，来代替电阻点焊在维修时被钻除的焊点。但相信日后的电阻点焊也会在钣金维修中得到普及。比如多功能逆变点焊机，也就是一些车身多功能修复机的双面点焊功能，就能帮助钣金维修人员实现点焊修复。如图 2-2-15 所示。

图 2-2-14　惰性气体保护焊设备

3. 氧-乙炔焊设备

氧-乙炔焊是通过用氧气和乙炔的混合气体点燃的火焰进行焊接的一种金属连接方法。在以往的以低碳钢为主的汽车车身钣金维修中应用非常广，不仅可以焊补车身的任何蒙皮、车架，还可以对大梁进行加热校正。如图 2-2-16 所示。

图 2-2-15　电阻点焊设备

图 2-2-16　氧-乙炔焊设备（一）

但对现代汽车车身的结构特点及新材料的应用，这种焊接方法已经很少利用，用在对汽车拉伸矫正过程中消除应力和对钣件进行金属收缩时也要十分小心。其中原因是现代汽车车身以高强度钢为主，氧-乙炔焊的火焰热影响很大，很容易破坏高强度钢的内部组织，使得它的强度大大降低，也就降低了整车的强度。

氧-乙炔焊设备主要有氧气瓶、乙炔瓶及其减压器，焊炬、割炬和回火防止器等。如图 2-2-17 所示。

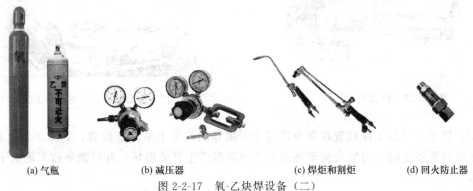

(a) 气瓶　　　　　　(b) 减压器　　　　　(c) 焊炬和割炬　　　(d) 回火防止器

图 2-2-17　氧-乙炔焊设备（二）

4. 钎焊设备

钎焊方法有火焰钎焊、电弧钎焊、电热钎焊等。

火焰钎焊可用氧-乙炔焊等气焊设备，电弧钎焊可用钨极氩弧焊等设备，电热钎焊可用电烙铁等来进行钎焊。火焰钎焊如图 2-2-18 所示。

5. 等离子切割机

等离子切割机在汽车钣金维修中，主要用来切割钣金件或者切除焊点。外形如图 2-2-19 所示。

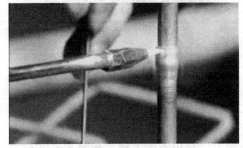
图 2-2-18　火焰钎焊

图 2-2-19　等离子切割机

任务实施

以下介绍卧式千斤顶的正确使用方法。卧式千斤顶如图 2-2-20 所示。

一、工作准备

清理清洁实习场地，保证车辆移动有足够空间；准备 2 个安全支座，1 个卧式千斤顶，1 辆制动可靠的汽车。

二、操作过程

（1）将车辆停放在平坦坚硬的地面上，并置于驻车位，然后拉紧紧急制动器并用三角木块塞住车轮。

（2）确保车上没有人。举升车辆前必须保证车内无人，如图 2-2-21 所示。

图 2-2-20 卧式千斤顶　　　　　　　　　图 2-2-21 举升前确保车上无人

（3）把千斤顶的支座放置在车身修理手册推荐的汽车上举升点位置，如图 2-2-22 所示。如果支座放置不正确，可能会使车底的部件凹陷或产生其他损坏，并可能导致车辆从千斤顶上翻落。

图 2-2-22 将支座放在汽车正确的举升点位置

（4）顺时针转动千斤顶手柄，关闭升起支座的液压单向阀，然后上下摇动手柄，缓慢升起车辆。注意不要将身体的任何部位置于车下。

（5）车辆升到足够高度后，将车辆落到支座上，利用支座支撑。如图 2-2-23 所示。

（6）车辆修理好后，逆时针慢慢转动手柄松开液压单向阀，让车辆缓慢降下，防止车辆猛然降落，造成损伤。

三、卧式千斤顶使用的安全注意事项

（1）禁止顶起超过千斤顶规定重量范围的物体。如图 2-2-24 所示，规定值为 1.5t。

图 2-2-23 利用支座支撑车辆

图 2-2-24 禁止超重

（2）当车辆被千斤顶顶起时，不要摇晃车辆，不要启动发动机。

（3）在车底作业时，一定要用支座将车辆支撑住，而不能单靠液压千斤顶支撑。因为液压系统只能用来升起车辆，而不能用来支撑车辆。

拓展知识

分离式千斤顶的巧用

分离式千斤顶在车身修复中作用非常重要，它可以与相应的附件组合成车身修复所需要的各种设备，如推力装置、拉力装置、扩张装置和夹紧装置等。汽车钣金维修中各种液压装置使用情况如图 2-2-25 所示。

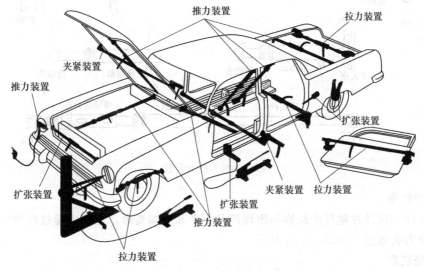

图 2-2-25 汽车钣金维修中各种液压装置使用情况

一、附件

组成上述各装置的附件主要指延长杆、各种夹头或底座。在使用中要灵活使用。在使用它们前,要经常检查它们的可靠性。

在这里主要介绍一下各种底座。

1. 弹性头

弹性头常称为橡胶座,适合于任何异形面,主要用于推压凹形表面。例如,用于校正任意弧度的车门、车窗、车门框以及车身其他部位的凸起部分。当施加压力时,它们可以提供刚性接触,但是不损伤喷漆表面。

弹性头的弧形设计可以使它能以不同角度安放在受压部位。虽然弹性头广泛用于维修汽车地板、后翼子板、车门立柱、车轮罩和后围板等部件的推力和扩张操作,但它们也偶尔用于夹紧操作。

2. 平头座

平头座多采用钢质材料或橡胶制成,可用于车顶盖或后翼子板的破坏部位,防止损坏或划伤喷漆表面。平头座可以借助旋转接头,利用液压缸扩张损坏的车门、前挡泥板、后翼子板等等。

3. 齿形座

齿形座用于保护延长杆和活塞杆的螺纹。当施加压力时,它的齿形表面不容易滑移或滑转。基座、楔形头和扩张器底脚的设计可以把组合体固定在车架、支柱和车身的螺栓上。

二、应用装置

1. 推力装置

当维修车身某一变小的尺寸,或者在拉伸某一位置需要借力时要用到推力装置。推力装置如图 2-2-26 所示。

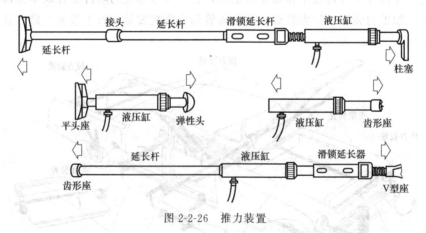

图 2-2-26 推力装置

2. 拉力装置

车身钣件和部件在碰撞中最容易出现凹凸不平和压缩变形,这可以通过施加拉力对其进行维修。拉力装置组成如图 2-2-27 所示。

3. 扩张装置

当我们力图撬开车身变形的某一位置,特别是窄小的空间位置,感觉非常困难时,利用

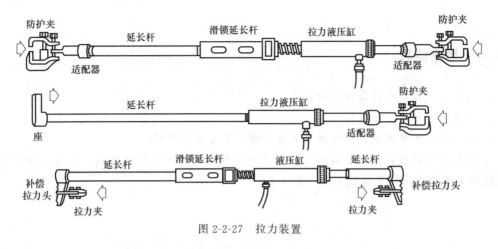

图 2-2-27 拉力装置

扩张装置会使工作变得十分容量。扩张装置的配件及组合方式如图 2-2-28 所示。

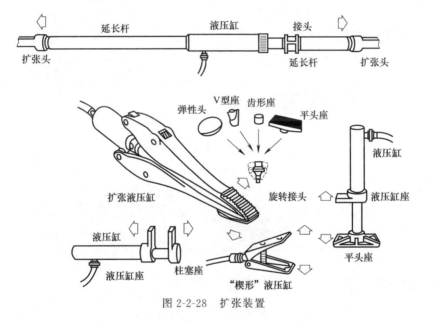

图 2-2-28 扩张装置

4. 夹紧装置

夹紧装置可以在钣金维修中完成 C 形夹具想做而不能做到的工作。比如经常需要把维修的部位、总成和零件夹紧到一起，会出现普通的 C 形夹具无法使用的情况，但液压夹紧装置就能很好地完成这任务。夹紧装置在维修和校正保险杠前横梁时也特别有用。如图 2-2-29 所示。

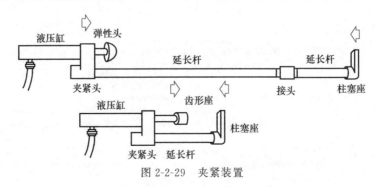

图 2-2-29 夹紧装置

思考练习

1. 列举出汽车钣金维修常用的设备。
2. 车身大梁校正系统的作用是什么？
3. 车身电子测量系统与机械测量系统在使用上有哪些区别？
4. 在维修车间我们经常看到有人用卧式千斤顶移动无法开动的车辆，这种做法对于液压系统的工作特点来说是对还是错？为什么？

项目3 车身结构及主要附件的拆装

任务1 车身结构认知

教学目标

熟悉非承载式车身和承载式车身的结构特点、零部件组成。

任务引入

汽车钣金维修主要是对车身的损伤进行修复，熟悉车身的结构特点、零部件组成可方便利用车身维修手册制订规范的修复方案，是能完成车身修复任务的基础。

任务分析

车身结构认知主要学习车身结构类型、车身零部件组成等内容。

相关知识

汽车是由发动机、底盘、电器设备和车身四大部分组成。其中车身是汽车的基础，也是整车最大的部件，它决定了各部分的布置，决定了车内的活动空间与用途，决定了轿车的外部造形与整车尺寸。因此，车身的结构与尺寸对于整车布置与造型至关重要；车身对汽车的使用性能、安全性能也尤其重要。

一、车身结构

从受力情况来分，现代轿车车身主要分为非承载式车身和承载式车身两种。

非承载式车身是一种具有独立车架的车身，即是一种车身与车架分离的结构，如图3-1-1所示。其中车架是车辆承载、驱动、传动等装置安装的总骨架，而车身则是安装在车架上用于载人或装货的各种箱形构件与覆盖件的总称，也称为壳体。汽车的载荷几乎全部由车架所承受，车身不承载或只在很小程度上承受由于底架弯曲或扭曲变形所引起的部分载荷。

承载式车身又称为整体式车身，是一种将车架与车身合二为一的整体箱形结构，没有独立的车架，如图3-1-2所示，底盘各部件是直接通过焊接方式装配在车身上，汽车所承受的

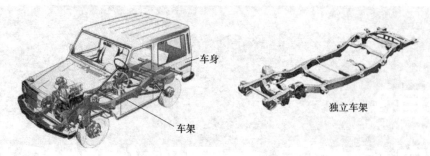

图 3-1-1　非承载式车身和车架

各种载荷,包括质量载荷、驱动力、制动力以及来自不同方向的冲击、振动等都由车身承受,所以叫做"承载式车身",它在力学上是一种"应力壳体结构"。

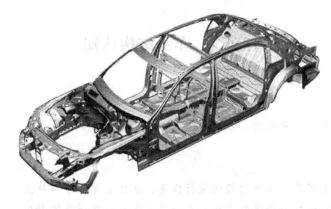

图 3-1-2　承载式车身

1. 非承载式车身车架的结构形式

非承载式车身结构相对简单些,维修方面也没有那么复杂,其车架根据结构不同来分,主要有以下形式。

(1) 框架形车架　框架形车架的结构形式如图 3-1-3 所示。其纵梁通过乘客室底板的周围,车架前部设置安装前悬架和发动机的悬架横梁,后部是安装后轮的后车架横梁。

(2) 梯形车架　梯形车架的结构如图 3-1-4 所示。主要以贯穿汽车前后的两根纵梁为主,纵梁之间用若干横梁组焊在一起,其形状如同常见的楼梯。

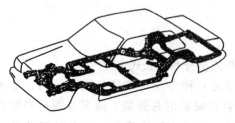

图 3-1-3　框架形车架

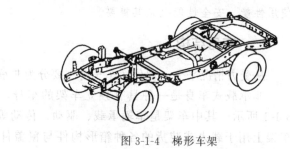

图 3-1-4　梯形车架

(3) X 形车架　X 形车架的结构如图 3-1-5 所示。它实际上是梯形车架的一种变形,但 X 形车架的纵梁中部向汽车中心线靠拢,使整个车架呈"X"形状。

(4) 脊梁式车架　脊梁式车架的结构如图 3-1-6 所示。这种车架采用一根粗大的封闭式断面梁作纵梁（脊梁），横梁和其他辅助框架都以纵梁为中心分布在脊梁的两侧或两端。

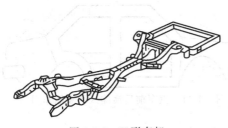

图 3-1-5　X形车架

图 3-1-6　脊梁式车架

（5）平台式车架　平台式车架的结构如图 3-1-7 所示。它是把底板从车身中分离出来，与车架焊接成的一个整体。车身与车架还是通过螺栓连接。平台式车架底面平坦，有利于减小空气阻力，中间通过传动轴的孔道与车架制成一体，有利于提高车架抗扭及抗弯强度，是一种轿车专用车架。

（6）部分车架　部分车架的结构如图 3-1-8 所示，它只有车架的前半部分，在其上安装发动机，这部分车架用橡胶件与车身连接在一起，所以也有把这种车架的车身叫半承载式车身。部分车架式车身是介于承载式与非承载式车身之间的一种过渡形式，以往一些中级轿车多采用这一形式。

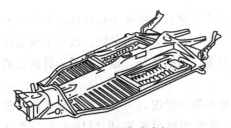

图 3-1-7　平台式车架

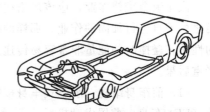

图 3-1-8　部分车架

（7）空间桁架式车架　空间桁架式车架的结构如图 3-1-9 所示。它由若干钢管组焊成立体框架，在框架外面固定外板，整个车架重量轻、刚度大。车身不承受载荷，只起外壳的作用，空间桁架式车架可同增强塑料等轻量车身材料组合在一起。

2．承载式车身结构

现代轿车普遍采用承载式车身结构，而承载式轿车车身主要由前车身、中间车身、后车身及其他相关附件和装饰件组成。汽车车身前、中、后三部分划分如图 3-1-10 所示。

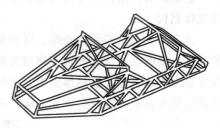

图 3-1-9　空间桁架式车架

将同一车身划分成不等的壳体刚度称为壳体强度分级。现代的汽车车身有意预留在车身前、后的"薄弱环节"，起着良好吸收冲击能量的作用；而中间车身的乘客室及其周围一般要比前、后车身坚固且有良好的整体性。这些有意设计的"薄弱环节"叫吸能区或溃缩区，也叫压扁区。如图 3-1-11 所示为汽车在碰撞时，前部或后部通过变形吸收了碰撞能量，而保证了中部的安全。汽车上的吸能结构通常有孔式结构、褶皱式结构、波纹管状结构等。如图 3-1-12 所示为波纹管状结构的溃缩区。

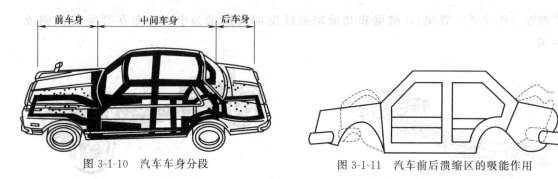

图 3-1-10 汽车车身分段

图 3-1-11 汽车前后溃缩区的吸能作用

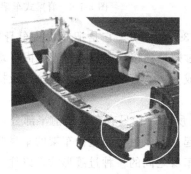

图 3-1-12 波纹管状结构的溃缩区

汽车钣金维修作业,应该严格按照车身维修手册的要求进行,避免类似以往的对强度不足之处擅自施行加固的作业。那样的话,看似提高了刚度,实则是制造危险。改变了吸能区的性质,碰撞时的能量非常容易传递到乘客室,造成对乘客室的破坏,也增加了人员伤亡的严重后果。

(1)前车身结构　承载式车身按照发动机安装位置和驱动情况,可分前置发动机前轮驱动(FF)车身、前置发动机后轮驱动(FR)车身、中置发动机后轮驱动(MR)车身等几种,它们的具体结构和零件名称基本相同,在此以前置发动机前轮驱动车身介绍承载式车身的具体结构。

前车身主要是安装前悬架、转向装置和发动机等总成。前车身在构造上不仅要确保足够的强度、刚度,对位置准确度和耐久性、可靠性的要求也十分严格。前置发动机前轮驱动车身主要由发动机盖、散热器框架、前纵梁、前翼子板、前轮罩(挡泥板)、前围板,以及发动机安装支撑架(副车架、元宝梁)等组成。如图 3-1-13 所示。

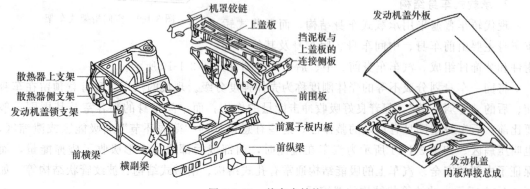

图 3-1-13 前车身结构

(2) 中间车身结构　中间车身因为有车门，使车身侧面形成了较大的缺口，大大影响了车身整体抵抗变形的能力。所以要求门框、门槛及四周采用高强度钢制成抗弯曲能力较高的箱型断面。中间车身侧体框架的中柱、边框、车顶边梁、侧体下边梁等的结构件，也采用封闭型断面结构。车顶、车底和立柱等构件，均以焊接方式组合在一起，为防止载荷在结合部形成应力集中，多采用圆弧过渡形连接。如图 3-1-14 所示。

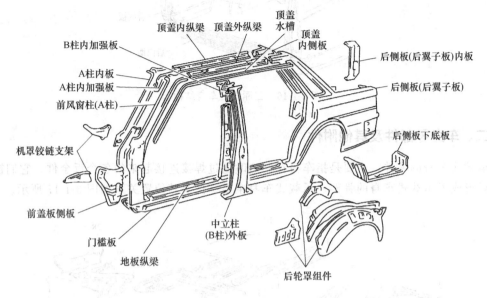

图 3-1-14　中间车身侧板的构造

(3) 后车身结构

轿车后车身是指乘客室后面用于放置物品的部分，即行李箱部分，它主要由后侧板、后围板、后地板和行李箱盖等构件组成。为确保后车身的强度，车身纵梁由中间车身径直向后延伸，到相当于后桥部位再形成拱形弯曲。这样，既保证了后车身的刚度，又不致使后桥与车身发生干涉。而且，当车身后部受到追尾碰撞时，还能瞬时吸收部分冲击能量，以其变形来实现对乘客室的有效保护。

三厢车的乘客室与行李箱是分开的，而两厢车的行李箱则与乘客室合二为一。三厢车后车身结构如图 3-1-15 所示。二厢车后车身结构如图 3-1-16 所示。

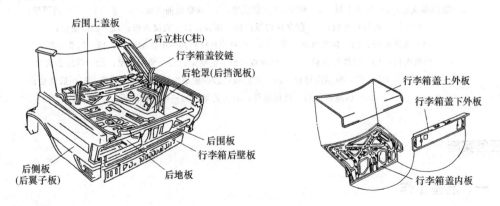

图 3-1-15　三厢车后车身的结构

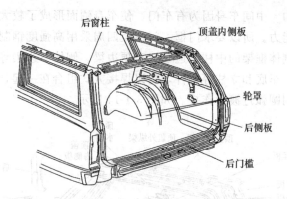

图 3-1-16 二厢车后车身结构

二、车身零部件及其他附件

承载式车身的零件，主要是指车身在制造时通过焊接连接起来的各个钣金件，它们被焊接以后形成了承载式车身的骨架。承载式车身主要零件及其位置关系如图 3-1-17 所示。

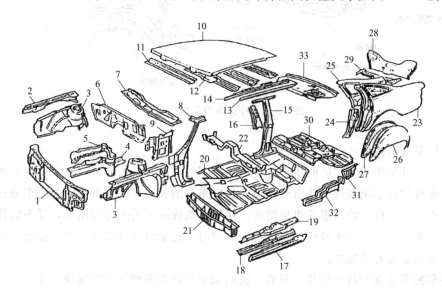

图 3-1-17　承载式四车门轿车车身结构件组成

1—散热器支架；2—轮罩上板；3—轮罩；4—前纵梁；5—前纵梁加强板；6—前围板；7—前罩板；
8—前立柱（A柱）外板；9—前立柱内板；10—顶盖；11—前窗顶板；12—顶盖横梁；
13—顶盖纵梁外板；14—顶盖纵梁内板；15—中柱（B柱）16—中柱加强板；17—门槛外板；
18—门槛内板；19—门槛加强板；20—前地板；21—前横梁；22—地板横梁；23—后翼子板；
24—后立柱（C柱）；25—侧围内衬板；26—轮罩板；27—轮罩内板；28—后围板；29—后横梁；
30—后地板；31—地板构件；32—边梁；33—行李箱地板

任务实施

一、准备工作

清洁场地，准备汽车 2 辆，车身 2 台，记录本和笔等；做好车身零部件、附件名称标签。

二、认识车身结构类型

认真观察2辆汽车和2台车身,根据前面知识判断属于非承载式车身还是承载式车身。

三、认识车身零部件

认真观察后,在车身上贴上零部件相应名称标签。

四、认识车身附件

认真观察后,在车身上贴上相应附件名称标签。

拓展知识

非承载式车身与承载式车身结构区别

非承载式车身与承载式车身结构区别见表3-1-1。

表3-1-1 非承载式车身与承载式车身结构区别

形式特点	非承载式车身	承载式车身
结构特点	车身与车架主要利用螺栓通过弹簧、橡胶垫等减振材料挠性连接	各个结构件,如底板、骨架、内外蒙皮、车顶等都是通过焊接的方法连接起来,形成一个整体刚性框架
优点	减振性能好,车架和车身之间的减振材料能吸收大部分振动和车架的扭转变形;安全性好,在汽车碰撞时,坚固的车架可确保车室内乘员的安全;可以细化支柱,加大风窗玻璃面积,改善视野;工艺简单,车架与车身分开制造,使整车装配有良好的工艺性,易于改装和维修	利用高强度钢板,使整车质量轻,制造成本低,油耗小;生产工艺性好,适合现代化大生产;结构紧凑,室内空间相应增大;整车重心降低,在平坦道路上行驶稳定性好;安全性好,刚性车身结构和吸能区的设计大大提高了车室内乘员的安全
缺点	整车质量增加,成本较高,油耗增大;车身高度提高,使上下车方便性受影响;生产制造需要有大型压床和较高的生产技术保证精度	振动与噪声容易直接传到乘客室;车身维修时,不仅难度大,而且必须使用专门设备和特定的检查与测量手段
常用车型	高级轿车、货车、客车和越野吉普车	中低档轿车和豪华客车

思考练习

1. 列出车身零部件名称,简单说明作用或位置。
2. 简述非承载式车身与承载式车身结构区别。

任务2 车身外部附件的拆装和调整

教学目标

掌握车身外部附件的拆装和调整方法。

任务引入

对于汽车钣金维修，车身附件的拆装和调整是非常重要的工作，维修中有时必须把维修的钣件或者相关附件拆卸以后才能进行维修。

任务分析

车身外部附件的拆装和调整主要工作是针对保险杠、车门及门锁、车门玻璃与升降器、发动机盖、行李箱盖等的拆装与调整，挡风玻璃的拆装。

相关知识

汽车外部附件主要由车身各种外覆盖件、附件及装饰件组成。外覆盖件如发动机盖、行李箱盖、前后车门、前后翼子板等；附件如后视镜、前后挡风玻璃等；装饰件如车身装饰条、轮辋、标志、浮雕式文字等。汽车外部附件如图 3-2-1 所示。

图 3-2-1　汽车外部附件

任务实施

一、工作准备

清洁场地，准备工作手套、防护眼镜等防护用品。

二、穿戴必要的防护用品

根据操作需要穿戴工作手套、防护眼镜等必要的防护用品。

三、拆装操作

1. 保险杠的拆装

（1）前保险杠的拆装

① 打开发动机仓盖。如图 3-2-2 所示。

② 拆卸格栅上的 4 个固定螺栓。如图 3-2-3 所示。

图 3-2-2 打开发动机仓盖

图 3-2-3 拆卸格栅上的固定螺栓

③ 取下格栅。如图 3-2-4 所示。

④ 拆卸前保险杠上部 3 个固定螺栓。如图 3-2-5 所示。

图 3-2-4 取下格栅

图 3-2-5 拆卸保险杠上部固定螺栓

⑤ 拆卸前保险杠左右两侧面各 4 个固定螺栓。拆卸前先转动车轮偏移开拆卸位置，方便拆卸。如图 3-2-6 所示。

图 3-2-6 卸前保险杠左右两侧固定螺栓

⑥ 举起车辆拆卸保险杠下部 5 个固定螺栓。如图 3-2-7 所示。

⑦ 取出保险杠。注意要慢慢拉出保险杠，发现左右雾灯插头时，待拔出插头后再继续拉出保险杠。把保险杠放在专用台架上。如图 3-2-8 所示。

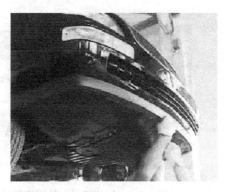 

图 3-2-7　拆卸保险杠下部固定螺栓

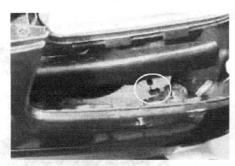 

图 3-2-8　取出保险杠

⑧ 安装则反之，注意固定好螺栓。

（2）后保险杠的拆装

① 打开行李箱盖。如图 3-2-9 所示。

② 拆卸后保险杠两侧螺栓装饰盖。如图 3-2-10 所示。

图 3-2-9　打开行李箱盖　　　　　　　　图 3-2-10　拆卸两侧螺栓装饰盖

③ 拆卸保险杠两侧上部固定螺栓。如图 3-2-11 所示。

④ 拆卸牌照灯。先用螺丝刀拆卸其 4 个固定螺栓，再用撬板取出牌照灯罩和底座，并拔出插头。如图 3-2-12 所示。

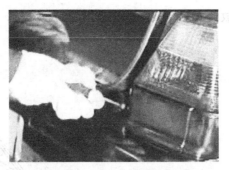

图 3-2-11　拆卸两侧固定螺栓

图 3-2-12　拆卸牌照灯

⑤ 拆卸保险杠中间 2 个固定螺栓。如图 3-2-13 所示。

⑥ 拆卸后保险杠左右两侧各 4 个固定螺栓。如图 3-2-14 所示。

图 3-2-13　拆卸保险杠中间固定螺栓　　　　图 3-2-14　拆卸保险杠两侧固定螺栓

⑦ 拆卸保险杠下部 4 个固定螺栓。如图 3-2-15 所示。

图 3-2-15　拆卸保险杠下部固定螺栓

⑧ 取出后保险杠，并放到专用台架上。注意，里面有卡簧，拆卸时会感觉有点紧。如图 3-2-16 所示。

2. 车门的拆装与调整

车门上的零部件如图 3-2-17 所示。

图 3-2-16 取出后保险杠

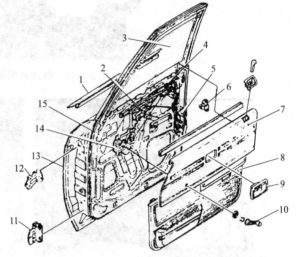

图 3-2-17 前车门

1—外饰条；2—内把手；3—门玻璃；4—外把手；5—门锁；6—锁座；
7—内饰条（上）；8—内饰条（下）；9—内把手罩；10—升降器把手；
11—门铰链（下）；12—门铰链（上）；13—前车门嵌板总成；
14—玻璃升降器；15—防水橡胶条

（1）拆装

① 准备工具和工作车或工作台架。

② 将车门开至最大，以便更容易操作铰接支座，在车门下缘安置一支架，以支撑车门重量和保护车门，旋下车窗玻璃。如图 3-2-18 所示。本例以后车门拆装为主介绍，如拆卸前车门要先拆卸室外后视镜。

图 3-2-18 在车门下缘安置一支架

③ 把车门与车身电线连接器拆开，使车门线束分离。如有必要先拆卸立柱上内装饰件。如图 3-2-19 所示。

④ 拆去车门限位器止动锁销底部的卡夹，从孔中抽出锁销。如图 3-2-20 所示。

项目3 车身结构及主要附件的拆装

 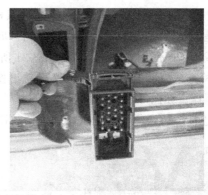

图 3-2-19 分离车门线束

图 3-2-20 拆卸止动锁销

(a) 拆下车门

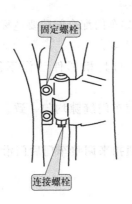 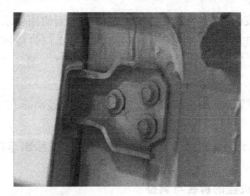

(b) 铰链连接螺栓和固定螺栓

图 3-2-21 拆下车门

⑤ 扶住车门拆去车门铰接支座连接螺栓。把门拆下后垂直放置于垫有衬垫的平面上。如果只是需要拆卸车门维修，建议通过拆卸铰链连接螺栓而非固定螺栓来完成车门的拆卸，这样可减少车门的调整工作。如图 3-2-21 所示。

⑥ 检查车门链的套管，如有必要就更换，润滑铰接处后，把车门安放回铰接支座，重新装上螺栓。如图 3-2-22 所示。

⑦ 连接车门限位器，安装止动锁销和锁片，连通电线插头。如图 3-2-23 所示。

图 3-2-22 把车门安放回铰接支座

图 3-2-23 连接车门限位器

⑧ 关上车门，检查是否对正，如有必要进行校正，无问题则上紧铰链固定螺栓。如图 3-2-24 所示。

图 3-2-24 检查无问题后上紧固定螺栓

⑨ 注意，如果是拆装前车门，需要安装回后视镜。

（2）调整

当车门安装完毕，必须经过调整使其达到使用要求。如车门配合间隙要达标符合美观要求、车门和其相邻件不能干涉、车门关闭时车门灯应该熄灭等。

① 检查车门周围的缝隙，缝隙应均匀一致，车门与其相邻件动作不能干涉。如图 3-2-25 所示。

② 松开铰接支座连接螺栓，沿要求方向移动车门，使车门缝隙均匀一致。如图 3-2-26 所示。

③ 松开车门锁扣的固定螺栓，通过移进或移出车门锁扣来调整车门后门沿的位置。如图 3-2-27 所示。

3. 发动机盖的拆装与调整

发动机盖结构如图 3-2-28 所示。

项目3 车身结构及主要附件的拆装 | 49

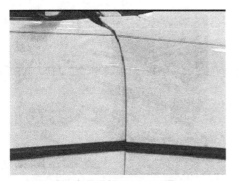

图 3-2-25 车门与相邻件不能干涉

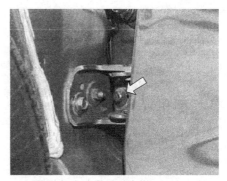

图 3-2-26 铰链的连接螺栓

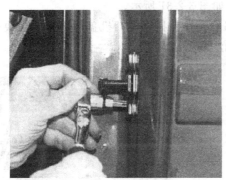

图 3-2-27 调整车门锁扣

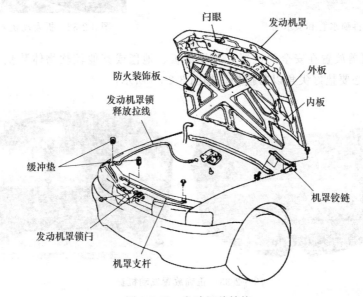

图 3-2-28 发动机盖结构

(1) 发动机盖拆装步骤

① 将汽车挡位调到驻车挡，拉上手制动器，垫上三角木在前后轮下方。
② 打开发动机盖，用支架杆撑起发动机盖。如图 3-2-29 所示。
③ 用保护布护住左右前翼子板表面，以防损伤。如图 3-2-30 所示。

图 3-2-29 用支架杆撑起发动机盖

图 3-2-30 用保护布保护

④ 拆下发动机盖上喷水嘴胶管和喷水嘴。如图 3-2-31 所示。

⑤ 由两人左右站立，用靠近发动机盖底部的一只手托住发动机盖的底角，用快速套筒或梅花扳手拆下发动机盖铰链螺栓。如图 3-2-32 所示。

图 3-2-31 拆喷水管和喷水嘴

图 3-2-32 拆发动机盖铰链螺栓

⑥ 将发动机盖放置在安全的位置，并用纸板、地毯或其他较软物体装垫，在立放时尖角一般朝下，务必要垫好尖角以防损伤。如图 3-2-33 所示。

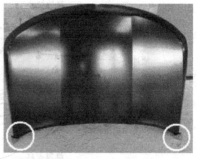

图 3-2-33 正确放置发动机盖

⑦ 清洁发动机盖和车身相关位置。

⑧ 安装顺序按拆装过程反之。

(2) 发动机盖调整

发动机盖与周边钣件配合的要求是：侧边应与翼子板的上边平齐且间隙均匀一致，大约 4mm，其后边与盖板间应有足够的间隙，也要均匀。间隙不正确的情况如图 3-2-34 所示。

1) 调整发动机盖的间隙

① 松开铰链上的螺栓。

② 关上发动机盖并将它摆放平直。

③ 调整发动机盖的前部与翼子板的前部对齐。发动机盖和盖板之间应有足够的间隙。

④ 调整发动机盖的两侧边与翼子板平行，保证左右两边间隙均匀。

⑤ 拧紧铰链上的螺栓。

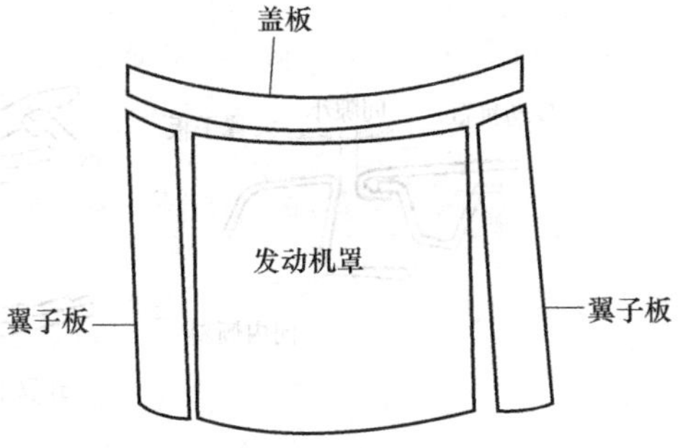

图 3-2-34　左右间隙有错误

2) 调整发动机盖高度

① 松开铰链或盖板的固定螺栓，调整发动机盖使其上下对准。

② 慢慢地关闭发动机盖，并根据需要抬高或降低发动机盖的后部。当发动机盖的后部与翼子板成水平时，慢慢地提升发动机盖并且拧紧铰链螺栓。

③ 转动定位器，直至发动机盖的前部与翼子板的顶部齐平。调整定位器以后，重新拧紧在定位器上的防松螺钉。如图 3-2-35 所示。

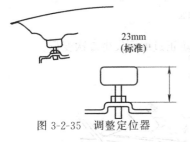

图 3-2-35　调整定位器

3) 调整发动机盖锁

如果发动机盖与拉钩需猛烈地撞击才能扣上，应提升拉钩；如果锁住时发动机盖不能接触前定位器，应降低拉钩。发动机盖锁的调整主要是调整安全拉钩，方法如下：

① 围绕发动机盖，检查所有的间隙是否调整正确。

② 从散热器固定框上，拆下发动机盖拉钩组件。

③ 重新安装发动机盖的拉钩，并降低发动机盖。

④ 试着提起发动机盖。如果发动机盖仍能打开，调整安全拉钩，使它扣住发动机盖。

⑤ 慢慢地降低发动机盖，当发动机盖被锁住时，观察安全拉钩与发动机盖挂钩是否对准。如果偏移，要反复地从一边向另一边移动拉钩，直至它与发动机盖上的挂钩对准，然后固定螺栓。

⑥ 有可能要上下移动拉钩，才能使在盖上发动机盖时，发动机盖和翼子板前部之间配合齐平。

4) 调整与翼子板折角间隙

发动机盖与翼子板的间隙不当、缝隙不均匀等，有可能是因为翼子板弯折角变形造成的。如图 3-2-36 所示。

① 翼子板弯折角向内倾斜变形时，间隙变小，应先将连接螺栓拧紧，再在要矫正部位垫上木块，通过敲击使其变形复位。

② 翼子板弯折角向外倾斜变形时，间隙变大，应先将连接螺栓拧松，再借助钣金锤和扁冲将其加工成直角，经过校正后再将连接螺栓拧紧。

5) 新发动机盖的安装调整

新换装的发动机盖，往往也有一些问题必须进行处理，才能把它安装好。如出现的现象是边缘弯曲，造成其与翼子板的配合产生高度差，有不平齐现象。而仅仅调整铰链，并不能消除构件的变形，应调整发动机盖的边缘曲线。

矫正新发动机盖变形，可用手扳动拱曲部位使其复位，如图 3-2-37（a）所示。也可以在前端垫上布团、棉丝等物，然后用手掌轻轻下压拱曲部位，使其达到与翼子板边缘等高的程度，

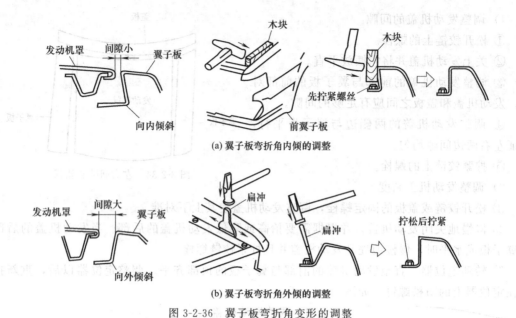

图 3-2-36 翼子板弯折角变形的调整

如图 3-2-37（b）所示。矫正过程中应小心均匀用力，避免因矫正过度而发生二次变形。

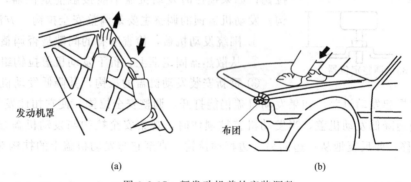

图 3-2-37 新发动机盖的安装调整

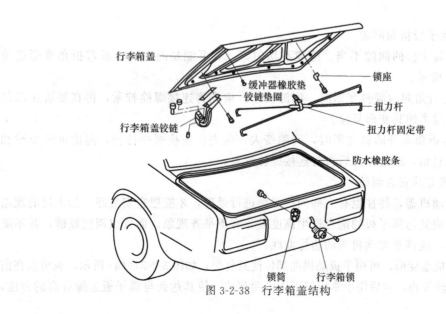

图 3-2-38 行李箱盖结构

4. 行李箱盖的拆装与调整

行李箱盖结构如图 3-2-38 所示。

(1) 行李箱盖的拆装

① 打开行李箱盖，拆卸尾箱饰板。

② 拆下行李箱盖锁总成。如图 3-2-39 所示。

③ 拆下行李箱锁电器接头。如图 3-2-40 所示。

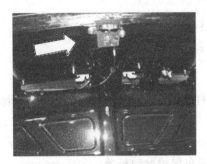

图 3-2-39 拆盖锁总成

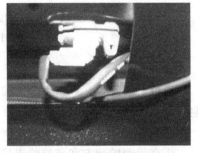

图 3-2-40 拆盖锁电器接头

④ 拆下行李箱电器线路。如图 3-2-41 所示。

⑤ 两人合作，拆下行李箱盖铰链螺栓。如图 3-2-42 所示。

图 3-2-41 拆行李箱电器线路

图 3-2-42 拆铰链螺栓

⑥ 将行李箱盖放在工作台架上。

⑦ 清洁行李箱盖和车身相关部位。

⑧ 安装顺序按拆装过程反之。

(2) 行李箱盖的调整

① 拧松行李箱盖与铰链的固定螺栓，使行李箱盖能移动。

② 增减行李箱盖与铰链间的垫片，上下调整行李箱。

③ 将行李箱盖向前后、内外移动，使它与后翼子板平齐。调整后锁紧螺栓。

④ 将行李箱盖锁的固定螺栓松开，使之能够移动。

⑤ 将行李箱盖锁座螺栓松开，使之能够活动。

⑥ 上下或左右移动盖锁和锁座，使它们能够对正，锁止良好。调整好后，将螺栓拧紧。

5. 挡风玻璃的拆装

挡风玻璃的固定方式有两种，即胶粘法固定和橡胶条法固定，如图 3-2-43 所示。

(1) 胶结法挡风玻璃的拆装

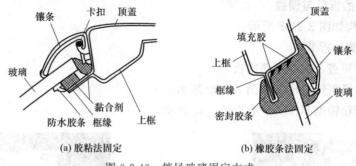

图 3-2-43 挡风玻璃固定方式

1) 拆卸
① 拆下雨刮器、风口盖板、前柱内饰板、两侧前支柱饰板，装有收音机天线，也应将其拆除。
② 拆下前滴水条、挡风玻璃压条。
③ 在顶棚的前方和玻璃的连接处贴上保护胶带；用盖布保护发动机盖。
④ 在仪表板和玻璃的连接处贴上保护胶带。
⑤ 用利刃将整个窗口周围边缘的填缝割除。
⑥ 切割玻璃胶结层。

切割玻璃胶结层有多种方法，可用钢丝绳，也可以用气动或电动切胶机来切割。建议切割玻璃胶结层时要尽可能多地保留原来胶层，因为它与车身的连接一般都非常可靠。如图 3-2-44 所示。

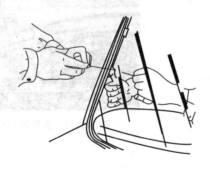
(a) 用钢丝切割

(b) 用动力工具切割

图 3-2-44 分离挡风玻璃的方法

用钢丝绳切割，需两人合作。在挡风玻璃的转角处，用较尖的铁器穿透强力胶到驾驶室内，然后穿进切割钢丝，钢丝两头系上光滑的手柄方便拉动；里外的维修人员配合，顺着玻璃边缘进行拉锯式切割。
⑦ 切割完成后，小心地把玻璃取下放到安全的地方。建议用玻璃双吸把拿取玻璃。

2) 安装
① 清理玻璃及窗口。

如果是用旧玻璃，必须认真清除上面的旧胶层和其他污物，然后用玻璃清洁剂清洁玻璃。用吹气枪等工具把安装玻璃窗口周边清理干净。如图 3-2-45 所示。
② 用利刃把可利用的旧胶层削平。如图 3-2-46 所示。

图 3-2-45　清理玻璃及窗口

③ 试安装玻璃，对正后在玻璃和窗口边缘做记号，方便正式安装。如图 3-2-47 所示。

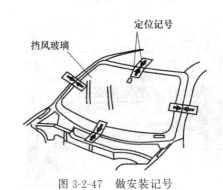

图 3-2-46　削平旧胶层　　　　　　　　图 3-2-47　做安装记号

④ 用不含铅质的汽油或其他专用清洁剂，洗净玻璃在车身部分上的两面周边的接触位置，干燥后在这两面涂上玻璃底漆。如图 3-2-48 所示。

⑤ 在玻璃上套上橡胶防水条。如图 3-2-49 所示。

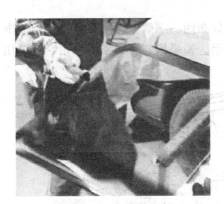
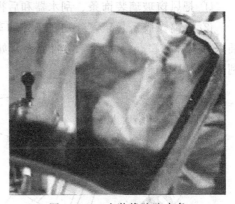

图 3-2-48　涂玻璃底漆　　　　　　　　图 3-2-49　安装橡胶防水条

⑥ 按照规定位置安放隔片。如图 3-2-50 所示。

⑦ 在窗口边缘涂上玻璃强力胶。如图 3-2-51 所示。

⑧ 两人用真空吸把小心把玻璃搬到汽车上进行安装。对着刚才的记号就非常容易放正。如图 3-2-52 所示。

⑨ 压平玻璃，并把多余的玻璃胶擦干净。如图 3-2-53 所示。

⑩ 用胶带在四周把玻璃固定。

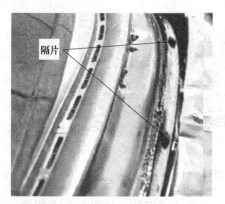

图 3-2-50 安放隔片

图 3-2-51 在窗口边缘涂胶

图 3-2-52 安装玻璃

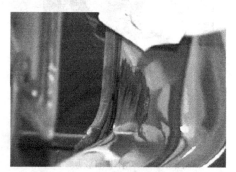

图 3-2-53 清理多余的玻璃胶

（2）橡胶条法镶装挡风玻璃的拆装

1）拆卸

① 把风窗玻璃装饰条、刮水器和后视镜等拆下。

② 分离橡胶密封条。分别在车外和车里，利用包好布的一字螺丝刀沿橡胶密封条周围插入橡胶和窗口凸缘之间将它们分离。如图 3-2-54 所示。如果橡胶密封条不再用，直接用利刃割断更快捷。

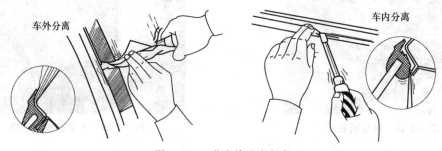

图 3-2-54 分离橡胶密封条

③ 在车内将玻璃轻轻推出，橡胶密封条也会被带出，把玻璃放在安全位置。

2）安装

① 清理玻璃边缘和窗口。

② 把橡胶密封条安装在玻璃上，并把尼龙软线埋入它的凸缘槽中。如图 3-2-55 所示。

③ 在橡胶密封条凸缘和窗口边缘上涂上肥皂水。如图 3-2-56 所示。

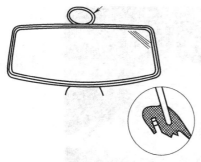
图 3-2-55　把尼龙软线埋入橡胶条中

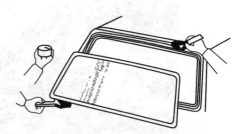
图 3-2-56　在玻璃和窗口上涂肥皂水

④ 安装挡风玻璃。车外的人压住玻璃，车里的人在玻璃下边缘缓慢拉动尼龙软线，就能把风窗玻璃镶装好。如图 3-2-57 所示。

⑤ 用手掌轻轻拍打玻璃，使其贴合紧密。

⑥ 用胶带纸沿橡胶密封条四周粘贴保护。如图 3-2-58 所示。

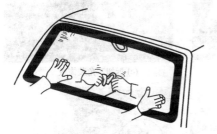
图 3-2-57　轻拍玻璃拉动尼龙线

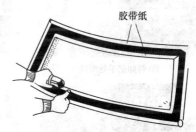
图 3-2-58　贴胶带纸

⑦ 在规定范围内涂抹密封胶。如图 3-2-59 所示。

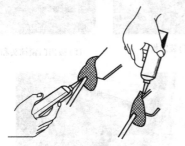
(a) 沿橡胶条两边加涂密封胶

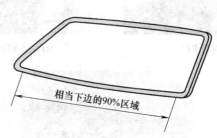
(b) 玻璃下边缘90%的区域不涂密封胶

图 3-2-59　涂密封胶

6. 汽车车门玻璃的拆装与调整

（1）汽车车门玻璃的拆装

① 检查。检查车身表面有无划痕、凹凸变形、受损，检查车门装饰条有无老化、断裂现象，检查内装饰有无损坏，检查车门开启是否顺畅、门锁、铰链是否完好、车门玻璃升降情况是否正常等。并做好记录和请客户签字确认。提醒客户保管好贵重物品。如图 3-2-60 所示。

② 拆卸车门附件。主要是把与车门装饰板相连接的螺栓、螺钉、卡扣等拆除，如把手、装饰条、装饰板、防尘布等，拆卸时注意保护好相关的电气插件、导线、线束和卡扣。如图 3-2-61 所示。

图 3-2-60　检查

(a) 拆卸把手处螺栓　　　　　(b) 拆卸装饰条处螺栓　　　　　(c) 拆卸三角装饰板

(d) 拆卸卡扣　　　　　　(e) 拉出车门装饰板　　　　(f) 拔出门锁插头和锁止器连接杆

(g) 拔出升降器总开关插头　　　　(h) 取下车门装饰板

图 3-2-61　拆卸车门附件

③ 拆卸车门玻璃。先拆除固定车门玻璃的两个螺栓，再小心取出玻璃，放置安全地方。如图 3-2-62 所示。

④ 清理清洁。用吸尘器、清洁刷清理车门装饰条、装饰板安装位置、车门内各空间。如图 3-2-63 所示。

⑤ 确认更换玻璃型号，并进行仔细检验。图 3-2-64 所示。

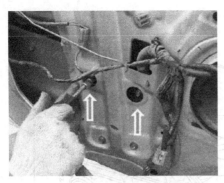
(a) 拆除固定玻璃2个螺栓

(b) 取出玻璃

图 3-2-62　拆卸车门玻璃

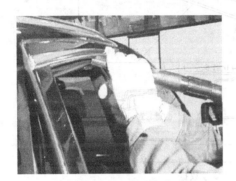
图 3-2-63　清理清洁

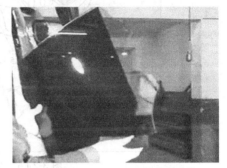
图 3-2-64　确认更换玻璃型号

⑥ 安装玻璃和附件。安装过程与拆卸过程相反。
⑦ 检验。对升降器、门锁进行调试，保证车门玻璃升降正常、车门开启顺畅。

（2）汽车车门玻璃的调整

调整玻璃导向槽，就可调整门玻璃。如图 3-2-65 所示。

① 将玻璃导向槽的固定螺钉部分拧松。
② 置门玻璃位于上方，根据玻璃倾斜方向调整玻璃导向槽，使玻璃与门框玻璃滑槽对准即可。如果门玻璃向左倾斜，就将导向槽向上移动；门玻璃向右倾斜，则将导向槽向下移动。

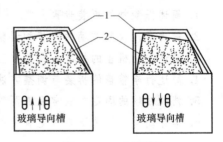

图 3-2-65　玻璃调整
1—门框；2—门玻璃

③ 门玻璃摇上或摇下其位置须适当。
④ 门玻璃校正后，锁紧导向槽的固定螺栓。

拓展知识

车身配合间隙参考数据图

汽车外表讲究美观，各部件之间产生的间隙大小和是否匀称除了影响到各附件安装是否到位、是否产生干涉外，也严重影响到美观的效果。车身各附件配合间隙参考数据如图 3-2-66 所示。

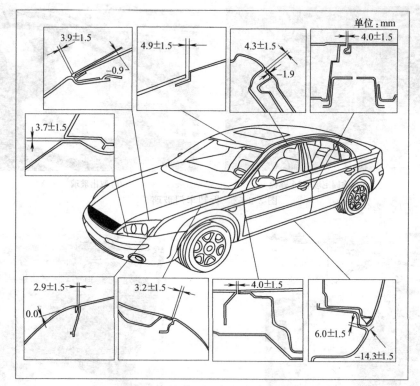

图 3-2-66　车身上配合间隙的参考数据

 思考练习

1. 简述保险杠的拆装步骤。
2. 简述车门及其玻璃的拆装和调整方法。
3. 简述发动机盖的拆装与调整方法。
4. 简述行李箱盖的拆装与调整方法。
5. 挡风玻璃的固定方法常用哪两种？分别介绍其拆装的主要步骤。
6. 车身调整的间隙配合常见有哪些？

任务 3　汽车室内附件的拆装

教学目标

掌握汽车室内附件的拆装方法。

任务引入

在汽车碰撞比较严重要进行维修时，或者汽车室内附件已经老化需要更换时，就必须对相应的室内附件或者装饰件进行拆装。

任务分析

汽车室内附件的拆装是汽车钣金维修的常规工作,学徒工通常从这种基础工作开始进行钣金维修工作。汽车室内附件的拆装必须使用专用工具,才能又快又好的完成。

相关知识

车身内部附件主要有方向盘、仪表板、座椅、安全带、顶棚、车门护面及门锁、地板护面、内壁护面、空调系统出风口、遮阳板、后视镜、拉手、点烟器、音响系统及其各种内部附件、装饰件等。车身内部附件如图3-3-1所示。

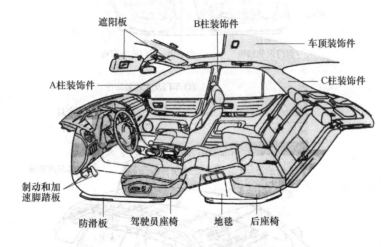

(a) 乘客室内的部件

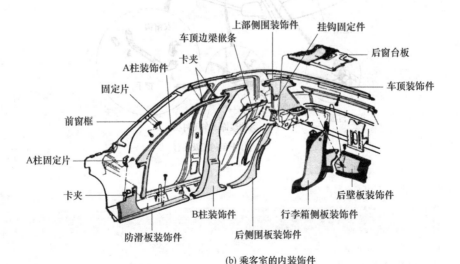

(b) 乘客室的内装饰件

图 3-3-1

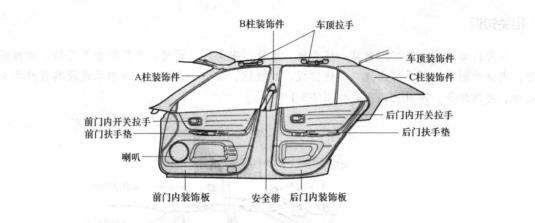

(c) 车门及立柱装饰件

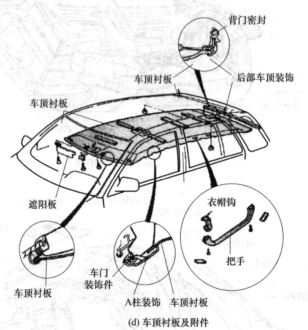

(d) 车顶衬板及附件

项目3 车身结构及主要附件的拆装

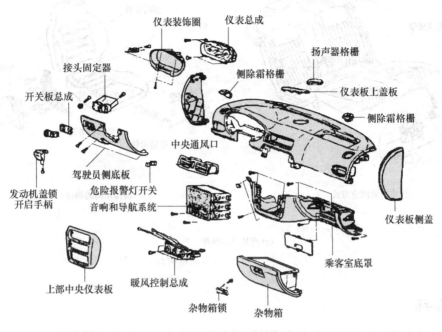

(e) 仪表板及其附件

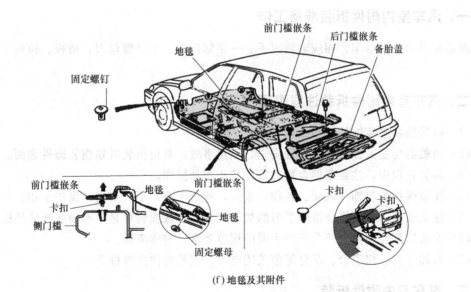

(f) 地毯及其附件

图 3-3-1

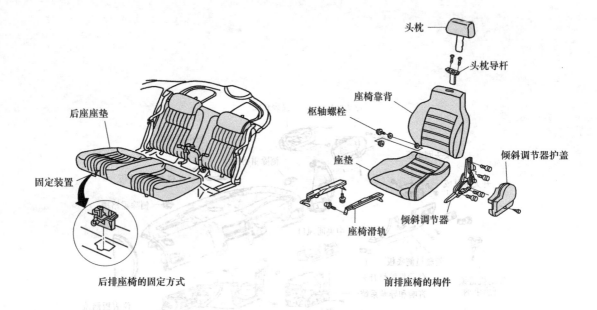

(g) 座椅及其附件

图 3-3-1　汽车内部附件

任务实施

下面以奔驰 GL 型汽车室内附件拆装为例介绍汽车室内附件的拆装方法。

一、汽车室内附件拆装准备工作

准备好必要的工具车、相应套筒扳手、一字螺丝刀、十字螺丝刀、撬板、拉钩、劳保用品等。

二、汽车室内附件拆装注意事项

（1）拆装前熟悉装饰件卡扣结构形式。
（2）佩戴必要的劳保用品，保证安全，不出事故；避免拆装时划伤装饰件表面。
（3）拆装过程中，注意掌握合适力度，禁止粗暴操作。
（4）注意保护各装饰件表面、各物件表面，整洁干净，不被划伤；保护卡扣。
（5）注意安装力矩要符合维修手册的规范要求，连接安装可靠，不损坏连接螺栓。
（6）安装后配合间隙要符合维修手册的规范要求，匀称流畅。
（7）拆卸车门、仪表台、车灯等前关闭电源，把蓄电池负极拆下。

三、汽车室内附件拆装

（一）立柱装饰板的拆装

1. A 柱内装饰板的拆装

（1）A 柱内装饰板的拆卸

① 用双手往下拉拆下 A 柱上方的密封条。如图 3-3-2 所示。

② 用螺丝刀或撬板撬开 A 柱装饰板一边。如图 3-3-3 所示。

图 3-3-2　用双手往下拉拆下密封条

图 3-3-3　撬开 A 柱装饰板

③ 用螺丝刀伸到装饰板内撬开各个卡扣。如图 3-3-4 所示。
④ 把装饰板取下并检查卡扣有无损坏。如图 3-3-5 所示。

图 3-3-4　撬开各个卡扣

图 3-3-5　检查卡扣有无损坏

⑤ 用撬板拆下 A 柱旁边的门槛外装饰板。如图 3-3-6 所示。
⑥ 拆下 A 柱下部分装饰板。如图 3-3-7 所示。

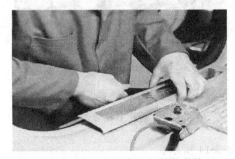

图 3-3-6　拆下 A 柱旁的门槛外装饰板

图 3-3-7　拆下 A 柱下部分装饰板

（2）A 柱内装饰板的安装

A 柱内装饰板的安装顺序与拆卸顺序相反。

2. B 柱内装饰板的拆装

（1）B 柱内装饰板的拆卸

① 拆下 B 柱在前门一侧的密封条。如图 3-3-8 所示。
② 用一字螺丝刀撬开 B 柱装饰板的卡扣。如图 3-3-9 所示。
③ 用撬板撬开在车顶旁边的 B 柱装饰板固定螺钉装饰盖。如图 3-3-10 所示。
④ 用十字螺丝刀拆下 B 柱装饰板固定螺钉。如图 3-3-11 所示。

图 3-3-8　拆下 B 柱在前门一侧的密封条

图 3-3-9　撬开 B 柱装饰板的卡扣

图 3-3-10　撬开固定螺钉装饰盖

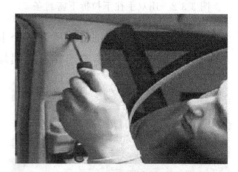
图 3-3-11　拆下 B 柱内装饰板固定螺钉

⑤ 拆下 B 柱在后门旁边的密封条。如图 3-3-12 所示。

⑥ 用一字螺丝刀撬开 B 柱装饰板的卡扣。如图 3-3-13 所示。

图 3-3-12　拆下后门旁边密封条

图 3-3-13　撬开 B 柱装饰板的卡扣

⑦ 注意安全带，小心把 B 柱装饰板拆下。如图 3-3-14 所示。

图 3-3-14　拆下 B 柱装饰板

(2) B 柱内装饰板的安装

B 柱内装饰板的安装与拆卸顺序相反。

3. C、D 柱装饰板的拆装

要对此 SUV 汽车的 C、D 柱装饰板进行拆装，必须同时对后侧围板装饰板和行李箱装饰盖板进行拆装。

(1) C、D 柱装饰板的拆卸

① 用撬板把 C 柱旁边的门槛装饰板拆开。如图 3-3-15 所示。

② 用双手把后车门门洞密封条拆开。如图 3-3-16 所示。

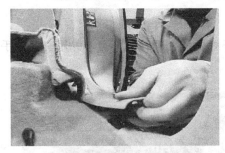

图 3-3-15 拆开 C 柱旁边门槛装饰板

图 3-3-16 拆开后车门门洞密封条

③ 用螺丝刀撬开 C 柱装饰板门边的卡扣。如图 3-3-17 所示。

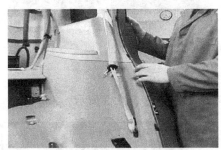

图 3-3-17 用螺丝刀撬开 C 柱装饰板门边的卡扣

④ 用撬板撬开 C 柱装饰板上部和中间位置固定螺丝钉的装饰盖，并用十字螺丝刀拆下螺丝钉。如图 3-3-18 所示。

⑤ 用套筒扳手拆下安全带下部的固定螺栓。如图 3-3-19 所示。

图 3-3-18 拆下上下装饰盖和螺丝钉

图 3-3-19 拆下安全带下部的固定螺栓

⑥ 用撬板撬开 D 柱装饰板固定螺钉的装饰盖，并用十字螺丝刀拆下固定螺丝钉。如图 3-3-20 所示。

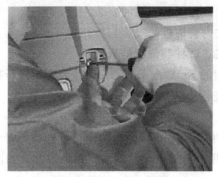

图 3-3-20　撬开装饰盖和拆下固定螺丝钉

⑦ 用撬板撬开行李箱装饰盖板上的行李网捆扎环处的 4 个螺栓装饰盖，并用套筒扳手拆下固定螺栓。如图 3-3-21 所示。

图 3-3-21　撬开装饰盖和拆下固定螺栓

⑧ 取下行李箱与座椅之间的隔板。如图 3-3-22 所示。
⑨ 拆下后安全带与地板的连接螺栓，取出安全带。如图 3-3-23 所示。

图 3-3-22　取下隔板　　　　　　　　图 3-3-23　拆安全带与地板的连接螺栓

⑩ 用手拉开 D 柱上尾门密封条。如图 3-3-24 所示。
⑪ 用手小心拉出侧围板与 D 柱下装饰板成一体化的装饰板。如图 3-3-25 所示。
⑫ 用十字螺丝刀拆下 D 柱上部装饰板的固定螺钉，并取下装饰板。注意安全带。如图 3-3-26 所示。
⑬ 用十字螺丝刀拆下 C 柱上部装饰板的固定螺钉，并取下。注意安全带。如图 3-3-27 所示。

（2）C、D 柱装饰板的安装

C、D柱装饰板的安装与其拆卸顺序相反。

图 3-3-24 拉开 D 柱上尾门密封条

图 3-3-25 拉出一体化的装饰板

图 3-3-26 拆下 D 柱装饰板

图 3-3-27 拆下 C 柱上部装饰板

(二) 顶棚的拆装

1. 顶棚的拆卸

(1) 拆卸 A 柱上部装饰板。(见本节"A 柱内装饰板拆装")

(2) 拆卸 B 柱装饰板。(见本节"B 柱内装饰板拆装")

(3) 拆卸 C、D 柱上部装饰板。(见本节"C、D 柱装饰板拆卸")

(4) 拆卸车内后视镜。

① 用撬板拆下后视镜最前端的装饰板。如图 3-3-28 所示。

② 用撬板拆下后视镜中间的装饰板,注意这装饰板连接着电线。如图 3-3-29 所示。

③ 小心拔出与后视镜连接的电线。如图 3-3-30 所示。

④ 用螺丝刀拆下后视镜。如图 3-3-31 所示。

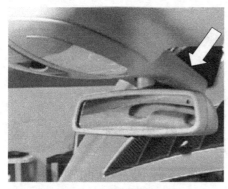

图 3-3-28　拆下最前端的装饰板

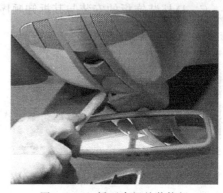

图 3-3-29　拆开中间的装饰板

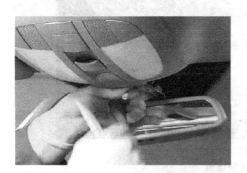

图 3-3-30　拔出连接后视镜的电线

图 3-3-31　拆下后视镜

(5) 拆卸上方控制面板

① 用撬板撬开控制板。如图 3-3-32 所示。

② 小心拔出连接电线，并把控制面板取下。如图 3-3-33 所示。

图 3-3-32　撬开控制板

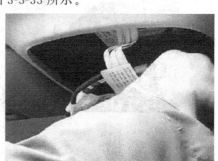

图 3-3-33　把车顶控制面板取下

(6) 遮阳板的拆装

① 放下遮阳板。如图 3-3-34 所示。

② 拉下两个遮阳板固定螺钉的装饰盖。如图 3-3-35 所示。

③ 用螺丝刀拆下两个固定螺钉。如图 3-3-36 所示。

④ 取下遮阳板。如图 3-3-37 所示。

(7) 拆卸车顶拉手

① 用小拉钩拉开拉手两个固定螺钉装饰盖。如图 3-3-38 所示。

② 用十字螺丝刀拆下两个固定螺钉，并取下拉手。如图 3-3-39 所示。

图 3-3-34 放下遮阳板

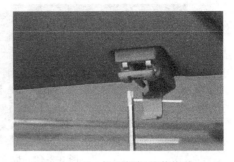

图 3-3-35 拉下螺钉的装饰盖

(8) 拆卸车顶灯

① 用小拉钩拉下拉手两个固定螺钉的装饰盖。如图 3-3-40 所示。

② 用十字螺丝刀拆下两个固定螺钉。如图 3-3-41 所示。

图 3-3-36 拆下两个固定螺钉

图 3-3-37 取下遮阳板

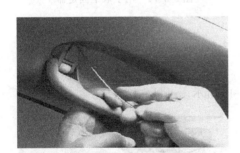

图 3-3-38 拉开固定螺钉装饰盖

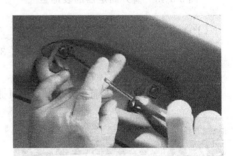

图 3-3-39 拆下固定螺钉取下拉手

图 3-3-40 拉下螺钉的装饰盖

图 3-3-41 拆下两个固定螺钉

③ 小心取下拉手并拔出车顶灯连接电线。如图 3-3-42 所示。

 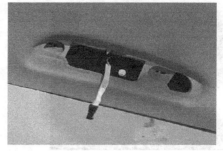

图 3-3-42　取下拉手并拔出车顶灯连接电线

(9) 拆卸安全隔网固定器

① 用撬板撬开固定器的装饰盖。如图 3-3-43 所示。
② 用手取下固定器。如图 3-3-44 所示。

图 3-3-43　撬开固定器的装饰盖　　　　　图 3-3-44　用手取下固定器

(10) 撬开顶棚

用撬板从车尾端撬开顶棚。如图 3-3-45 所示。

(11) 取下顶棚

双手抓住顶棚并往前推动,取下顶棚。如图 3-3-46 所示。

图 3-3-45　从车尾端撬开顶棚　　　　　图 3-3-46　取下顶棚

2. 顶棚的安装

顶棚的安装顺序与拆卸顺序相反,注意配合间隙。

(三) 座椅的拆装

1. 前排座椅的拆装

(1) 前排座椅的拆卸

① 分析座椅结构，按下前后移动开关，使座椅前移。如图 3-3-47 所示。
② 用撬板撬开座椅两旁的装饰板。如图 3-3-48 所示。

图 3-3-47　分析座椅结构

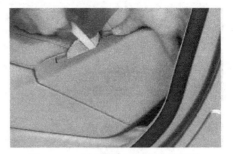

图 3-3-48　撬开座椅两旁的装饰板

③ 用套筒扳手拆下两旁的固定螺栓。如图 3-3-49 所示。
④ 按下座椅高低调整开关，使座椅升高。拆下座椅后面两边轨道的装饰盖板。如图 3-3-50 所示。

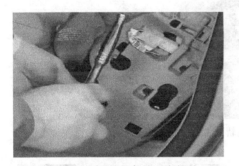

图 3-3-49　拆下两旁的固定螺栓

图 3-3-50　拆下座椅后面两边轨道的装饰板

⑤ 用套筒扳手拆下座椅后面两边轨道上的固定螺栓。如图 3-3-51 所示。

图 3-3-51　拆下座椅后面两边轨道上的固定螺栓

⑥ 按动座椅的前后移动开关，使座椅后移。如图 3-3-52 所示。
⑦ 拆下座椅前面两边轨道的装饰盖板。如图 3-3-53 所示。
⑧ 用套筒扳手拆下座椅与前面两边轨道上的固定螺栓。如图 3-3-54 所示。
⑨ 翻开座椅，拆除座椅加热、控制用的所有连接电线。如图 3-3-55 所示。
⑩ 把座椅取出车外。如图 3-3-56 所示。

（2）前排座椅的安装

前排座椅的安装顺序与拆卸顺序相反，注意固定螺栓要按力矩紧固。

图 3-3-52　使座椅后移

图 3-3-53　拆下座椅前面轨道上装饰盖板

图 3-3-54　拆下座椅与前面两边轨道上的固定螺栓

图 3-3-55　拆除所有连接电线

图 3-3-56　把座椅取出车外

2. **中排座椅的拆装**

（1）中排座椅的拆卸

① 往上拉开座椅坐垫。如图 3-3-57 所示。

② 取出座椅里的护垫。如图 3-3-58 所示。

③ 用十字螺丝刀拆除装饰板的两个固定螺钉。如图 3-3-59 所示。

④ 把坐垫放下，并取出下方的活板。如图 3-3-60 所示。

⑤ 再次把坐垫打开，同时也把旁边座椅的坐垫、防护垫也打开。如图 3-3-61 所示。

⑥ 把旁边的座椅打开后，拆除里面的连接电线。如图 3-3-62 所示。

项目 3　车身结构及主要附件的拆装 | 75

图 3-3-57　往上拉开座椅坐垫

⑦ 用套筒扳手拆下座椅与地板连接的固定螺栓。如图 3-3-63 所示。
⑧ 把座椅折叠取下。如图 3-3-64 所示。

 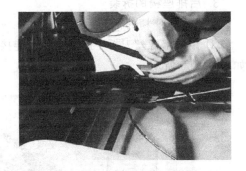

图 3-3-58　取出座椅里的护垫　　　　　　图 3-3-59　拆除装饰板固定螺钉

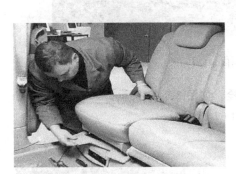 

图 3-3-60　取出座椅下方活板　　　　　　图 3-3-61　把旁边座椅的坐垫也打开

图 3-3-62　拆除连接电线　　　　　　　　图 3-3-63　拆下座椅与地板连接的螺栓

图 3-3-64　把座椅折叠取下

（2）中排座椅的安装

中排座椅的安装顺序与拆卸顺序相反。

3. 后排座椅的拆装

（1）后排座椅的拆卸

① 用一字螺丝刀拆下座椅与地板连接螺栓的装饰盖，并用套筒扳手拆下两个固定螺栓。如图 3-3-65 所示。

图 3-3-65　拆下装饰盖和固定螺栓

② 翻起座椅，用套筒扳手拆下里面两个固定螺栓。如图 3-3-66 所示。

③ 拔出座椅电机和其他连接电线插头。如图 3-3-67 所示。

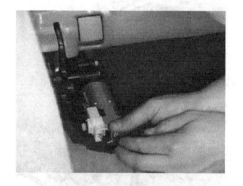

图 3-3-66　拆下两个固定螺栓　　　　　　图 3-3-67　拔出电机和电线插头

④ 按下座椅折叠开关，把座椅折叠起来。如图 3-3-68 所示。

图 3-3-68　按下座椅折叠开关，把座椅折叠起来

⑤ 取出座椅。如图 3-3-69 所示。

（2）后排座椅的安装

后排座椅的安装顺序与其拆卸顺序相反。

拓展知识

汽车卡扣

卡扣是用于一个零件与另一零件的嵌入连接或整体闭锁的机构，卡扣连接最大的特

图 3-3-69　取出座椅

点是安装拆卸方便，甚至可以做到免工具拆卸。卡扣与装饰件（装饰板）的关系如图 3-3-70 所示。

一、卡扣作用

卡扣一般由卡扣芯和卡扣座组成，即"子母"结构。卡扣芯也叫紧固件，作用是将卡扣锁紧在基体上，并保证使用过程中不脱落；卡扣座也叫定位件，作用是在安装时，引导卡扣顺利、正确、快速地到达安装位置。

根据使用场合和要求的不同，卡扣芯分可拆卸卡扣芯和不可拆卸卡扣芯。可拆卸卡扣芯通常被设计成当施加一定的分离力后，卡扣会脱开，两个连接件分离；这种卡扣，常用于连接两个需要经常拆开的零件。不可拆卸卡扣芯需要人为将卡扣芯偏斜，方能将两零件拆开，多用于使用过程中不拆开零件的连接固定；这种卡扣属于弹性结构，只有总成，没有"子"和"母"之分。

二、汽车卡扣分类

1. 汽车卡扣按材质分

汽车卡扣按材质分主要有塑料卡扣、尼龙卡扣和金属卡扣三种。塑料卡扣和金属卡扣如图 3-3-71 所示。

2. 汽车卡扣按功能作用分

汽车卡扣按功能作用分主要有快丝座卡扣、穿心钉卡扣、通用卡扣等。

3. 汽车卡扣按作用部位分

汽车卡扣按作用部位分主要有门板扣、顶篷扣、保险杠扣、地板扣、后备箱扣、密封条扣、流水槽扣、内饰板扣、外饰板扣、边梁扣、底盘扣、隔热棉卡扣、座椅扣、拉手扣、支

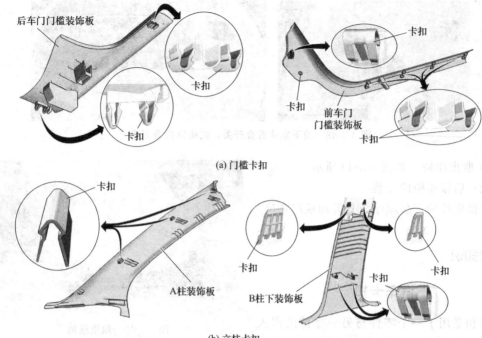

图 3-3-70　卡扣与装饰件的关系

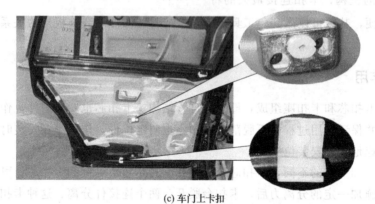

图 3-3-71　汽车卡扣

杆扣、防护板扣等等。

三、汽车卡扣拆装方法

汽车卡扣要小心拆卸，防止损坏；卡扣通过紧固件的变形和反弹来实现安装，安装时主要通过手感以及声音来判断卡扣安装是否到位。

1. 汽车卡扣安装方式

根据不同车身附件连接车身钣件的需要，卡扣也采用不同的安装方式。汽车卡扣式防擦条的卡扣安装方式如图 3-3-72 所示。

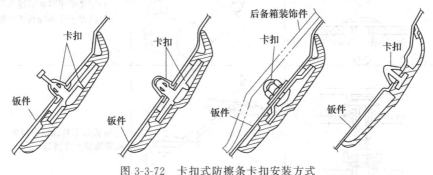

图 3-3-72　卡扣式防擦条卡扣安装方式

2. 汽车卡扣的拆装原理

汽车卡扣的拆装原理以一个抽心式卡扣的结合和分离来说明。结合时先把卡扣座穿进装饰件安装孔，然后再把卡扣座压进钣件安装孔，最后又把卡扣芯压入卡扣座即可；分离时先用撬具（撬板或一字螺丝刀包布）把卡扣芯撬出来，再用叉形撬具把卡扣座撬起就可以分离。如图 3-3-73 所示。

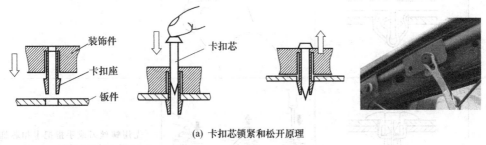

(a) 卡扣芯锁紧和松开原理

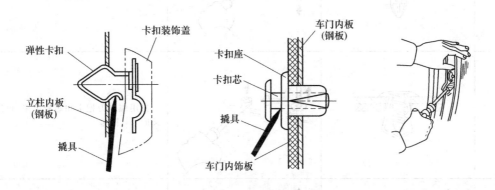

(b) 有、无卡扣芯卡扣的拆卸原理

图 3-3-73　汽车卡扣的拆装原理

3. 汽车卡扣拆卸方法

汽车卡扣拆卸，一般是先把卡扣装饰盖撬开，然后再根据卡扣安装方法采取相应工具、相应方法进行拆卸。汽车卡扣拆卸方法见表 3-3-1。

表 3-3-1 汽车卡扣拆卸方法

序号	卡扣类型	拆卸方法	拆卸方法说明
1			(1)用叉形工具从装饰板上方撬起 (2)用钳子从装饰板下方推出
2			用叉形工具或用布包裹住的螺丝刀从装饰板上方撬起
3			用较宽的撬板从装饰板上方撬起
4			先用螺丝刀或手指把卡扣芯推出去,再用叉形工具撬起
5			先用螺丝刀把卡扣芯拧出来,再用叉形工具撬起
6			用叉形工具或用布包裹住的螺丝刀从装饰板上方撬起

思考练习

1. 汽车室内附件拆装注意事项有哪些?
2. 汽车室内附件拆装专用工具有什么?
3. 简述汽车立柱内装饰板的拆装方法。
4. 简述汽车顶棚的拆装方法。
5. 拆装汽车座椅时特别要注意什么?
6. 汽车卡扣种类有哪些?拆装方法有哪些?

项目4 车身材料

任务　车身材料认知

教学目标

1. 了解车身用金属材料的种类及特点。
2. 了解汽车用玻璃的种类及特点。
3. 了解汽车塑料的种类及特点。

任务引入

在进行事故车修复时，必须熟汽车车身材料才能正确进行更换，也必须区分出车身材料才能正确选择工艺和设备进行车身修复，比如现代车身的高强度钢就不能沿用旧工艺用氧-乙炔火焰进行切割和焊接，否则会降低车身强度。

任务分析

车身材料认知主要学习车身常用金属材料和非金属材料的特性。

相关知识

汽车车身要满足结构强度和防腐、装饰等的需要，使用材料的种类多种多样。常用的金属材料有钢板、铝合金板等，非金属材料有橡胶、塑料、玻璃等。其中钢板质量占车身质量约为 67%。在此主要对常用的金属材料和塑料、玻璃的性质和使用做介绍。

一、金属材料

（一）金属材料的性能

1. 金属材料的力学性能

金属材料对外力作用表现出一定的抵抗力，称为机械性能，也叫力学性能。不同材料具有不同的机械性能，通常用弹性、塑性、机械强度等来表示。与车身修理关系密切的还有加工硬化和热影响等性能。车身修理也是针对金属材料的这些性能，来进行成形、矫正、焊接的。只有充分了解金属材料的性能，才能对车身的损坏作出正确地诊断，从而以此为依据制定合理的修理方案。

（1）弹性　金属材料受外力作用时发生变形，外力去除后，又完全恢复原来的形状和尺寸，这种性能称为弹性，产生的变形叫弹性变形。如图 4-1-1（b）所示。

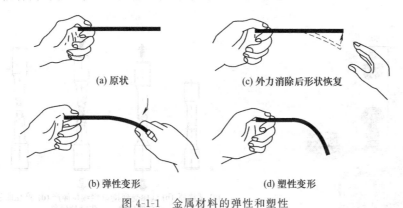

图 4-1-1　金属材料的弹性和塑性

（2）塑性　金属的弹性有一定的范围，若外力超过此范围则失去弹性而产生塑性。塑性是指金属材料在外力作用下，当外力超过其弹性限度后具有能永久变形而不发生破坏的能力，也叫永久变形能力。由永久变形能力产生的变形叫永久性变形，也称为塑性变形。如图 4-1-1（d）所示。

金属的塑性可分为延性及展性两种，所以金属的塑性也叫延展性。延性可使金属拉成细丝；展性可使金属展成薄片。在车身修理过程中，利用钢板的可塑性，对板材进行矫正或复位，可以说是车身钣金作业的基本原则。

产生塑性变形的部位周围都会产生弹性变形。当汽车在碰撞过程中受到损坏而产生永久变形时，应通过拉伸、压缩、收放等各项作业，先将塑性变形消除，弹性变形也会随之消失，使车身恢复到原来的形状。

（3）屈服强度　金属材料在外力作用下发生形变时，内部就会产生大小相等但方向相反的反作用力抵抗外力，定义单位面积上的这种反作用力为应力；当金属材料开始发生明显的塑性变形，或达到规定塑性变形值时的应力称为屈服强度。

塑性高的材料，在拉伸过程中，当加载到一定值时，力不增加，而金属材料会自觉地自己继续伸长，这种现象叫屈服现象。材料产生屈服时的外力与试棒断面积之比，称为屈服极限，用符号 σ_s 来表示。

（4）抗拉强度　金属材料在外力作用下，抵抗破坏的最大能力，即发生断裂破坏前所承受的最大应力叫抗拉强度，也叫强度极限，用符号 σ_b 来表示。

σ_s、σ_b 在机械设计和选择评定材料时有重要意义。因金属材料不能在超过 σ_s 的条件下工作，否则会产生塑性变形，超过 σ_b 工作，机件就会断裂。汽车车身金属材料也是用它们来表示强度的大小。

金属材料的屈服强度、抗拉强度等指标，单位都是 MPa，大小可以通过金属材料的拉伸试验来测得，它们的数据越大表明材料的强度越强。拉伸试验机如图 4-1-2 所示，拉伸试验中金属试棒的形状变化如图 4-1-3 所示。

2. 金属材料的其他性能

（1）加工硬化　金属材料在再结晶温度以下产生塑性变形时强度和硬度升高，而塑性和韧性降低的现象,称加工硬化,又称冷作硬化。产生原因是,金属在产生塑性变形时,晶粒发生滑移,出现错位的缠结,使晶粒拉长、破碎和纤维化,金属内部产生了残余应力等。各种状况下金属内部晶粒的排列如图 4-1-4 所示。

金属材料的加工硬化,可以通过如图 4-1-5 所示的实验来体现。

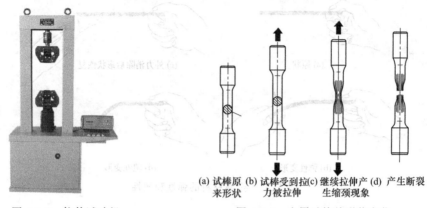

(a) 试棒原　(b) 试棒受到拉 (c) 继续拉伸产 (d) 产生断裂
　来形状　　　力被拉伸　　生缩颈现象

图 4-1-2　拉伸试验机　　　　图 4-1-3　金属试棒的形状变化

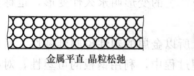

(a) 没有外力作用

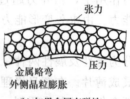

(b) 如果金属有弹性,
外力消除后将恢复原状

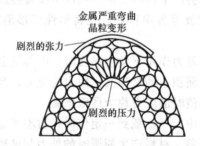

(c) 外力超过弹性极限,外侧晶
粒严重拉伸,内侧产生扭曲,产生应力

图 4-1-4　各种状态下金属内部晶粒的排列

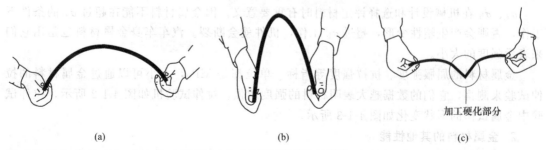

　　(a)　　　　　　　　　(b)　　　　　　　　　(c)

图 4-1-5　金属材料的加工硬化

将平钢板折曲，再将其折回时则留下当初折弯部分的形状，也会在其最初折曲部的两端产生两处新的屈折。这就是钢板的折曲处形成的加工硬化。

更加简单的实验，是将一根铁线前后弯曲几次，在弯曲点上将出现皱褶。在弯曲处出现严重塑性变形时，金属将变得非常硬且不易弯曲的地方就是加工硬化。

加工硬化属于冷加工工艺，是塑性变形的极限，它使金属在被弯曲的地方变硬。存在加工硬化的金属，塑性变形抗力将迅速增大，即强度和硬度显著提高，而塑性和韧性下降，会给金属的进一步加工带来困难，如在车身金属材料的修复过程中增加难度，甚至无法修复。但我们可以利用加工硬化作用来提高金属的强度和硬度，比如汽车车身，特别是承载式车身，就是利用加工硬化的作用来加工许多的拱起，也叫"筋"，来实现用薄钢板制造高强度车身。

在修理过程中应该正确认识加工硬化的作用，采取正确的矫正方法把损伤件修复好，也要注意不能伤及在制造过程中形成的冷加工硬化区，否则会破坏车身的强度。

（2）金属材料的热影响　利用金属的热影响，可通过热处理而获得不同使用要求的材料。对同一品种的钢材采用不同的加热、冷却处理工艺，就可以使材质发生变化从而得到所希望的机械性能。随着金属材料温度上升和内部组织发生变化，金属的机械性能也会发生相应的改变。一般情况下，金属材料的温度升高，抗拉强度、硬度就降低，但延伸率会增大、塑性会提高。利用钢加热后其塑性提高这个性质，可以对钢进行热矫正与焊接。

高强度钢受热影响更加明显，只要受热温度达到其临界温度以上，其内部结构便急剧变化，强度大幅度降低。

（3）钣件的应力消除　由于汽车产生碰撞变形而造成的冷作硬化，可以通过锤击和控制加热的方法处理，让金属材料内部的变形晶粒有所松弛，在弹性作用下得到一定的形状恢复，消除畸变，进而恢复钣件的形状和消除内部应力。如图4-1-6（a）所示。

车身修理作业中，用手锤修理车身凹凸损坏时，反复锤击往往会引起冷加工硬化，使钣件修理作业难以继续进行。如果将加工硬化的钢板用火焰加热到适当温度，所增加的硬度就会逐渐被减弱，应有的弹性也会在一定程度上得到恢复。这是一种被称为"退火"的处理方式，在以往的车身钣金作业中应用十分广泛。

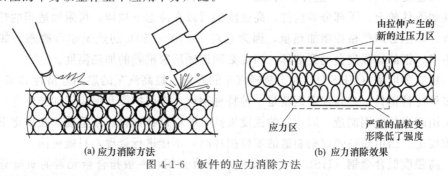

(a) 应力消除方法　　　　　　(b) 应力消除效果

图4-1-6　钣件的应力消除方法

但车身修理人员一定要牢记，退火只能恢复金属材料的部分强度，仍然会严重影响到金属的机械性能，金属本身也难免受到破坏。如图4-1-6（b）所示。因此，车身修理中应当有区别地选择退火零件，如对车身上的高强度结构件就不宜作退火处理。

（二）车身用钢板的种类

金属板料根据其厚度不同可分为薄板、中板和厚板，一般厚度小于3.2mm的板料称薄板，3.2~5mm 之间为中板，5mm 以上为厚板。汽车车身用钢板厚度一般为 0.6~2mm。

根据其材质不同，金属材料又分为黑色金属材料和有色金属材料。

1. 碳素钢

碳质量分数小于 2.11% 的铁碳合金称为碳素钢，简称碳钢。低碳钢是指碳质量分数在 0.25% 以下的优质碳素钢。

2000 年前的汽车车身主要是以低碳钢为主，不管是车身结构件，还是车身外覆盖件都是用低碳钢来制造。现在的汽车车身钢板已经逐步形成以高强度钢板和其他新型材料为主了，特别是承载式车身既要质量小又要强度高，所以除了车身外覆盖件还是低碳钢外，结构件都是高强度材料。

2. 合金钢

为了改善钢的性能，在碳素钢中加入一种或数种合金元素的钢叫做合金钢。常用的合金元素有：铬（Cr）、锰（Mn）、镍（Ni）、硅（Si）、铝（A）、硼（B）、钨（W）、钛（Ti）等。

3. 热轧、冷轧钢板

按制作方法不同，钢板可分为热轧钢板和冷轧钢板两大类。

热轧钢板是指在高于金属材料再结晶温度（800℃）以上，使其软化后用压轮压成的钢板；冷轧钢板是指对已经过热轧、除麻点、除氧化工序，即酸洗后的金属材料，在低于再结晶温度中再用压轮进一步碾压成的钢板，也称为磨光钢板。薄钢板一般都是冷轧板。

热轧钢板使用在外观不需要很美观的部分，分为一般用、深冲用以及深度深冲用 3 种。厚度一般为 1.6~8mm，相对较厚，常用在汽车车身强度要求较高的地方，如车身纵梁、横梁等结构件。冷轧钢板比热轧钢板的加工性优良且表面美观，厚度一般为 0.4~1.4mm，常用来制造汽车车身外板、内板、挡泥板、油箱等。

4. 高强度钢板

高强度汽车钢板，是在低碳钢板的基础上采用强化方法得到的，它的抗拉强度达 420MPa 以上，具有普通低碳钢板 2~3 倍的抵抗破坏强度。

（1）高强度钢（HSS） 这种金属在新型车辆的许多零部件上得到应用，如翼子板内护板、支柱加强件的上、下部分等构件。高强度钢可以在冷态下拉伸，可附加适当的热量来修理受损钣件，但必须严格控制加热量，因为它对于 370~650℃ 的热量非常敏感。如果修理时加热不当，钢的高强度会受到破坏，因此必须遵循厂家推荐的加热温度。

（2）超高强度钢（UHSS） 为了减轻汽车的质量，提高汽车的燃油经济性和减少排放，开发了多种特种钢材。超高强度钢就是一种特种钢材，车门护梁和保险杠加强件等汽车车身零件均采用超高强度钢制造。因为它的强度极高，所以这种钢材非常坚硬，在冷态下很难或不可能被校正。当由超高强度钢制造的零件损坏时，不能进行修理，只能更换。

（3）高强度低合金钢（HSLA） 这是一种低合金钢，一般指合金元素的质量分数不超过 3% 的合金钢。这种钢的生产和使用目前发展较为迅速，比碳钢具有较高的强度和韧性，同时有良好的焊接性能，冷、热压力加工性能和耐蚀性。高强度低合金钢通常用在车身纵梁延伸件、车窗上部边护梁，甚至某些车型中的车窗框下部件等。

5. 表面处理钢板

近年来在防止锈蚀和车身轻量化对策的考虑上，使用表面处理钢板和高强度钢板材料有显著增加的趋势，而在装饰用的配件上有很多使用不锈钢板。

表面处理钢板主要有在钢板的表面施以锌、铝等的金属镀层处理的钢板，以及喷涂锌粉漆并施以烘烤处理的涂装处理钢板等。目前轿车车身已经广泛使用镀锌钢板，采用的镀锌钢板厚度为 0.5~3.0mm，其中车身覆盖件多用 0.6~0.8mm 的镀锌钢板。德国奥迪轿车的车身部件绝大部分采用镀锌钢板，美国别克轿车采用的钢板 80% 以上是双面热镀锌钢板，上海帕萨特车身的外覆盖件采用电镀锌工艺，内覆盖件内部采用热镀锌工艺，可以使车身防锈蚀，保质期长达 11 年。

不锈钢板，是在碳钢中添加铬或者是铬和镍，经热轧和冷轧所制成的金属板料，极富耐蚀性，外观为光滑美观的银白色。

钢板的强度分类现在还没有具体的界定，但在 1999 年国际高强度钢车身的研发项目 ULSAB-AVC 中，把屈服强度小于 210MPa 的钢板定性为软钢，屈服强度在 210~550MPa 范围的为高强度钢，屈服强度大于 550MPa 为超高强度钢，屈服强度范围在 550~1500MPa 的为先进高强度钢。

目前高强度钢钢种有高强度无间隙原子钢（HSSIF）、烤漆硬化钢（BH）、碳锰钢（CMn）、各向同性钢（IS）、高强度低合金钢（HSLA）、双相钢（DP）、复相钢（CP）、相变诱导塑性钢（TRIP）、微合金钢（M）、马氏体钢（Mart）、热冲压用硼钢（B steel）等。

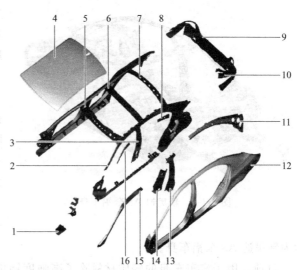

图 4-1-7　宝马 E60 车身中段侧框架和车顶用料

要清楚地知道汽车上哪些部件用什么高强度钢制造和这些零部件的确切位置，可以查找车身修理手册或汽车零部件手册。宝马 E60 车身中段侧框架和车顶用料见图 4-1-7 和表 4-1-1。

表 4-1-1　宝马 E60 车身中段侧框架和车顶用料

序号	零件名称	材料	屈服点强度/MPa
1	车门槛加长件	微合金钢	500
2	前部内侧侧框架	微合金钢	500
3	B 柱内侧	微合金钢	500
4	车顶面板	深冲钢板	200
5	上部风窗框板	BH 钢	300
6	车顶弓形架	BH 钢	300
7	后窗框	BH 钢	300
8	C 柱加强件支架	BH 钢	500
9	尾部饰板	BH 钢	220
10	C 柱尾部饰板拉带	BH 钢	300
11	C 柱加强件	各向同性钢板	340
12	侧车架	IF 钢	240
13	B 柱上部加强件	硼钢	1300
14	B 柱下部加强件	微合金钢	500
15	A 柱上部加强件	微合金钢	500
16	A 柱加强件支架	微合金钢	500

6. 铝合金

通常把铁及其合金（钢铁）称为黑色金属，而把非铁金属及其合金称为有色金属。与钢铁相比，有色金属的强度较低，应用它的目的主要是利用其某些特殊的物理化学性能，如铝、镁、钛及其合金密度小，铜、铝及其合金导电性好，镍、钼及其合金能耐高温等。因此，汽车工业除大量使用黑色金属外，有色金属也得到广泛的应用。有色金属及其合金种类繁多，最常用的有铝及其合金、铜及其合金等。

为了节油、环保、提高汽车动力性等目的，要求汽车越轻越好。铝件既轻，强度又大、又耐腐蚀，故被越来越多地用于现代轿车的发动机（如活塞、油底壳、缸盖、曲轴箱等）变速器壳、车身覆盖件、保险杠和车轮等机件上。铝合金的相对密度为钢的1/3，用铝合金代替钢可减轻重量35%左右。

以前在小轿车上使用铝材的部分，主要用在饰条、水箱散热器隔栅、侧保险杠等装饰件上；逐步过渡到可以使用在强度要求不高的车身零件上，例如车门、发动机罩、行李箱盖等零件。现在车身结构件已经可以用铝合金来制造，可以说已经可以制造全铝合金车身了。比如奥迪A2、新奥迪A8就是全铝车身。如图4-1-8所

图 4-1-8　新奥迪 A8 全铝车身

示为新奥迪 A8 全铝车身。

目前，用于汽车车身的轻质材料除了高强度钢板、铝合金外，还有镁合金、复合材料、碳纤维等。

二、非金属材料

汽车车身用非金属材料种类繁多，主要有玻璃、塑料和橡胶等，在这里对车身用玻璃和塑料作介绍。

（一）玻璃

汽车玻璃在汽车的发展史上同样经历了不同的演变。起初的汽车玻璃主要起抵御风寒、雨水、尘土的作用。随着汽车工业的发展、汽车各项性能的不断提升，道路条件的改善，汽车用玻璃要求有很好的光学性、耐磨性、耐热性、耐光性、密封性；尤其是安全性，在汽车遇到突发性事故时，汽车玻璃不会危及驾驶人员及乘员的安全。

汽车玻璃经历了由平板型向曲面型、普通型向强化型、全钢化向局部钢化、钢化玻璃向夹层玻璃、三层夹层向多层夹层的发展过程。

在我国，有关汽车安全玻璃的标准在1980年前后开始公布和实施，如对汽车安全玻璃抗冲击、抗磨性能、光学性能要求，耐辐射、耐高温、耐潮湿要求，汽车用安全玻璃厚度、尺寸、弯曲度、吻合度、外观质量等标准要求。

现代汽车玻璃的发展趋势是安全、美观、轻量化、多功能，如出现了减速玻璃、吸热玻璃、带印刷陶瓷层花边的玻璃、带有印刷电路的防霜玻璃、带天线的玻璃等等。

汽车用玻璃的主要产品有以下几种：

1. 普通平板玻璃

这种玻璃是由石英砂、纯碱、长石和石灰石等原料组成。其最大的缺点就是易碎，即强度差，一旦发生交通事故，撞碎的玻璃片往往是尖棱状的，容易造成人员伤亡。

2. 车用安全玻璃

GB 7258—2004《机动车运行安全技术条件》规定：机动车门窗必须使用安全玻璃，使用的安全玻璃应符合 GB 9646 的要求。汽车的前风窗玻璃应采用夹层玻璃或部分区域钢化玻璃，其他车窗可采用钢化玻璃。总之，不能使用普通平板玻璃和有机玻璃。

（1）钢化玻璃　钢化玻璃，是将普通硅玻璃先加热使其达到软化温度时（一般约 600°C 左右），然后向玻璃两面同时急速吹送冷风，用急冷进行所谓"风淬"形成。此时玻璃表面冷硬所形成的压应力使其强度得到很大的提高，质地变得非常坚固，强度和耐冲击能力要比普通玻璃高 3~5 倍，而且一旦被撞击破坏，就会瞬时变成带钝边的小碎块，大大减轻对人员的伤害，具备较高的安全性和给乘客提供全方位清晰无阻的良好视线。

但当汽车发生意外撞击事故使玻璃发生损坏时，钢化玻璃会形成许多细密条纹而失去透明度，作为前窗玻璃就会影响驾驶员的视线。如图 4-1-9（a）所示。所以，全钢化玻璃不适合镶装在前风窗上，多装于除前风窗以外的车身其他部位，如侧车窗、后风窗及车门等。

（2）半钢化玻璃　为了消除钢化玻璃的上述缺陷，将用于前风窗玻璃部分淬火，就形成了半钢化玻璃、局部钢化玻璃。与全钢化玻璃的处理工艺有所不同，半钢化玻璃是通过控制同一块玻璃的局部获得不同的冷却程度来实现半钢化目标的。

对于前风窗玻璃，在驾驶员的主要视线范围内不作淬火处理，其余部分则与全钢化玻璃相同，钢化与非钢化部分具有圆滑的过渡。在汽车发生碰撞事故时，能在驾驶员前面保留较大的玻璃片，从而使驾驶员的视线得到保证。如图 4-1-9（b）所示。

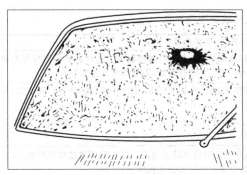

(a) 全钢化玻璃　　　　　　　　　　　　(b) 半钢化玻璃

(c) 侧窗的钢化玻璃　　　　　　　　　　(d) 后窗的钢化玻璃

图 4-1-9　钢化玻璃

（3）夹层玻璃　夹层玻璃是针对淬火玻璃存在的不完善之处而产生的，它是迄今为止最适合于用作前风窗的安全玻璃。夹层玻璃是用两块或三块薄玻璃板，中间夹入聚丙烯酸甲酯或聚乙酸酯透明薄膜粘接成一体，形成夹层式的安全玻璃。由于夹层玻璃中间的透明胶层能与玻璃取得一样的曲率，故透明度并不受影响。

夹层玻璃的抗弯强度虽不及钢化玻璃那样高，但其弹性比钢化玻璃优越得多，而且还具备了钢化玻璃所没有的其他特性，即当车辆发生碰撞时，它的抗冲击能力和抵抗变形能力较强。当玻璃受到重击破损时，几层粘接起来的玻璃也不会像钢化玻璃那样顷刻变成许多小碎片，而是由中间夹层将破碎的玻璃仍然粘接在一起，几乎没有玻璃碎片飞溅出来。许多试验和实践都证明，夹层玻璃用于汽车的前风窗，可以十分有效地减轻汽车发生碰撞事故时对人员的伤害。如图 4-1-10 所示。

图 4-1-10　夹层玻璃

（4）特殊功能的玻璃　另外还有一些类型和结构特点比较特殊，具有特殊应用的特殊玻璃产品，具体的类型及特点如表 4-1-2 所示。

表 4-1-2　特殊功能玻璃类型及特点

类型	结构、性能特点及应用
单面透视玻璃	在普通玻璃上用真空涂抹法加上一层金属铬、铝或铱的薄膜制成。这种玻璃可把投射来的光线大部分反射回去，用在汽车上，使车内从里向外可视性好，车外却无法透视车内
控制风窗玻璃	这种玻璃具有雨点传感作用，其传感器可测出雨点，然后自动打开风窗玻璃上的刮水器，并根据雨量的大小变化，随时改变刮水器速度
控制阳光的玻璃	这种玻璃能挡住多达 84% 的太阳能，可以在汽车所有车窗关闭和阳光直接暴晒情况下，使车内保持凉爽
导电玻璃	在普通玻璃表面涂上一层氧化钛、氧化锂之类的薄膜而制成。这种玻璃通过微量的电流，会发生热量，使附在车窗上的冰霜立即融化，以保证车内人员的视线
显示器系统玻璃	这种玻璃可以作为显示器系统，未来汽车路线指南、方位图等都可以从仪表板后面投射到汽车前风窗玻璃上，这样驾驶员不用看仪表，只需正视前方，就可以看到玻璃上显示的各种需要的信息，既方便又安全

（二）塑料

随着汽车轻量化的发展需求和塑料工业的迅速发展，塑料在汽车中应用愈来愈多，愈来愈广。汽车塑料的用量已经成为衡量汽车生产技术水平及新材料开发水平的标志。许多新型加固塑料的强度及刚度几乎与钢相同，某些塑料甚至比钢在空间上更加稳定。塑料不仅提高了抗冲击力、耐腐蚀能力，而且减少了汽车质量，提高了燃油经济性。故轿车车身所用塑料件非常多，如保险杠、格栅板、仪表板、装饰板等。塑料汽车，作为一个全新的概念，也正在逐渐成为现实。

在发达国家，汽车塑料的用量占塑料总消费量的 5%～8%，在美国和日本，这个比例达到了 12%，而且还在继续增加。20 世纪 90 年代初，发达国家每辆汽车上塑料的平均用量为 100～130kg，1992 年增加至 269kg，到 2001 年增加到 337kg，占车重的 22.7%。

中国的汽车塑料用量也在逐年增加：1996 年中国汽车产量为 110 万辆，汽车塑料用量为 6.4 万吨；到 2003 年，汽车产量和汽车塑料用量分别是 440 多万辆和约 35 万吨。现在中国各类汽车的单车塑料的大致用量为：经济型轿车 50～60kg、中高级轿车 60～80kg、中轻型载货车 40～50kg、重型载货车 80kg 左右。

塑料是以合成树脂为主要成分或加有其他添加剂，经一定温度、压力塑制成型的高分子合成材料。塑料按其组成可分为两类：一类是单纯的由一种合成树脂组成的塑料，为简单组分；另一类则除合成树脂外，还要添加某些填料或添加剂组成的塑料，为复杂组分，称为复合塑料。塑料根据受热后的性质不同也分为两类：热塑性塑料，指具有加热软化、冷却硬化特性的塑料；热固性塑料，指在受热或其他条件下能固化或具有不溶（熔）特性的塑料。

任务实施

一、准备工作

清洁场地，准备汽车 2 辆，车身 2 台，记录本和笔等；做好车身金属材料、非金属材料名称标签。

二、认识车身上金属材料

认真观察后，在车身上贴上零部件相应金属材料名称标签。

三、认识车身上非金属材料

认真观察后，在车身上贴上零部件相应非金属材料名称标签。

拓展知识

汽车塑料的应用

汽车车身常用汽车塑料的符号、名称、特点、应用及其类型如表 4-1-3 所示。

表 4-1-3　常用汽车塑料的符号、名称特点、应用及其类型

符号	名称	特点	应用	类型
AAS	丙烯腈-苯乙烯（丙烯酸橡胶）	耐候性好	外部装饰品	热塑性
ABS	丙烯腈-丁二烯-苯乙烯	坚韧、质硬、刚性好；号称"塑料合金"。冲击韧度高，尺寸稳定，但抗老化性能较差	车身板及缓冲、格栅、车头灯框、前围板	热塑性
ABS/PVC	ABS/聚氯乙烯（ABS乙烯树脂）	抗冲击强度高，综合性能好	高级轿车的汽车仪表板表皮	热塑性
ABS/MAT	硬质玻璃纤维加强 ABS		车身板	热固性
EP	环氧树脂	较好的尺寸稳定性、耐久性、耐霉菌；固化后的环氧树脂体系具有优良的耐碱性、耐酸性和耐溶剂性	玻璃纤维车身板	热固性

续表

符号	名称	特点	应用	类型
EPDM	乙烯-丙烯-二烯单聚物	有优越的耐氧化、抗臭氧和抗侵蚀的能力	保险杠防撞条、车身板	热固性
PA	聚酰胺	耐热性好、强度较高、耐辐射和突出的电绝缘性能	外部装饰板	热固性
PC	聚碳酸酯	冲击韧度好，较高的耐热性和耐寒性，抗化学腐蚀性和耐磨性等，良好的自熄性和高透光性	格栅、仪表板、透镜	热塑性
PC/ABS	聚碳酸酯/ABS树脂共混合金	优良耐热耐候性、尺寸稳定性和耐冲击性能	电镀件、格栅	热塑性
PBT	聚对苯二甲酸丁二酯	具有较高的耐热性、韧性、耐疲劳性，电绝缘性，缺点是缺口冲击强度低	刮水器机构的杆件	热塑性
PE	聚乙烯	透明性好、绝缘性好等	内防护板、内装饰板、窗帘框架、阻流板	热塑性
PP	聚丙烯	耐热性好，无毒，刚性好，电绝缘性好	内部镶条、内防护板、内装饰板、车轮罩、散热器固定框、前围板、保险杠罩、格栅、后车灯灯壳	热塑性
PPO	聚苯醚	刚性大、耐热性高、难燃、强度较高	镀铬塑料部件、格栅、车头灯框、遮光板、装饰品	热固性
PPS	聚苯硫醚	良好的耐热性能，耐腐蚀性，电性能优异，阻燃性能好	前照灯反向镜壳	热塑性
PMMA	聚甲基丙烯酸甲酯(有机玻璃)	透光率高，可耐稀酸、碱，不易老化，但表面硬度低，易擦伤，较脆	后车灯灯罩	热塑性
POM	聚甲醛	极高的耐疲劳性能，良好的耐磨性和自润滑性；可代替有色金属及合金用来制造摩擦件和结构件	门锁，玻璃升降器的支承机构及手摇把	热塑性
PS	聚苯乙烯	透明有光泽，有刚性，易加工成型。但强度不高、质硬而脆、耐热性差、易燃	汽车灯罩	热塑性
PUR	聚氨基甲酸乙酯(聚氨酯)	强度高、耐油、耐寒、防振和隔声等	保险杠罩、前后车身板、垫板	热固性
PVC	聚氯乙烯	有阻燃性、强度高、耐候性	内部装饰品、软垫板	热塑性
SAN	苯乙烯-丙烯腈	耐热性、耐油性、耐化学腐蚀性、良好的耐热性、较高强度	内部装饰板	热固性
TPR	热塑性橡胶	强度较高，弹性好，良好的电绝缘性及耐电压特性，具有突出的防滑性能，耐磨性和耐候性能	窗帘框架	热固性
TPUR	聚氨基甲酸乙酯(聚氨酯)	强度高，有优异的耐磨性，低温性能优异，耐候性良好	保险杠罩、导流板、垫板、柔软遮光板	热塑性
RRIM	增强反应注塑聚氨酯塑料		外部车身板	热固性

思考练习

1. 金属材料的力学性能有哪些？
2. 高强度钢的热影响如何？
3. 什么叫"加工硬化"？它在钣金修理中有何利弊？
4. 热轧钢与冷轧钢在加工中都需要加热，区分它们的是再结晶温度，此温度是（　　）℃。
   A. 1000　　B. 300　　C. 500　　D. 800
5. 现在车身上用的高强度钢有哪些？
6. 汽车用安全玻璃有（　　）、（　　）和（　　）等。
7. 汽车用塑料有哪些？

项目 5

车身焊接与切割

任务 1　气体保护焊

教学目标

1. 认识气体保护焊焊接作用。
2. 会气体保护焊的操作方法，并符合规范要求。

任务引入

汽车在产生严重碰撞事故后，许多钣件必须通过切割更换才能修复。在钣件进行切割更换维修时车身结构件主要通过焊接的方法进行连接，而气体保护焊是最适合的焊接方式，它非常适宜高强度钢板的焊接。

任务分析

气体保护焊在汽车钣金维修中通常使用二氧化碳气体（CO_2）保护焊，焊接形式主要有对接焊、搭接焊和塞焊等，焊接位置有平焊、立焊、横焊、仰焊等。

相关知识

一、气体保护焊分类

气体保护焊根据其所使用保护气体的不同，可分为惰性气体保护焊（MIG）和活性气体保护焊（MAG）。惰性气体保护焊可以使用氩气、氦气或它们的混合气、氩气与氧气混合气、氩气（75%）和二氧化碳气体（25%）的混合气作为保护气体；活性气体保护焊一般都是使用二氧化碳气体作为保护气体。其中利用氩气作保护气体的一般称为氩弧焊。惰性气体保护焊根据产生电弧的电极是否熔化可分为熔化极气体保护焊和非熔化极气体保护焊。气体保护焊分类如图 5-1-1 所示。

大多数钢材可以使用二氧化碳气体（CO_2）保护焊进行焊接，而要焊接铝材时，则应使用氩气或氦气作为保护气体的熔化极惰性气体保护焊和非熔化极惰性气体保护焊，即钨极氩弧焊来焊接。铝件与钢件有明显不同的焊接特性，在焊接时要比钢的焊接困难得多。比如铝

(a) 熔化极气体保护焊

(b) 非熔化极气体保护焊

图 5-1-1　气体保护焊分类

件的热导率约为钢的三倍，熔点低，在加热时颜色没有明显的变化，不能根据受热颜色的变化来判断准确的熔点。

二、气体保护焊组成

气体保护焊设备由焊接电源、焊枪、送丝机构、供气系统、控制系统等组成，连接如图 5-1-2 所示。

1. 焊接电源

即气体保护焊焊机，为焊接提供所需的电流和电压。通常使用直流电源进行焊接，使用时应注意焊机上对焊枪、焊件接线位置的提示。焊机操作面板如图 5-1-3 所示。

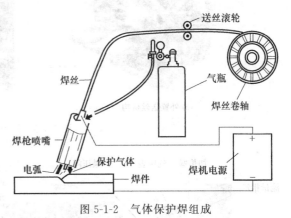

图 5-1-2　气体保护焊组成

图 5-1-3　焊机操作面板

2. 焊枪

焊枪的主要作用是控制焊接回路的接通与断开、送气、送丝及稳定可靠地向焊丝导电。如图 5-1-4 所示。

3. 送丝机构

送丝机构有外置式和内置式两种，如图 5-1-5 所示。

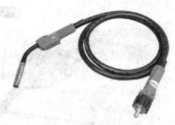

图 5-1-4　气体保护焊焊枪

(a) 外置送丝机构　　　　　　　　(b) 内置送丝机构

图 5-1-5　送丝机构

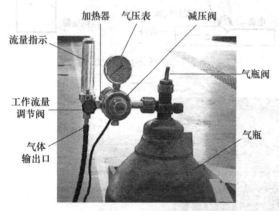

图 5-1-6　供气系统

4. 供气系统

由气瓶、加热器、减压阀、压力表和流量指示等组成，如图 5-1-6 所示。加热器的工作电压一般有 36V 和 220V 等，使用前务必注意检查其使用电源以免烧坏。

5. 控制系统

控制系统对供气、送丝和送电进行控制。焊机供气阀、送丝机、焊接电源都安装在焊机壳内部，控制线路通过电缆连接到焊枪手把上的接触式开关，压下开关就接通了这些部件的电路，各部分随即开始工作；松开开关后就切断了电路，各部分就停止工作。

三、焊接原理

二氧化碳气体保护焊接原理上是短路过渡和颗粒过渡电弧焊。颗粒过渡适用于厚板的焊接，在这主要说明短路过渡的原理。

在焊接过程中首先是按下焊枪开关让焊丝与焊件金属短路，焊丝的端部产生电弧，然后是电弧产生的热量熔化了焊丝金属形成金属液滴，液滴与焊件相接触又形成短路，同时强电流流过金属，短路部位受到挤压力的作用而分离，分离的金属液滴被转移到焊件上，电弧熄灭，处于熔化状态的金属冷却变平；焊丝以一定速度不断送丝再次和焊件发生短路，电弧又造成焊丝端部金属熔化，此过程不断反复，从而实现焊接。如图 5-1-7 所示。

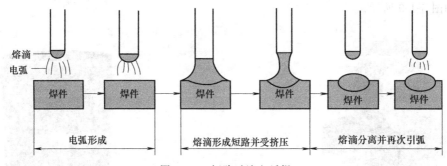

图 5-1-7　短路过渡电弧焊

在焊接过程中有二氧化碳气体在焊丝及焊件熔池外形成保护层，避免熔化的焊丝和焊件熔池与周围大气接触，也使产生的电弧稳定。

四、气体保护焊焊接特点

1. 可以对不同厚度的金属板材焊接

气体保护焊设备的电流电压等参数调节比较细致，同一台设备就可以进行各种不同厚度的金属板材焊接。

2. 方便全方位的焊接

气体保护焊在焊接过程中对金属的加热时间短，金属冷却速度快，不会产生金属熔滴的滴落，所以既可以平焊，也可以横焊、立焊、仰焊。

3. 适用于各种连接形式的焊接

气体保护焊由于其送丝持久、连续，焊接操作简单，因此适合于诸如对接焊、定位焊、塞焊、搭焊、点焊、连续焊等焊接。

4. 工作效率高

实心焊丝的二氧化碳气体保护焊的焊缝不用清理焊渣，在焊接过程不需要更换焊丝，大大提高了工作效率。

5. 特别适应现代汽车车身的维修

由于气体保护焊的电弧温度较高，热量相对集中，使焊件加热区产生热量少，板材焊接后变形小，减少了焊接对板材机械强度的影响；用同一种焊丝可以对几乎所有种类的钢材进行焊接，在车身维修时不用区分哪些是低碳钢，哪些是高强度钢就可以进行快速焊接，特别适应现代汽车车身的维修。

五、焊接材料

1. 气体保护焊焊丝

气体保护焊焊丝有不同的直径，主要根据焊件的不同厚度加以选择。车身维修中常用实心的焊丝，其材质主要是由合金钢丝制成，直径常选择 0.6mm 或 0.8mm。如图 5-1-8 所示。

2. 焊嘴防堵剂

焊嘴防堵剂可以防止因飞溅引起的焊嘴堵塞，以保护焊枪喷嘴、导电嘴光洁畅通，提高了它们的使用寿命，并对焊缝中的气孔和杂质有明显改善。使用时，是在焊接约 10cm 待焊嘴预热后，将其浸蘸焊嘴防堵剂，使之形成均匀的高温保护膜，每蘸一次，可连续作业4h以上。如图5-1-9所示。

图 5-1-8 焊丝

图 5-1-9 焊嘴防堵剂

六、工艺参数

二氧化碳气体保护焊操作简单，关键是要能正确调整好焊接的各种参数，主要有焊接电流、电压、焊丝伸出长度、焊枪倾角、保护气流量和焊接速度等。

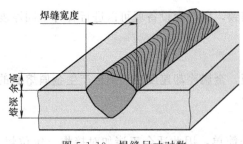

图 5-1-10 焊缝尺寸对数

1. 焊接电流

焊接电流直接影响到焊件母材的熔透深度、焊缝宽度、焊缝余高、熔丝的熔化速度、电弧的稳定性和飞溅量等。焊接电流与焊接钣件厚度、焊丝直径关系最大。熔透深度、焊缝宽度、焊缝余高如图5-1-10所示。焊接电流与焊接钣件厚度、焊丝直径关系如表5-1-1所示。

表 5-1-1 焊接电流与焊丝直径和焊件厚度的关系

焊丝直径/mm	焊件板厚/mm						
	0.4	0.80	<1.2	1.2	1.5	2.5	3.0
0.4	20～30A	30～40A	40～50A	50～60A	—	—	—
0.8	—	—	—	—	60～90A	100～120A	—
>0.8	—	—	40～50A	50～60A	60～90A	100～120A	120～150A

2. 电压

要保证焊接的质量，首先要有合适的电弧长度，而电弧长度又取决于电压，所以电压的调整非常重要。调整电压必须与所需要电流相吻合，是否已经调整到合适的电压和恰当的电流，可以通过焊接时发出的响声来判断，连续而轻微的"咝咝"声表明情况良好，"噼啪、噼啪"声表明情况不佳。

电压、电流的调整有的设备是在焊机前面板上调整，有的是在送丝机构上调整。在送丝机构上调整电压和电流如图5-1-11所示。

3. 焊丝伸出长度

焊丝伸出长度指其伸出导电嘴的长度。如果焊丝伸出长度太大，会使焊丝预热时间过长，熔化速度加快，同时也减小保护气的作用，影响焊接质量；如果焊丝伸出长度太小，焊接操作时就会很难观察到熔池,也容易烧坏喷嘴,同时焊丝也非常容易与导电嘴焊接在一起,引起堵丝和烧坏导电嘴。一般焊丝伸出长度是焊丝直径的 10 倍,过长部分应该剪去。如图 5-1-12 所示。

图 5-1-11　电压和电流调整

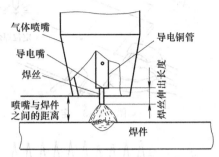

图 5-1-12　焊丝伸出长度

4. 保护气流量

合适的保护气流量对保证焊接质量非常重要。因为如果流量太大,就会产生涡流而降低保护作用;流量不足,保护气的作用也会降低。气流量严格来说应根据喷嘴与焊件的间距、焊接电流、焊接速度和焊接环境来调节。但一般上是以焊丝直径来调节,小焊丝是 5～15 L/min,粗焊丝是 15～25L/min。小焊丝是指直径小于 1mm 的焊丝。

5. 焊接速度

如果焊接速度过快,熔透深度和焊道宽度都较小,焊缝呈拱形;相反,如果太慢,则会烧穿。焊接速度一般根据焊件的厚度和焊机的电压来确定。

6. 送丝速度

送丝速度对于气体保护焊实在太重要了,如果送丝速度太慢,焊丝远离熔池,不能够及时填敷焊缝,轻度的造成焊缝下凹,严重的只能听到噬噬声和啪嗒声,根本不能正常焊接;送丝速度太快,则会抑制电弧,使熔敷的焊丝量超过加热和熔池所能容纳的量或者焊丝来不及熔化,结果使焊丝熔化成很小的球状熔滴飞溅出去,出现闪光。

七、焊接方式

采用气体保护焊时,有六种基本的焊接方式,即:定位焊、连续焊、点焊、连续点焊、塞焊、搭接点焊。

1. 定位焊

定位焊指在车身维修中用来代替定位夹钳或螺钉的临时焊点,它的作用是保证安装的各个钣件位置的准确性。定位焊的焊点间距与焊件厚度有关,一般上是焊件厚度的 20 倍。定位后,再次检查安装情况,无错误后才能进行加固焊接,如图 5-1-13 所示。

2. 连续焊

连续焊接方法一般用来焊接较厚的金属。因为气体保护焊的电弧温度较高,连续焊接时不断加热钢板,使钢板温度过高,容易焊穿。对于薄金属板的焊接一般推荐使用点焊、塞焊、连续点焊或规定长度的连续焊。然而焊接铝材时应采用连续焊接,因为它与连续点焊比起来产生的氧化缺陷要少。如图 5-1-14 所示。

为了得到足够的焊缝宽度,连续焊过程中焊枪必须摆动,方式有锯齿形和螺旋形等。如图 5-1-15 所示。

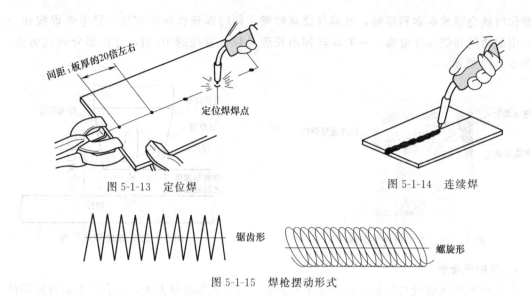

图 5-1-13 定位焊　　图 5-1-14 连续焊

图 5-1-15 焊枪摆动形式

3. 点焊

点焊是在重叠的二块钢板上的上层板实施单点焊接，所需的热量要比连续缝焊大得多。在实际使用中要通过试验来检查焊点的强度，即用工具把试焊焊件拉开，检查熔透的效果。如果焊接得好，通常会把底层焊板拉出一个小洞来，否则将在板面处断开。

进行气体保护焊点焊时，需要使用专用喷嘴，而不用标准喷嘴。在装上焊枪后，先根据焊件情况调整点焊时间、焊接电流和电压，然后将喷嘴对准焊接部位，按下开关（扳机）。现在的脉冲气体保护焊机都有点焊功能，只需很短的时间，即可完成送丝定时脉冲和焊接电流的接通、熔化上层板及熔透下层板的整个过程，而后自动切断，不管焊枪开关按下多长时间也不会再继续接通；但当开关松开后再按下时，就得到下一个点焊的脉冲。如图5-1-16所示。

4. 连续点焊

因为连续焊易造成车身钣件变形、烧穿，而点焊的强度在有些结构性钣件上显得不足，这就需要连续点焊来改变这些问题。连续点焊是把点焊的工艺过程与连续焊的方法及其焊枪的移动方式结合起来的一种焊接方法。利用现在气体保护焊设备的点焊功能，只要一直按下焊枪开关就可以方便实现"焊—停—焊—停—焊—停"的焊接工作。如图5-1-17所示。

在进行连续点焊时使用的是标准喷嘴，而不是点焊专用喷嘴。

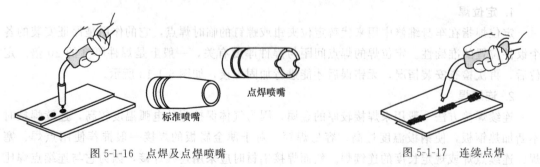

图 5-1-16 点焊及点焊喷嘴　　图 5-1-17 连续点焊

5. 塞焊

塞焊在车身维修中应用最为广泛，焊件的强度很高，用来代替汽车制造时所用的电阻点焊，适用于承载的结构件，也可用于外围装饰板和薄钣件的焊修。塞焊是点焊的一种形式，但塞焊在焊接之前需要先在外侧焊板上钻或冲出孔来。

在车身维修时，塞焊应完全按原有的点焊点的数量和尺寸进行焊修。钣件加工出的孔不应大于原点焊熔核的直径。焊接时应将两焊板夹紧，焊枪垂直于有孔的焊板，将焊丝伸入孔内，控制好焊接时间进行定点焊接。大多数结构件上的塞焊孔径应为 8～10mm。塞焊孔较大时，焊枪应沿孔缘缓慢地作圆周运动；小孔塞焊，焊接时焊枪对准孔的中心固定不动即可。对于要求多层焊板的塞焊，应将孔径作阶梯形设置，逐层塞焊。如图 5-1-18 所示。

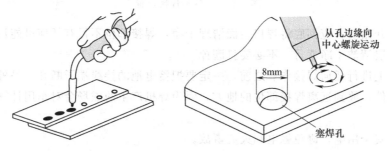

图 5-1-18 塞焊

6. 对接焊

对接焊是指将相邻两个钣件的边缘对接在一起，沿着拼合的，即对接的边缘进行的焊接。对接焊最好先在几个部位进行定位焊，以免钣件发生挠曲变形。对接焊时常在两块焊件背后垫一块相同材料的衬板，这样有助于加强焊件的连接。对接焊如图 5-1-19 所示。

7. 搭接焊

搭接焊是两块板呈错位叠加状态，焊接时要将叠加位置的上层板边缘与下层板熔化连接起来。在车身维修中只用于代替原来存在的相同的焊缝，或者对外围钣件和非结构钣件进行焊修。搭接焊如图 5-1-20 所示。

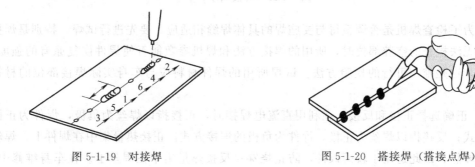

图 5-1-19 对接焊　　　　　　　图 5-1-20 搭接焊（搭接点焊）

八、焊接位置

二氧化碳气体保护焊通用性很强，适用于各种位置的焊接。一般把焊接的位置分为四种，就是平焊、横焊、立焊和仰焊。各种位置的焊接如图 5-1-21 所示。每种焊接位置的焊接方向都可以灵活应用，不必规定一个方向。

九、二氧化碳气体保护焊操作注意事项

（1）认真阅读设备用户手册。
（2）盖好车内的饰物和玻璃，以免因金属飞溅而造成损坏。

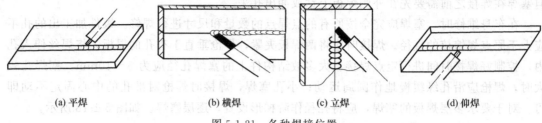

图 5-1-21 各种焊接位置

(3) 焊接开始前,应彻底将焊口表面清理干净,焊接部位不得有任何可能污染焊缝的杂物。对于镀锌层清洁干净就行,不必要打磨掉。

(4) 在车上进行任何焊接作业之前,一定要把蓄电池的接线端子断开。另外,还要拆下车上的电脑部件,放到远离焊接部位的地方,因为焊机产生的磁场会对车用计算机产生不利影响。

(5) 注意安全用电,避免触电和火灾事故。

(6) 穿戴好工作服、工作鞋、焊接手套、面罩等个人防护用品,避免弧光灼伤皮肤和眼睛。

(7) 在焊接作业时严禁衣袋内装有火柴和打火机等易燃物品。

(8) 为了减少焊接变形,焊接时应该注意焊接次序,有必要时应该分段焊接,特别是长焊缝的连续焊接,更加要注意这一点。如图 5-1-22 所示的次序可以减少焊件的变形。

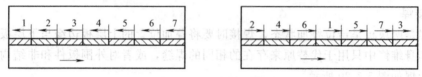

图 5-1-22 焊接顺序

(9) 为了检查焊机是否调整得与要施焊的具体焊缝相适应,要先进行试焊。特别是焊接一些背面无法检查的空腔部位时,所用的焊接方法和焊机参数能否使焊件恢复原有的强度、刚度要求,这是唯一可行的检验方法。试焊所用的焊件材料应与车身实际焊接部位的材料相同。

(10) 正确选择正接和反接。在利用直流电焊接时,正接指以焊丝为负极,焊件为正极的连接方式;反接指以焊丝为正极,焊件为负极的连接方式。正接热量集中在焊件上,焊丝不会过分加热,因此适用于较薄钣件,防止烧穿;反接热量集中在焊丝上。在车身维修中,一般都采用反接,因为它使焊丝熔化充分,对焊件传热少,电弧也较平稳。

任务实施

一、低碳钢板的焊接

1. 工作准备

(1) 准备 CO_2 气体保护焊机、大力钳、手锤、尖嘴钳、划针、钢直尺等工具设备;准备焊件、废焊件、防堵剂、焊接手套、焊接面罩、棉纱手套、色笔等材料用品。

(2) 安全检查。

① 检查焊机所规定使用的电压与插座电压是否一致。将焊机放置在工件附近，并确认焊机上的电源开关处于关闭状态。确保焊机有效接地，检查电缆是否完好无损，检查电源线、焊把线和地线连接处，确保安全可靠后才能送电、开启焊机电源。

② 确保焊机和工件周围区域干燥，且没有易燃物质，现场准备好灭火器材。

（3）设备检查。

① 穿戴工作手套。

② 打开配电箱开关，将焊机电源开关置于"开"，调整电流和送丝速度。

③ 打开气瓶阀，确认气瓶内的气体存量可供正常焊接。当瓶内气体压力小于 0.1MPa 时，将不能满足焊接保护的要求，应及时更换。将流量调节旋钮逆时针向"OPEN"方向旋转，确认流量指示管内的浮球可以升降。

④ 按一下焊枪开关，检查送气、送丝是否正常。确认正常后，松开送丝机构的加压螺杆，逆时针转动焊丝盘，收回焊丝以避免浪费。

⑤ 如果送丝速度不稳定，应检查送丝轮的丝槽宽度是否与丝径吻合、加压螺杆压力是否合适。调整压力时，视焊丝直径大小，以送丝时焊丝无被卡现象为宜。如图 5-1-23 所示，使用直径 0.8mm 的焊丝时，加压螺杆调整到 5 和 6 之间即可。

图 5-1-23　调整加压螺杆

2. 焊接操作步骤

（1）接地线（搭铁）。在合适位置将地线与焊件连接好。

（2）调节气体流量。调节 CO_2 气体流量约为 10~15L/min。如图 5-1-24 所示。

图 5-1-24　调整工作气体流量

（3）调整焊接参数。根据工件厚度适当调整焊接电流和送丝速度；根据焊接方法调整点焊时间，不是进行点焊时，点焊时间调为"0"。如图 5-1-25 所示。

（4）试焊

① 按要求穿戴焊接安全服、绝缘鞋和手套。

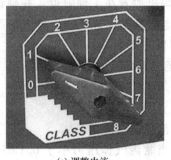  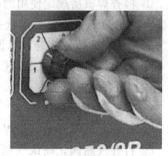

(a) 调整电流　　　　　　　　(b) 调整送丝速度　　　　　　　(c) 调整点焊时间

图 5-1-25　调整焊接参数

② 清洁试焊的焊件（在车身修复中一般用废件试焊），有必要时敲平以方便焊接。如图 5-1-26 所示。

③ 调整焊接台架固定焊件的横臂高度，立焊时一般与自己肩膀同高。

④ 使用大力钳、C 型钳等夹具将焊件夹紧，然后按焊接位置要求固定在焊接台架横臂上。如图 5-1-27 所示为立焊时的固定方法。

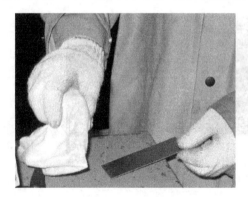 

图 5-1-26　清洁焊件　　　　　　　　　　　　　图 5-1-27　焊件固定

⑤ 清理焊枪，焊丝伸出喷嘴 3～5mm，并把过长的焊丝剪去。如图 5-1-28 所示。

⑥ 拿好或者戴好防护面罩，将喷嘴靠近焊件，焊丝对准焊缝，压下焊枪开关，开始试焊。喷嘴与工件间的距离控制在 5mm 以内。如图 5-1-29 所示。

⑦ 试焊期间，要根据实际情况多次进行参数调整，直至得到符合要求的焊缝为止。

图 5-1-28　剪去过长的焊丝　　　　　　　　　　图 5-1-29　焊接

(5) 正式焊接。

① 清洁焊件。

② 按要求对焊片进行测量、划线。

③ 如试焊一样,把焊件装夹好,利用试焊后调节好的参数进行焊接。

④ 在焊接过程中,应当经常清除黏附在导电嘴、喷嘴内壁的飞溅物,以避免焊嘴被堵塞而导致的焊缝缺陷,清理后并涂抹一些防堵剂。

(6) 焊接结束。松开焊枪开关,焊接电弧停止,焊接操作结束。此时不能马上提起焊枪,应保持焊接时的状态 2s 左右,以保护收弧处。

(7) 焊接方式。主要练习 CO_2 气体保护焊的对接焊、搭接焊、塞焊方式,如图 5-1-30 所示。

(a) 对接焊　　　　(b) 搭接焊　　　　(c) 塞焊

图 5-1-30　焊接方式

(8) 焊接完毕后,应先关闭 CO_2 气源总阀,将送丝速度调整为"0",放尽减压器及焊机供气阀内的剩余气体,再关闭焊机电源和减压器工作阀门。如图 5-1-31 所示。

(9) 收回焊枪和地线并整理好,及时清理操作现场。

二、铝件的焊接

1. 用熔化极惰性气体保护焊焊接铝件

用熔化极惰性气体保护焊焊接铝件,比其他焊

图 5-1-31　将送丝速度调"0"

接方法更加容易获得满意的效果。因为用熔化极惰性气体保护焊在焊接时能产生自清理作用,即随着焊枪的推进,电弧会对焊枪前方位进行清理,清除掉焊接部位表面的氧化膜。

(1) 操作步骤

① 焊件准备　用除油剂、除蜡剂和干净的擦布彻底清洁焊件待焊接部位的正面和反面。如果焊件表面有漆,还应当用打磨机打磨干净。然后用不锈钢丝轮清理,直到裸露的金属发亮为止,并放到烘干箱预热。

② 气体准备　铝件焊接要 100% 的纯氩气,原来用的是 CO_2 必须换掉。现代的气体保

护焊焊机既可以用于二氧化碳气体保护焊,也可以用于氩弧焊,换上相应的气体就行。焊接时注意调节好气体流量,比钢的焊接要增大50%。

③ 焊机准备　将合适的铝焊丝安装到焊机上,扳动焊枪扳机,使焊丝伸出喷嘴大约25mm。根据焊机用户手册,调整焊接电压和送丝速度。注意送丝速度要比焊接钢板时高。

④ 焊枪准备　检查焊枪,铝件焊接必须要适合铝焊丝的焊枪和导管。如果焊丝末端有熔球头,必须剪掉。

⑤ 把焊件放好,定位后进行焊接。

(2) 注意事项

① 焊接铝件时飞溅特别严重,应使用防溅剂。

② 只能采用前倾焊法,即只能推进,不能向后拉,且焊枪应接近于垂直,只能倾斜5°～10°。如图5-1-32所示。

③ 铝件的焊接特别要注意防止焊接变形。可以采用"由中心向两头"的分段焊接法和断续焊接法。

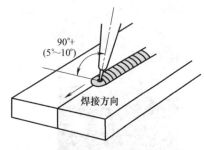

图 5-1-32　前倾焊法

2. 用钨极氩弧焊焊接铝件

上面介绍的是熔化极氩弧焊,作为电极的焊丝在产生电弧的同时熔化成为焊缝的填敷金属。钨极氩弧焊与其不同之处是作为电极的是钨棒,钨棒在焊接时产生高温度的电弧,而本身并没有熔化,类似白炽灯的钨丝一样,可以反复使用。另外有焊丝作为焊缝的填敷金属。如图5-1-33所示。

(1) 操作步骤

① 清理铝板。先用刷子和擦布把铝板上的污物清除掉,再用除油剂或者丙酮、汽油等和干净擦布彻底擦拭铝板的正反面。丙酮如图5-1-34所示。然后把铝板和铝焊丝放进氢氧化钠溶液中浸泡十几分钟,再用清水冲洗干净;最后把铝板和铝焊丝放进稀硝酸溶液里中和几分钟,又用清水冲洗干净,擦干并放进烘干箱烘干。

② 清理铝焊丝。用细不锈钢丝刷清理铝板和铝焊丝,直到它们呈现出金属光泽为止。

③ 按照焊接铝合金的要求准备好纯氩气,利用交流电焊接,调节好各项参数和焊枪,让钨极伸出喷嘴5mm左右。如图5-1-35所示。

图 5-1-33　钨极氩弧焊

图 5-1-34　丙酮

图 5-1-35　钨极伸出长度

④ 定位焊后即可进行正常焊接。如图5-1-36所示。

(2) 注意事项

① 钨极氩弧焊也同其他电弧焊一样,必须穿戴好个人防护用品,以免被电弧灼伤和焊

接烟尘损伤身体。

② 钨极要保持合适的尖端，才能保证焊接电弧集中和保证焊接质量。

③ 打磨钨极要用专用的打磨设备，以免身体受到放射性损害和钨极粉末污染环境。

④ 注意安全用电。

⑤ 铝材焊接应该在一个通风良好的工作区域进行。

图 5-1-36　正常焊接

拓展知识

CO_2 气体保护焊的破坏性试验要求

一、撕裂破坏试验

（1）搭接焊撕裂破坏后，上面的焊片上必须有与焊疤长度相等的缺口。如图 5-1-37 所示。

（2）对接焊撕裂破坏后，下面的焊片上必须有与焊疤长度相等的孔。如图 5-1-38 所示。

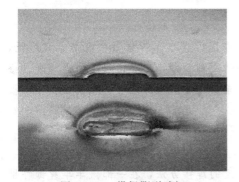

图 5-1-37　搭焊撕裂破坏

图 5-1-38　对接焊撕裂破坏

二、扭曲破坏试验

塞焊扭曲破坏后，下面的焊片上必须有符合直径规范要求的孔，如 8mm 塞焊孔的焊接应有≥9mm 的孔，如图 5-1-39 所示。

图 5-1-39　塞焊扭曲破坏

思考练习

1. CO_2 保护焊有何优点？
2. CO_2 保护焊主要焊接参数有哪些？如何调节？
3. CO_2 保护焊在车身修复中为何要先试焊？
4. CO_2 保护焊操作中有哪些注意事项？
5. 铝件焊接用什么方法？如何进行？

任务 2　电 阻 点 焊

教学目标

1. 认识电阻点焊焊接方法作用。
2. 会电阻点焊的操作方法，并符合规范要求。

任务引入

电阻点焊非常适用于承载式车身薄钣件的焊接。在国外汽车车身维修中应用非常广泛，从 20 世纪 80 年代初开始，许多汽车制造厂在维修手册中都特别指出要求用电阻点焊来维修承载式车身汽车的许多地方，如门槛、散热器支座、车窗和车门框的法兰、车顶板、外围板及夹紧用的焊件等。

任务分析

电阻点焊，是承载式车身零部件连接中应用最广泛的焊接方法，在一部汽车车身部件里有几千个电阻点焊点，占车身全部焊接部位的 90% 以上，约有 10% 为利用其他方法的焊接点。在国内，点焊用于汽车车身维修才刚刚开始，但电阻点焊与汽车制造过程中的整体式车身焊接方法相同，而且操作简单快捷，相信随着车身维修技术的日趋成熟，很快就会普及使用这种焊接设备。

相关知识

一、电阻点焊焊接原理与应用

电阻点焊简称点焊，属于压力焊，这是从焊接原理上定义的，不同于气体保护焊的点焊，它是利用焊钳两极之间低压电流流过两块金属产生的电阻热和焊接电极的挤压力来实现金属板材的焊接，电阻热产生的温度能让金属即刻熔化。其电路原理图如图 5-2-1 所示。电阻点焊在车身维修中应用如图 5-2-2 所示。

二、电阻点焊机的组成

点焊方式有单面点焊和双面点焊之分，如图 5-2-3 所示。许多的车身修复机就可以实现单面点焊，而双面点焊必须由专业点焊机才能完成。专业电阻点焊机有挤压式和气动式两种。两种点焊机除了施加压力的方法不同，其他方面都一样。挤压式点焊机利用施力杠杆，气动式电阻点焊机利用气动泵，现代流行的是气动式电阻点焊机。在此以气动式电阻点焊机为例介绍点焊机的组成和使用。

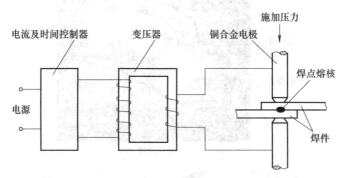

图 5-2-1　电阻点焊机的原理图

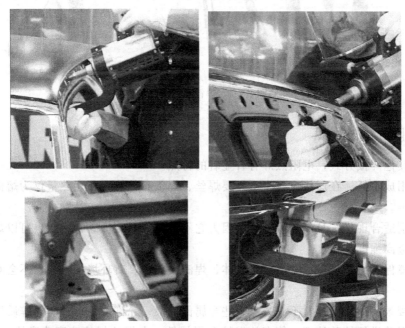

图 5-2-2　电阻点焊在维修中的应用

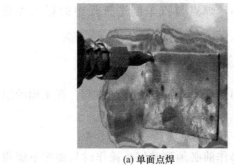
(a) 单面点焊

(b) 双面点焊

图 5-2-3　点焊方式

气动点焊机主要由变压器、时间和电流控制器、气动装置及焊钳组成。焊钳也叫焊枪,有电极臂和电极头与其配合使用。在车身维修用的点焊机都应该配有一整套可以换用的电极臂,电极臂和电极头通常以铜作为基体金属。如图 5-2-4 所示。

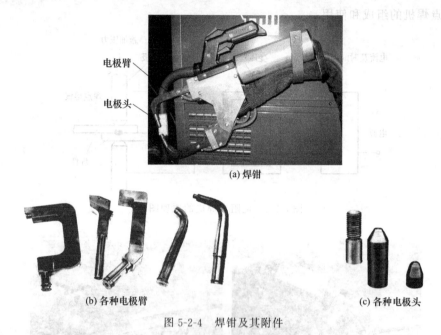

图 5-2-4 焊钳及其附件

三、电阻点焊的优点

相对于其他焊接方式,电阻点焊有着显著的特点。

(1) 使用成本低　在焊接过程中不需要焊丝、焊条和气体;所用热量仅为熔极惰性气体保护焊的一半。

(2) 特别适合现代车身的焊接维修　因为它不仅可以焊接低碳钢板,也可以焊接高强度钢板和低合金高强度钢板。

(3) 环境保护　焊接过程中不产生气体、焊渣、蒸气,对环境污染小,不会对操作人员造成危害。

(4) 焊接效率高　焊接时不必去除一些金属保护层,允许使用可透焊的锌质导电防蚀涂料;不必对焊缝进行特殊处理,能有效保护金属焊件;点焊的焊接速度非常快,不足 1s 就能完成一个焊点。

(5) 焊点外形美观　作业时间短,加热变形小,焊点与汽车制造过程中的焊点外观一样。

四、电阻点焊的主要参数

在使用电阻点焊焊机时,压力、电流和焊接时间这三个参数必须相互协调、有正确的组合才能保证焊接的质量,保证有足够的焊接强度。

1. 压力

对焊件进行施加压力是通过焊钳电极进行的,操作前必须调整好,操作时只要按下焊钳上的开关即可。压力太大会使焊钳电极压入焊件熔化部位,使压痕过深,钣件变薄,降低了焊接质量,如图 5-2-5 所示。压力太小会产生焊接飞溅,使焊合部出现裂纹和气孔。

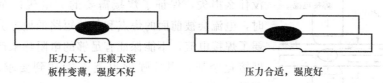

图 5-2-5 压力与焊接强度关系

施加压力必须注意焊接前要进行,加热后还要保持一定时间,才能让熔核金属充分熔化,得到足够的焊接强度,并防止熔化金属有气孔及内部发生裂纹。在操作时焊枪开关一直按下直到焊钳自己松开就行。

2. 电流

在焊接时,焊接电流流过电极,流入金属焊件,在被挤压处产生很高的温度,瞬间能使金属熔化并熔合在一起。但电流太大,容易造成焊点被"烧煳",也容易产生焊接飞溅;电流太小,电阻热产生的温度低,焊点金属的熔合程度差,焊点强度达不到要求。

3. 焊接时间

焊接时间对点焊的质量影响也非常大。焊接时间太短,焊点的熔合程度会产生不足,达不到强度要求;时间过长会使焊点过小,外形变差,也会产生"烧煳"现象。

五、点焊的规范

1. 电极头直径

电极头直径必须选择合适,才能焊接出符合质量要求的焊点。一般情况,电极头直径增大,焊点直径就减小,反之。但电极头小到一定的程度,焊点尺寸就不会再增大。电极头直径,可按照下面的经验公式来确定。

$$D = 2T + 3mm$$

式中　D——电极头直径,mm;
　　　T——焊件的钣件厚度,mm。

2. 焊点数量

因为车身维修厂用的点焊机功率一般都比汽车制造厂的要小,因此在车身维修中进行的点焊,焊点数量应当比原有焊点多 30%,大约是由 4 个变成 6 个,如图 5-2-6 所示。特别是在去除原来点焊焊点的钣件上,用点焊焊修时,为了保证连接钣件的强度,更加要注意焊点的数量。

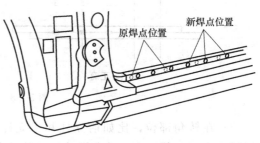

图 5-2-6 焊点数量

3. 焊点最小间距和边缘距离

电阻点焊的钣件强度除了与焊点熔核是否良好有关外,与焊点间距和焊点到钣件边缘的距离也有很大的关系。

焊点间距是指两个点焊焊点熔核之间的距离。焊点间距减小,焊点数就增加,钣件连接强度也会增强,但是,当焊点间距小到一定程度后继续减小,钣件的连接强度就不会再增大了。因为电阻点焊是依靠电阻热来产生熔核中金属熔化的高温的,当焊点间距合适时,通过

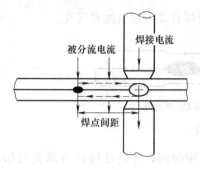

图 5-2-7 焊点间距和分流电流

焊枪施加在钣件上的电流几乎都经正在焊接的焊点流过，没什么损失，保证了焊接需要的大电流；而当间距过小时，电流会被前面的焊点和其他短路的地方分流，严重削弱了焊接电流，不能保证有足够的电阻热来产生足够的温度熔化金属，焊接强度也就不能达到要求。如图 5-2-7 所示。

边缘距离是指点焊焊点离钣件边缘的距离。边缘距离太小，容易引起钣件变形，也使焊接强度没办法保证。

焊点间距和边缘距离的选择如表 5-2-1 所示。

表 5-2-1 焊点间距和边缘距离的选择　　　　　　　　mm

板厚 t	焊点间距 S	边缘距离 P
0.4	≥11	≥5
0.8	≥14	≥5
1.0	≥17	≥6
1.2	≥22	≥7
1.6	≥30	≥8

六、电阻点焊的注意事项

（1）焊接时要注意焊接顺序，不能只沿一条直线一个方向的顺序焊接，应采用如图 5-2-8 所示的正确焊接顺序进行，这样才能减小焊件的焊接变形。

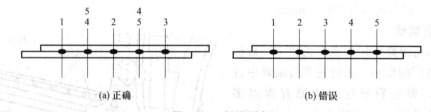

图 5-2-8 焊接顺序

（2）在转角部位，比如前立柱和中立柱的上角，后翼子板的前上角，前、后窗框的转角的地方进行点焊时，应该避开转角半径区域进行焊接，如图 5-2-9 所示阴影部位不能进行点焊，否则会因应力集中而产生裂缝。

（3）如果电极头过热变色，应停下来冷却后才能继续焊接。电阻点焊有低电压高电流的电特性，焊接时的工作电压只有 10V 多，甚至 2～5V，而工作电流达到 7000A 以上，焊接时要注意保护好电极头和点

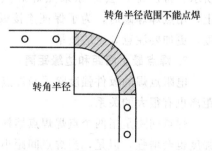

图 5-2-9 焊接转角部位的正确方法

焊机。

(4) 在进行点焊时,最好先用与所维修的钣件相同的材料进行试焊,通过质量检验合格以后再用相同参数进行所需焊修钣件的焊接。

任务实施

一、正确选择电极臂和电极头

根据车身维修需点焊的具体部位,正确选择合适形状和长度的电极臂和电极头,只有这样才能对这些部位进行点焊,并且方便地进行操作。

二、正确调整电极臂和电极头

在调整时,首先调整电极臂,使它安装在焊钳上时尽可能伸出短一些,这样可以使焊接压力最大、最稳。调整电极头时,对两个电极头前后、左右都要仔细观察,使上下两个电极头相互对准在同一轴线上。两个电极头对得不好会引起焊接压力不够,造成电流不足,降低焊接强度。同时把电极臂和电极头固定好,以免在操作时因松动而影响焊接。如图 5-2-10 所示。

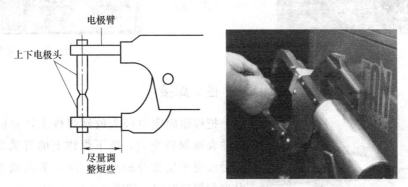

图 5-2-10 调整电极臂和电极头

三、焊件准备

1. 清洁焊件

把焊接部位表面上的涂料、铁锈、油污及其他影响到电流强度的污物彻底去除干净。如果焊接部位表面涂的是透焊防蚀涂料,应该保留。如图 5-2-11 所示。

2. 涂透焊防蚀涂料(导电漆)

为了保证钣件的防腐能力,在清洁好的金属板焊接接合处面涂上透焊防蚀涂料。

3. 固定焊件

在点焊前,应将两块焊件表面整平,使用夹紧装置或工具固定,消除它们之间的间隙后才能进行焊接。如果钣件间存在间隙,会使电流导通不良,焊接强度降低。如图 5-2-12 所示。

4. 调节气压

根据焊件的厚度调整好压缩空气压力大小。如图 5-2-13 所示。

5. 调节焊接参数

根据焊件的厚度调整好电流、焊接时间等参数。如图 5-2-14 所示。

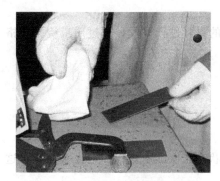

图 5-2-11　清洁焊件

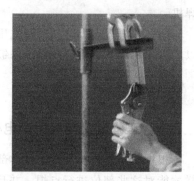

图 5-2-12　固定焊件

图 5-2-13　调节气压

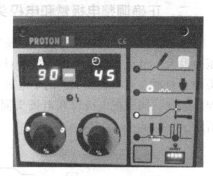

图 5-2-14　调节焊接参数

四、焊接

把焊钳固定电极头放到焊件上，并使电极头与钣件表面保持垂直，按下焊钳上的开关即可。对于三层或更多层重叠的点焊，应焊多次或者增大焊接电流和焊接时间。如图 5-2-15 所示。

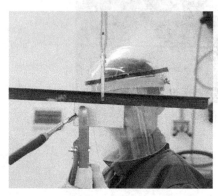

图 5-2-15　焊接

拓展知识

电阻点焊质量检查方法

点焊质量的检验非常重要，它是保证车身维修后汽车安全性能和其他工作性能能否得到完全恢复的基础。点焊质量的检验有外观检验、破坏性试验检验和非破坏性试验检验三种方法。

一、外观检验

（1）良好的焊点表面对于上下钣件凹陷应为同心圆，不能偏斜，焊点直径应与电极头部直径相同，焊点的压痕凹陷深度不得超过焊件板材厚度的一半。如图 5-2-16 所示。

（2）良好的焊点表面不能有气孔和焊

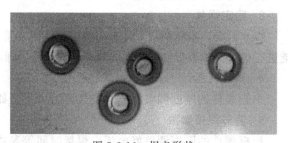

图 5-2-16　焊点形状

接飞溅物。如果手套在焊件表面上擦过时被刮住，则表明飞溅太严重。

（3）在车身维修中，点焊的钣件要整平后才能焊接，不能在原焊点上进行点焊，焊点位置、焊点数量、焊点间距应符合点焊规范，焊点应处于翻边的中间，并且要均匀分布。

二、破坏性试验检验

破坏性试验检验中，最容易也是最好的方法就是拉裂试验和扭转试验。通过检验，我们可以看出，良好焊点的焊接强度始终能高于母材的强度，这也是判断焊点是否合格的依据。破坏性试验是用在试焊过程中，但试焊的材料必须与待焊的钣件材料相同，厚度相同。

1. 扭转试验

按如图 5-2-17 所示的形式进行试焊，然后按图示方法施力，如果上层板材从焊点位置整齐断开，呈现与电极头直径相同的孔，下层板材焊点位置留有与电极头相同直径的金属圆颗粒，则焊接质量基本合格，如图 5-2-18 所示。如果两块金属板在点焊位置分离后没有孔或者孔太小，则说明焊接质量较差。

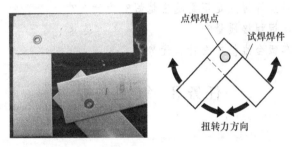

图 5-2-17　扭转试验

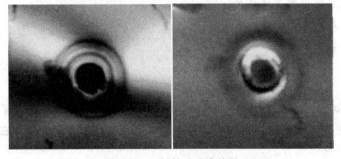

图 5-2-18　扭转试验合格品

2. 拉裂试验

将焊好的试件竖着夹紧在台钳上，注意夹紧位置应是紧靠焊点的下方。将扁冲在焊点旁边打入，使两板分离。合格的焊点应该在两块板中的一块上拉出一个比扭转试验稍大的孔洞来。

三、非破坏性试验检验

非破坏性试验是在焊接车身钣件时，就在钣件上进行的方法。用手锤锤击将錾子打入两焊点之间，当板厚约为 0.8mm，两层板材之间形成的间隙达到 3.2～4.0mm 时，焊件保持正常，则说明焊接质量合格，如图 5-2-19 所示。如果两焊点断开则说明焊接质量有问题。注意试验完毕后要使用手工校正方法将板材重新整平。

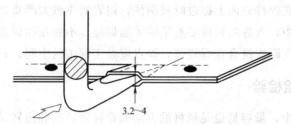

图 5-2-19 非破坏性试验

 思考练习

1. 简述电阻点焊的焊接原理。
2. 电阻点焊的基本参数有哪些？
3. 对同一钣件电阻点焊焊点是不是越密越好？为什么？
4. 如何检查电阻点焊焊接质量？
5. 电阻点焊在汽车钣金维修中有什么优势？

任务 3　氧-乙炔焊

教学目标

1. 认识氧-乙炔焊焊接方法作用。
2. 会氧-乙炔焊的操作方法。
3. 会氧-乙炔切割的操作方法。

任务引入

氧-乙炔焊和切割，也叫气焊和气割，在现代汽车钣金维修工作也还有一定的作用，如对钣件表面进行清洁、对金属进行收缩、钎焊和切割非结构性零部件等。在汽车报废场也常用气割进行汽车的解体工作。

任务分析

氧-乙炔焊是应用比较广泛的金属焊接工艺，但氧-乙炔焊火焰温度较低，且在焊接过程中热量不能很好集中于一个较小的区域，难以快速熔化被焊接金属，从而使金属受热过大、容易发生变形，还会改变高强度钢的力学性能，从而影响焊接质量，降低车身整体强度。因此在现代汽车车身维修中，氧-乙炔焊已经被严禁进行焊接和切割高强度钢车身。

相关知识

一、氧-乙炔焊设备组成

氧-乙炔焊是利用可燃气体（乙炔气）和助燃气体（氧气），在焊炬中混合、喷出并剧烈燃烧，产生热量来熔化金属和焊丝，使其互相熔合在一起的焊接方法，所以氧-乙炔焊属于气焊。氧-乙炔焊装置由乙炔气瓶、氧气瓶、乙炔调节器、氧气调节器、气瓶压力表、工作压力表、氧气管、乙炔管、焊炬（割炬）、回火防止器等组成，如图5-3-1所示。

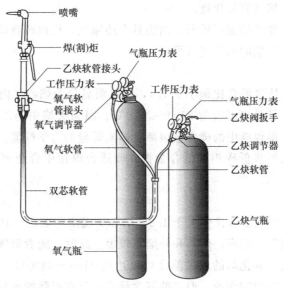

图 5-3-1　典型的氧-乙炔焊接的设备组成

二、氧-乙炔焊火焰种类及其应用

气焊火焰是可燃气体与氧气混合燃烧形成的热气流，其火焰组成分焰心、内焰、外焰三部分。氧气-乙炔火焰形式有中性焰、碳化焰和氧化焰三种。如图5-3-2所示。

1. 中性焰

中性焰的氧气与乙炔气混合比例为 1.1～1.2，分为焰心、内焰和外焰三部分。焰心为

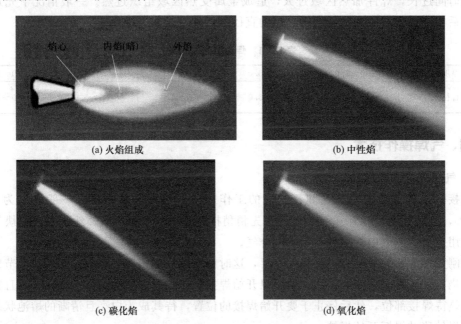

(a) 火焰组成　　(b) 中性焰

(c) 碳化焰　　(d) 氧化焰

图 5-3-2　氧-乙炔火焰组成及分类

尖锥形，颜色为白色且明亮，轮廓清晰，温度为800～1200℃；内焰呈现蓝白色并带有深蓝色条纹，温度为3100～3150℃。外焰与内焰没有明显的界线，只能从火焰的颜色上加以区分，外焰颜色由内向外逐渐由淡紫色变为橙黄色，温度为1200～2500℃，因其含有大量的二氧化碳和水，因此外焰具有氧化性。

由于中性焰的焰心和外焰温度较低，内焰具有还原性，可以改善焊缝的力学性能，因此大多数的金属多采用中性焰的内焰进行焊接。

2. 碳化焰

碳化焰的氧气与乙炔气混合比例小于1.1，可以明显分为焰心、内焰和外焰三部分。它具有很强的还原作用，其最高温度为2700～3000℃。因为火焰中的乙炔气含量很高，容易分解为氢和碳，因此使得焊缝中的碳含量很高，影响焊缝的力学性能。

碳化焰不适合用来焊接低碳钢和低合金钢，而适合焊接中合金钢、高合金钢、铝及铝合金。

3. 氧化焰

氧化焰的氧气与乙炔气混合比例大于1.2，焰心呈现淡紫蓝色，且轮廓不明显，整个火焰挺直并伴随有"嘶嘶"的噪声，焰心和外焰比较短。此时，随着氧气含量的提高，氧化焰的火焰越短，噪声越大。氧化焰的最高温度可以达到3100～3300℃。由于氧化焰的温度较高，所以常用来进行金属切割作业。但它的氧含量高，具有很强的氧化性，一般只用于黄铜或锡青铜的焊接。

三、氧-乙炔焊材料

氧-乙炔焊材料主要是焊丝。焊丝的直径选择主要考虑焊丝直径与焊件厚度的关系。焊件越厚，越应选用直径较粗的焊丝。如果焊丝选择过细，焊件还未熔化，焊丝已经熔化滴落，形成没有熔合的焊缝，且焊缝高低不平、宽窄不一；如果焊丝过粗，焊接过程中焊丝加热熔化时间过长，焊件加热区域过大，造成金属受热区域组织过热。一般情况下先进行试焊，然后根据焊接质量来确定选用焊丝的直径。焊丝直径的选择如表5-3-1所示。

表5-3-1 焊丝直径的选择

工件厚度/mm	1.0～2.0	2.0～3.0	3.0～5.0	5.0～10	10～15
焊丝直径/mm	1.0～2.0或不用焊丝	2.0～3.0	3.0～4.0	4.0～5.0	4.0～6.0

四、气焊操作技术

1. 气焊火焰的点燃、调节和起焊

焊接操作之前要先将氧气和乙炔气的工作压力调整到合适范围，一般氧气为0.2～0.4MPa，乙炔气为0.02～0.04MPa。首先稍稍打开焊炬氧气调节阀，然后打开乙炔气调节阀，并用点火器点燃由焊嘴处喷出的混合气。

刚刚点燃的火焰并不能满足焊接需要，这时应该适当调整氧气调节阀和乙炔调节阀，使火焰燃烧充分，处于中性焰状态，就可以开始焊接了。起焊时使焊炬倾角稍大，并且往复移动以预热待焊接部位，然后停止于要开始焊接的位置，待其成为白亮且清晰的熔池状态，即可加入焊丝移动焊炬开始焊接。

2. 焊炬与焊丝的运动

在进行正常焊接时,焊丝与焊件之间的夹角为 30°～40°,焊丝中心线与焊炬中心线夹角为 90°～100°,并且焊丝和焊炬作均匀地运动。如图 5-3-3 所示。

焊炬的运动有三种形式:焊炬沿着焊缝的方向前后移动、焊炬在焊缝宽度方向作横向摆动、焊炬垂直于焊缝作上下跳动。横向摆动如图 5-3-4 所示。

焊丝的运动形式一般是配合焊炬的三种运动形式进行合理的活动。

图 5-3-3　焊炬与焊丝的运动

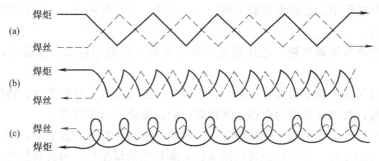

图 5-3-4　横向摆动

3. 焊炬倾角 α 的选择

焊炬倾角是指焊嘴与焊件表面的倾斜夹角。一般情况下焊件越厚、熔点越高、导热越快,焊炬的倾角越大。如图 5-3-5 所示。焊炬倾角与焊件厚度的关系如表 5-3-2 所示。

4. 气焊的左、右焊法

(1) 左焊法　左焊法是指焊接时火焰由起焊点(或接头)右侧开始,沿着焊缝向左移动连续焊接的方法,如图 5-3-6 所示。左焊法的优点在于,焊接操作者可以始终清楚地看到熔池的凝固边缘,对待焊区有预热作用,焊接的效率高、操作方便,并且可以获得高度、宽度均匀的焊缝。但左焊法焊缝易氧化,适合焊接 5mm 以下的薄板。

表 5-3-2　焊炬倾角与焊件厚度的关系

焊件厚度/mm	<1	1～3	3～5	5～7	7～10	10～15	≥15
焊炬倾角 α/(°)	20	30	40	50	60	70	80

图 5-3-5　焊炬倾角 α 的选择

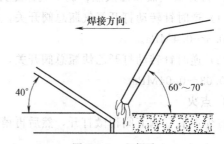

图 5-3-6　左焊法

(2) 右焊法　右焊法是指焊接时火焰由起焊点(或接头)左侧开始,沿着焊缝向右移动连续焊接的方法,如图 5-3-7 所示。右焊法的优点在于,火焰直指焊缝和熔池,使熔池与外

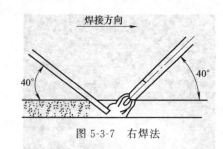

图 5-3-7 右焊法

围空气隔绝，防止焊缝金属被氧化，并且焊缝金属冷却缓慢，改善了焊缝组织。右焊法适于焊接厚度较大、熔点较高的焊件。

五、气焊的安全技术

在使用氧-乙炔焊设备时必须严格遵守《焊工一般安全规程》和有关压力调节器、橡胶软管、氧气瓶、溶解乙炔气瓶的安全使用规则及焊（割）的安全操作规程。在进行气焊过程中应注意以下问题：

（1）在气焊过程中，乙炔瓶和氧气瓶应分开放置，并且保证直立、远离热源、防止阳光直射和硬物撞击。

（2）在寒冷季节里氧气瓶、乙炔瓶减压器冻结时，只能用热水加温解冻，不能用明火加热。

（3）在进行气焊过程中若发生回火，应立即关闭乙炔气和氧气调节阀，待回火熄灭时再打开氧气调节阀，吹出焊炬内的余烟，并将焊炬的前端放入水中冷却。

（4）进行气焊时，如果发生焊嘴堵塞，不可将焊嘴在工件上直接划蹭，应立即关断乙炔气调节阀和氧气调节阀，待火焰熄灭后用通针去除焊嘴的堵塞物，再进行焊接。

（5）气焊结束后，先关闭焊炬上的开关，待火焰熄灭后关闭氧气瓶和乙炔气瓶上的开关，并再次打开焊炬上的开关，放出管路内的残气后再关闭。

（6）氧气瓶和乙炔气瓶里的气体不能全部用完，应该留有合适的余量，以防止瓶内产生负压，混进空气。

（7）气焊过程中要穿戴好个人防护用品，比如手套、护目镜等。

任务实施

一、气焊

以气焊平焊为例。

1. 穿戴好保护用具

按规定穿戴好墨镜、工作鞋、手套等。

2. 打开氧气瓶和乙炔瓶，调节气体压力

（1）逆时针转动打开氧气瓶总阀开关，顺时针转动打开氧气减压器工作阀开关，调整压力到 0.3~0.4MPa。

（2）逆时针转动打开乙炔瓶总阀开关，顺时针转动打开乙炔减压器工作阀开关，调整压力到 0.03~0.04MPa。

3. 点火

将焊炬氧气调节阀稍微打开，然后再稍稍打开乙炔调节阀，待混合气从焊嘴喷出，即可点火。

4. 调火

将氧气调节阀逐渐开大，使火焰的内外焰、焰心轮廓明显，火焰则为中性焰。如图 5-3-8所示。

5. 试火

用相同材质的材料进行焊接，调节合适的火焰能率。如图 5-3-9 所示。

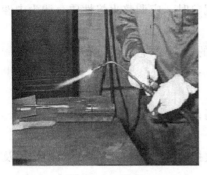

图 5-3-8 调火

图 5-3-9 试火

6. 焊接

根据要求进行各种焊接。

（1）将两块 100mm×40mm×1 mm 铁皮工件对接，定位焊接两端。如图 5-3-10 所示。

（2）用小锤锤击焊接工件，敲平变形的工件。

（3）采用左向焊法，从右往左方向焊接。起焊时，先预热，火焰焰心与工件表面保持 3～4mm，焊嘴与工件倾角大些，一般为 80°～90°；焊接过程中，当焊接处熔化形成熔池后，焊嘴与工件倾角小些，一般为 30°～40°。如图 5-3-11 所示。

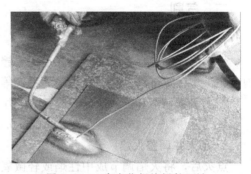

图 5-3-10 先定位焊接钣件两端

图 5-3-11 左向平焊

（4）当焊接处熔化并形成熔池后，把焊丝加入熔池内，焊丝位于焰心前 2～4mm，焊丝与焊嘴夹角约为 90°～100°。

（5）要保持焊缝处的宽度一样，焊接速度均匀向前移动。

（6）当焊丝粘在熔池边沿时，不要用力扳动焊丝，可将焊嘴移向粘住位置，集中加热粘住的地方，使焊丝脱离。

（7）在焊接过程中，当发现熔池突然变大时，加大焊接速度；当焊件即将被烧穿时，应迅速抬高火焰，并多加焊丝，将穿孔填满，再继续焊接。

(8) 当发现熔池过小或不能形成熔池，焊丝熔滴凸起不能与焊件熔合时，应降低焊接速度，焊嘴倾角增大，待形成正常熔池后再向前焊接。

(9) 当发现熔池有气泡，出现火花飞溅或熔池沸腾现象时，应调整火焰性质，调为中性焰，然后再继续焊接。

(10) 当熔池内液态金属被吹出，应调整火焰与熔池的距离或调整火焰的火力小些。

(11) 收尾时，焊嘴与工件倾角 20°~30°，适当多填一些焊丝。

7. 熄火

焊接工作完成后，先关闭乙炔阀门，再关闭氧气阀门。

8. 关气及整理

(1) 关闭乙炔气　先关闭乙炔瓶总阀，再在焊炬上放掉管路中乙炔气，然后关闭焊炬及乙炔压力表上工作阀门。

(2) 关闭氧气　先关闭氧气瓶总阀，再在焊炬上放掉管路中氧气，然后关闭焊炬及氧气压力表上工作阀门。把乙炔气和氧气开关取下，放到工具柜中；把橡胶管和焊炬整理好；清洁工位。

二、气割

1. 工作准备

焊接前准备好打火机、凿子、手锤、锉刀、钢丝钳、活动扳手、卡子、钢丝刷、通针、钢尺、工作台等工具。穿戴好墨镜、手套等劳保用品。

2. 打开氧气瓶和乙炔瓶，调节气体压力

氧气为 0.3~0.4MPa，乙炔为 0.03~0.04MPa。

3. 点火并调整火焰

点火后，将火焰调节成中性焰或轻微氧化焰。

4. 气割

(1) 预热　先在切割线的端头（工件的边缘）预热，使其温度达到燃烧温度（呈红色）。如图 5-3-12 所示。

(2) 切割　慢慢开启切割氧气调节阀，当看到氧化铁渣被切割氧气流吹掉，便逐渐加大切割氧气流，待听到割件下面"啪啪"的声响，说明工件已被割穿。在切割过程中，割炬移动要均匀。薄钢板切割的速度要尽可能快。如图 5-3-13 所示。

图 5-3-12　预热

图 5-3-13　切割

(3) 移位　气割较长割线时，一次割 300～500mm 后，需移动操作位置。此时关闭切割氧气调节阀，将割炬火焰离开工件后，再移动身体位置。若续割薄板时，可先开切割氧气调节阀，再将割炬的火焰对准续割处切割。

(4) 终割

① 气割临近终点时，割嘴应向气割方向后倾一定角度，使钢板下部提前割穿，并注意余料下落位置，然后将钢板全部割穿，这样收尾的割缝较平整。

② 气割完毕后，应迅速关闭切割氧气调节阀，并将割炬拿起，再关闭乙炔调节阀，最后关闭预热氧气调节阀。

5. 回火处理

气割过程中，若发现有爆鸣及回火，应迅速关闭切割氧气调节阀和预热氧气调节阀；如果割炬内还在发生"嘘嘘"的声响，立即关闭乙炔调节阀。这些现象主要原因：割嘴过热或割嘴被氧化铁熔渣堵住了。

拓展知识

为什么现代车身不能用氧-乙炔火焰焊接和切割？

随着高强度钢板在整体式车身上的广泛应用，许多汽车车身氧-乙炔气焊方法已经被禁止使用，因为氧-乙炔焊接中火焰温度只有 3400℃，利用它进行焊接或切割会导致高强度钢板的过热，从而造成其性能恶化，削弱钢板的力学性能。而由于惰性气体保护焊（MIG 焊）有诸多优点和较高的效率，目前在车身维修中得到广泛应用。采用惰性气体保护焊接方法，电弧温度有 8000℃以上，可在很短时间内熔化金属，可以对高强度钢板进行焊接维修，而不会造成金属内部结构改变和削弱其力学性能。

思考练习

1. 气焊、气割技术在现代汽车钣金维修中有何作用？
2. 气焊、气割有哪些安全技术要求？
3. 为什么现代车身不能用氧-乙炔火焰焊接和切割？

任务 4　钎　焊

教学目标

1. 认识钎焊的作用。
2. 会进行钎焊，并达到规范要求。

任务引入

钎焊在汽车维修过程中，除了可以应用在车身维修上，如可以在制造厂家原来使用钎焊的部位使用、焊补车身上小孔洞外，还可以用在其他方面的维修，如水箱的维修。

任务分析

汽车车身维修的钎焊一般指硬钎焊，但因钎焊的焊接强度较差，所以也只能在制造厂家原来使用钎焊的部位使用，可以起到增加一定强度、提高密封的作用。

相关知识

一、钎焊概念和种类

钎焊是指用比焊件熔点低的金属材料，润湿焊件材料，填充接头间隙与焊件相互扩散实现连接的焊接方法。钎焊在车身制造和维修中应用如图 5-4-1 所示。

 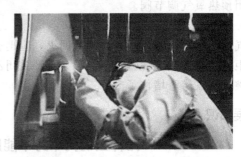

图 5-4-1　钎焊的应用

1. 钎料熔点的高低

钎焊根据钎料熔点的高低，分为软钎焊和硬钎焊。熔点低于 450℃ 属于软钎焊，熔点高于 450℃ 则属于硬钎焊。

2. 加热方式的不同

钎焊的种类根据采取加热的方式不同可分为火焰钎焊、电热钎焊和电弧钎焊等种类，在此简单介绍火焰钎焊的操作。

二、钎焊的特点

（1）钎焊过程中，钎焊的加热温度低于焊件金属的熔点，只有钎料熔化，对焊件金属组织和性能影响较小。

（2）钎焊可以焊接用其他方法无法焊接的结构复杂的焊件。

（3）钎焊实现不同金属焊件的焊接，甚至可以实现金属和非金属焊件之间的焊接。

（4）钎焊受钎料强度和耐热性的影响，焊接强度较低，如果要增加焊接强度，只能靠增加接触面积来实现。

三、钎焊常用的钎料

硬钎焊主要有银基钎料、铜基钎料和铝基钎料，软钎料主要有焊锡等。

1. 银基钎料

银基钎料是银、铜、锌的合金，有时加入 Cd、Sn、Ni、Li 以满足不同的焊接需要。银基钎料是目前应用最广的钎焊钎料，它主要用于低碳钢、结构钢、不锈钢、铜及其合金、耐热合金和硬质合金的钎焊。

2. 铜基钎料

铜基钎料具有很好的耐腐蚀能力，而且价格便宜，在钢、合金钢、铜及其合金的焊接过程中应用很多。

四、钎焊的钎剂

在钎焊过程中需要使用钎剂作为熔剂,其主要作用是减小液体钎料的表面张力,改善液体钎料对焊件金属的润湿作用,清除钎料和焊件表面的氧化物,保护焊件和液态钎料不被氧化。

使用铜锌钎料进行钎焊时,采用硼砂作为钎剂;使用银基钎料焊接时,使用由硼化物和氟化物组成的钎剂。

五、钎焊注意事项

(1) 钎焊时间应尽量短,防止焊接部位氧化。
(2) 应利用焊件的温度熔化钎料,不可用火焰直接加热钎料。
(3) 只能用火焰外焰加热钎料和钎剂,千万不能用火焰高温区加热,否则容易把母材烧损。

任务实施

以火焰钎焊维修水箱为例。水箱盖与水箱之间的焊接是锡焊,钎料是锡条或锡块,属于软钎焊。火焰钎焊的焊接设备可以用氧-乙炔焊设备,但焊接过程有明显的区别,主要是温度控制方面。

一、工作准备

准备氧-乙炔焊设备、钳子、锉刀、刮刀、砂纸等工具设备;准备焊剂:10%~15%稀盐酸水溶液(加锌)。穿戴好手套、墨镜等防护用品。

二、安全检查

检查气瓶、橡胶管等是否漏气,确保操作区域附近没有易燃、易爆物质,必要时把现场的地面打扫干净、现场准备好灭火器材。

三、操作步骤

1. 拆卸水箱盖

拆卸水箱盖之前要先去掉原来的锡焊,然后再用其他工具拆除。用氧-乙炔火焰来处理钎焊焊缝,如图5-4-2所示。

图5-4-2 拆卸水箱盖

图 5-4-3 组装水箱

2. 清理水箱和水箱盖
用钢丝刷、砂纸等工具彻底把水箱和水箱盖焊接表面清理干净。

3. 组装水箱
把清理好的水箱和水箱盖重新装配好，如图 5-4-3 所示。

4. 焊接
焊接之前先均匀涂上焊剂，然后先焊接水箱，再焊接水箱保护架。如图 5-4-4 所示。

(a) 均匀涂上焊剂

(b) 焊接水箱盖

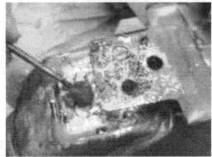

(c) 焊接水箱保护架

图 5-4-4 锡焊水箱

拓展知识

汽车车身焊接种类

汽车上的各种钣件连接起来的方式有机械连接、焊接和粘接，但焊接是最重要的连接方式，特别是对于整体式车身（承载式车身）的维修。因为整体式车身的框架结构件都是通过焊接连接起来的，在维修过程中也要用焊接的方法把维修好的钣件和需要更换的钣件重新焊接起来。

焊接可以分为三大类，即：熔化焊、压力焊和钎焊。

一、熔化焊

熔化焊是将金属件加热至其熔点，让熔化的金属相互混合到一起，然后再冷却的焊接方法。焊条电弧焊、气体保护焊和氧-乙炔焊，都属于熔焊。其中气体保护焊是车身维修中最常用的焊接。

二、压力焊

压力焊指金属件被电极加热软化后,通过施加压力才能连接到一起的焊接方法。电阻点焊就是常用的压力焊方法,也是汽车制造业中采用的主要焊接方法,但国内现在在车身维修中使用还是较少。

三、钎焊

钎焊是将熔点低于焊件母材的金属熔于焊缝处,并不熔化焊件母材的焊接方法。钎焊在汽车维修中还广泛应用于水箱、油箱的维修。

各种焊接在车身上的位置如图 5-4-5 所示。

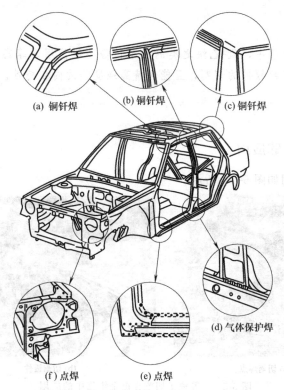

图 5-4-5 车身制造时各种焊接方法及其位置

 思考练习

1. 什么叫钎焊?
2. 在车身维修中常用钎焊焊接什么地方?
3. 在车身维修中使用( ),维修水箱常用( )。
   A. 软钎焊　　　　B. 硬钎焊　　　　C. 都可以用
4. 焊接可以分为三大类指什么?

任务 5　等离子切割

教学目标

1. 能按正确操作方法进行等离子切割工作。
2. 切割的焊件符合车身修复技术要求。

任务引入

等离子切割由于切割效率高、损耗低、适用范围广等优点，已广泛应用于工程建设、制造等行业，在汽车钣金维修中应用也越来越广泛。

任务分析

在现代汽车钣金维修中，氧-乙炔之类的气割已经不能使用，等离子切割是最好的代替方法，可以快速完成车身钣件的切割，且能保持高强度钢的内在特性。

相关知识

一、等离子切割的应用

等离子切割的应用如图 5-5-1 所示。

(a) 切割焊点　　　　　　　　　　　(b) 切割钣件

图 5-5-1　等离子切割在钣金维修中的应用

二、等离子切割机的组成

等离子切割机主要由切割电源、切割电缆和割枪、搭铁线和搭铁、过滤减压阀等组成，割枪由保护罩、导电喷嘴、气体分配器、电极和枪体等组成。如图 5-5-2 所示。

三、等离子切割机工作技术参数

等离子切割机工作技术参数，如表 5-5-1 所示。

四、等离子切割的原理

等离子切割是利用极细且高温的等离子弧，使局部金属迅速熔化，再利用高压气流把熔化的金属吹走的金属加工方法。

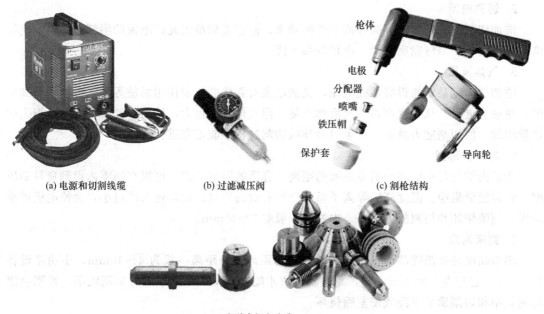

(a) 电源和切割线缆　　(b) 过滤减压阀　　(c) 割枪结构

(d) 各种电极和喷嘴

图 5-5-2　等离子切割机的组成

表 5-5-1　等离子切割机工作技术参数

项目\机型	CUT30	CUT40	CUT60	CUT70	CUT100
供电	220V			380V	
喷嘴孔径/mm	1.0	1.0	1.2	1.3	1.4
气压/kgf	4	4.5	5	5.5	6
切割厚度/mm	1-8	1-12	1-23	1-25	1-35

注：1kgf＝9.8N。

通常把未经压缩的电弧称为自由弧，如焊条电弧焊、气体保护焊产生的电弧，它的导电气体没有完全电离，电弧的温度在 6000℃ 到 8000℃ 之间。通过气压、电压和磁场的作用，可以把自由弧压缩成等离子弧。等离子弧的导电截面小，能量集中，弧柱中气体几乎全部达到离子状态，电弧温度可高达 15000～30000℃，能使金属等物体迅速熔化。

五、等离子切割工艺参数

等离子切割工艺参数，直接影响切割过程的稳定性、切割质量和效果。

1. 空载电压和弧柱电压

等离子切割电源，必须具有足够高的空载电压，才容易引弧和使等离子弧稳定燃烧。空载电压一般为 120～600V，而弧柱电压一般为空载电压的一半。提高弧柱电压，能明显地增加等离子弧的功率，因而能提高切割速度和切割更大厚度的金属板材。弧柱电压往往通过调节气体流量和加大电极内缩量来达到，但弧柱电压不能超过空载电压的 65%，否则会使等离子弧不稳定。

警告：等离子切割机的空载电压和弧柱电压都远远大于安全电压 36V，在操作时务必注意安全，防止触电。

2. 切割电流

增加切割电流同样能提高等离子弧的功率，但它受到最大允许电流的限制，否则会使等离子弧柱变粗、割缝宽度增加、电极寿命下降。

3. 气体流量

增加气体流量既能提高弧柱电压，又能增强对弧柱的压缩作用而使等离子弧能量更加集中、喷射力更强，从而提高切割速度和质量。但气体流量过大，反而会使弧柱变短，损失的热量增加，使切割能力减弱，严重时会导致切割过程不能正常进行。

4. 电极内缩量

所谓内缩量是指电极到割嘴端面的距离，合适的距离可以使电弧在割嘴内得到良好的压缩，获得能量集中、温度高的等离子弧而进行有效的切割。距离过大或过小，会使电极严重烧损、割嘴烧坏和切割能力下降。内缩量一般取 8~11mm。

5. 割嘴高度

割嘴高度是指割嘴端面至被割工件表面的距离。该距离一般为 4~10mm，小功率设备 1~2mm。它与电极内缩量一样，距离要合适才能充分发挥等离子弧的切割效率，否则会使切割效率和切割质量下降或使割嘴烧坏。

6. 切割速度

以上各种因素直接影响等离子弧的压缩效应，也就是影响等离子弧的温度和能量密度，而等离子弧的温度、能量决定着切割速度，所以以上的各种因素均与切割速度有关。在保证切割质量的前提下，应尽可能提高切割速度，这不仅能提高生产率，而且能减少被割零件的变形量和割缝区的热影响区域；若切割速度太慢，其效果相反，而且会使粘渣增加，切割质量下降。

任务实施

一、工作准备

准备等离子切割机、待切割的焊件、划线工具、粉笔等设备工具及用品。穿戴好焊接手套、焊接面罩等防护用品。

二、操作步骤

1. 清洁和划线

清洁待切割的焊件，并根据需要划线，如图 5-5-3 所示。

2. 搭铁

把等离子切割机的搭铁线与待切割的焊件搭接，并检查搭接是否牢靠，如图 5-5-4 所示。

3. 接通气路并调节压力

用气管把等离子切割机的气源接头与高压气源接通，检查管路是否通畅，过滤减压阀的积水过多必须进行排放。在气体流动的情况下，调节过滤减压阀压力表上部旋钮，使压力表指针在 0.3~0.5MPa（兆帕）位置。顺时针转动为增加压力，逆时针转则降低。如图 5-5-5 所示。

4. 接通电源并调节电流

接通电源后,把等离子切割机的电源开关打开。按照切割材料厚度调节切割电流的大小。如图 5-5-6 所示。

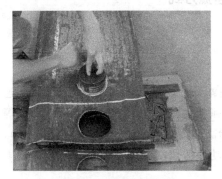

图 5-5-3 划线

图 5-5-4 搭铁(接地线)

图 5-5-5 调节压力

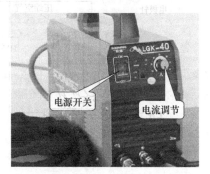

图 5-5-6 调节电流

5. 切割

先把割枪喷嘴接触工件,按下开关引弧,然后迅速提起喷嘴并使之与工件之间距离保持 1~2mm;引弧后一直按下开关,按照划定路线平稳移动,就能进行切割。根据切割位置分为平割、立割和仰割三种,如图 5-5-7 所示。

(a) 平割

(b) 立割

(c) 仰割

图 5-5-7 切割

6. 操作结束

操作结束后,关闭电源和气源,清洁工位和整理工具与设备。

拓展知识

等离子切割的起弧方式

等离子切割一般有两种起弧方式。

一、接触式起弧方式

把与电极针绝缘的喷嘴贴在工件（连接切割电源正端）上，然后把高频高压电流加到连接电源负端的电极针（钨针），使电极针喷出电弧，电弧在电压、气压、磁场作用下形成等离子弧，通过大电流维持等离子弧稳定燃烧，然后稍抬高喷嘴（避免炽热的工件损坏喷嘴），开始切割，如图 5-5-8 所示。这种切割方式多适用于小功率的切割机。

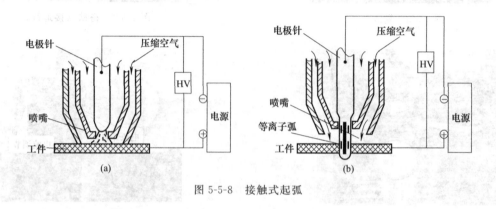

图 5-5-8 接触式起弧

二、转移弧式（维弧式）起弧方式

把电源正端通过一定的电阻和继电器开关连接到喷嘴上，使得电极针与喷嘴间形成电弧（由于有电阻限流，电弧较小），然后把喷嘴靠近直接连接电源正端的工件上，极针与工件间便形成能量更大的电弧，电弧被压缩后形成等离子弧，而喷嘴与电源正端的连接被断开，开始切割。如图 5-5-9 所示。

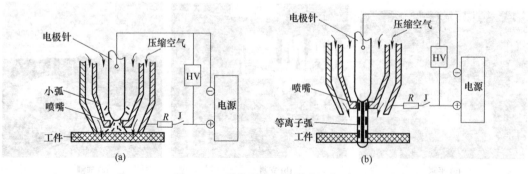

图 5-5-9 转移弧式（维弧式）起弧

转移弧式切割方式可以避免电弧在气压的作用下偏离喷嘴中心而损坏喷嘴。此种方式适用于大功率切割机。

警告：在检查等离子切割枪是否接通压缩气时，千万不能用手挡在切割枪口来检查，因为转移弧式（维弧式）起弧方式不用搭铁就能产生电弧。

 思考练习

1. 等离子切割原理是什么？
2. 为什么等离子切割非常适合现代汽车钣金维修工作？
3. 在检查等离子切割枪是否通气时，可以用手挡在其前面感觉。对吗？
4. 为什么在用等离子切割机时要特别强调用电安全？

项目6 汽车钣金维修基本技能

钣金维修的基本技能，指在钣金维修过程中进行的小修工作，即对车身轻微损伤的维修，比如对产生的凹凸变形和锈蚀等的维修；车身塑料件的维修等。

任务1 车身覆盖件凹陷变形的维修

教学目标

1. 熟悉车身覆盖件凹陷变形的维修方法。
2. 会修复覆盖件凹陷变形并达到规范要求。

任务引入

钣件产生凹陷变形通常出现在车身的翼子板、发动机罩、行李箱盖、车顶、车门、壳体蒙皮等覆盖件受到碰撞或挤压的时候，尽管这些变形可能不影响汽车的正常行驶，但外观已经让人不能接受，也会加快钣件产生锈蚀，必须尽快修复。

任务分析

车身覆盖件凹陷变形的维修是维修企业最常见的维修工作，也是一个汽车钣金维修技术人员最重要的基本技能。

相关知识

车身覆盖件最容易产生凹陷变形，其维修可以用钣金锤、垫铁、撬棍、木锤、木块等工具，直接敲击变形部位进行整形维修，对因变形而被拉长的金属进行收缩恢复强度。常用的整形维修方法有敲平法、吸引法、牵引法、惯性锤法等。

一、整形维修方法

1. 敲平法

敲击整平的原则是"敲高顶低"，使锤击点选在高的部位、垫铁处于低的部位；技巧是击点准确、用力适当、落锤平稳。千万不能大力敲击较薄的钣件，否则十分容易出现钣件被拉长现象，导致维修好的覆盖件强度不足。敲平法分粗平与精平两个阶段。

(1) 粗平　粗平就是指使不平的板类构件实现大致的平整工作，当变形的钣件只是产生较轻的凹陷变形不需要拉伸矫正，或者当严重损伤的钣件经过拉伸矫正以后就可以进行粗平。粗平常用以下的方法。

① 用钣金锤修整法　对于有些变形，选用合适的钣金锤，通过适当的敲击，就能使金属板件弹回原状。在敲击金属板件前，要注意根据敲击表面的形状选择钣金锤种类，具有平坦锤面的锤子适用于平坦的或低拱起的金属表面；凸形工作面的敲击锤适用于敲打内侧的弧线；精修锤用于最后的精修；对较为薄弱的薄皮板类构件，一定要使用木垫块或选用木锤、橡胶锤等。

② 垫铁法　一般是指用垫铁和钣金锤来配合敲平车身表面凹陷变形的方法，是钣金维修作业中最为流行的一种修平方法，凡是便于放入垫铁的变形部位，都可用这种方法维修。

垫铁法根据垫铁的顶放位置不同，可分为正托法和偏托法两种方式。正托法是将垫铁直接顶在钣件背面不平的位置上，同时用钣金锤正对着垫铁位置敲击；偏托法是直接用垫铁从背面抵住凹陷最低处，使用钣金锤敲击凹陷周围产生的拱起的地方，垫铁和钣金锤错位。如图 6-1-1 所示。

用偏托法修整平面，一般不会造成钣件伸展拉长，因为垫铁击打的是板料背面的凹陷处，而钣金锤击打的则是板料正面的鼓起部位；而正托法容易造成板料的伸展拉长，适用于维修较小、较浅的凹陷和皱褶，操作时一定要注意"轻敲密打"。

正确的做法是：当钣件凹陷变形比较大时，应先用偏托法维修，在修平到一定程度时，再改用正托法进一步敲平。

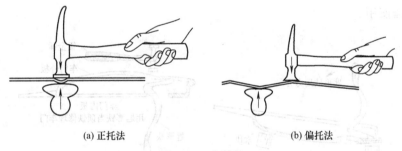

(a) 正托法　　　　　(b) 偏托法

图 6-1-1　垫铁法

同样，工作时必须根据被维修表面的形状特点选用形状与之吻合的垫铁，记住每种形状的垫铁只适用于某些特定形状的工作件，如图 6-1-2 所示。使用垫铁时，在保证维修质量的情况下，应尽量选用较轻的垫铁，这样比较容易用手握持，而且垫铁的工作面要保持干净，不能存在油污、涂料以及毛刺等，否则会降低维修质量。在操作过程中，注意垫铁会产生反

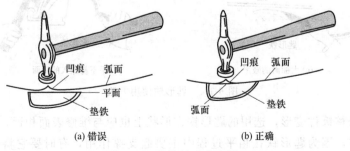

(a) 错误　　　　　(b) 正确

图 6-1-2　垫铁的正确选用

弹力,每次敲击后,应重新定位,这样,通过钣金锤和垫铁的密切配合维修,就会使钣件凸起的部位下降,使低凹的部位拱起,最后恢复原状。

垫铁既可支撑又可击打,支撑以抵抗平衡敲击力对构件的冲击;借助锤击过程中垫铁的反弹作用,不断击打最大凹陷部位,有利于加快敲平的速度。有时粗平时,对于大范围的变形,可以先单独用垫铁敲击变形处,变形恢复一定程度再利用钣金锤配合维修。如图 6-1-3 所示。

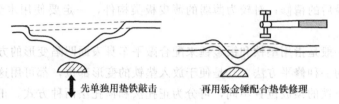

图 6-1-3 大变形的垫铁法维修

③ 匙形铁法　匙形铁可以说是小型的垫铁,也叫修平刀,当有些钣件变形的空间比较窄时,无法用垫铁来维修,可以用匙形铁来帮助完成工作。匙形铁形状繁多,使用方法也有千变万化。如对于难以放入垫铁的弧形凹陷,可将匙形铁插入凹陷部位,将其撬起,或将其当垫铁,用钣金锤敲击周围的拱起,使变形逐渐减轻,趋向恢复。匙形铁使用方法如图 6-1-4 所示。

在钣件变形是皱褶伤痕的情况下,还可将匙形铁置于金属的表面上,再用钣金锤敲打,通过这种"弹性锤击"可以使变形得到矫正,而且比较平滑,对于有些变形,有些匙形铁还可代替钣金锤使用。

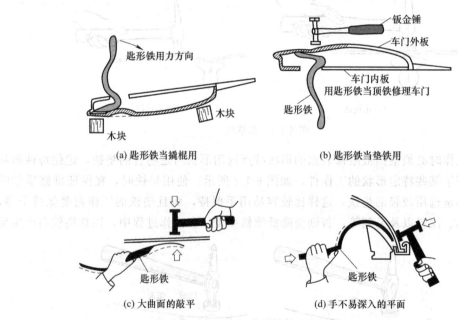

图 6-1-4 匙形铁使用方法

用匙形铁修整钣件变形,选用的匙形铁在形状上也应与维修表面相近,工作面的宽度应以稍大一些为宜,因为匙形铁在粗平过程中主要起支撑作用,有时要它将凹陷板面直接顶起,如果接触面积过小则很容易使金属表面留下硬痕。

用匙形铁和钣金锤粗平时，一定要控制好敲击力度。钣金锤敲击力大于匙形铁的反击力时，就达不到修平的目的，甚至还会使变形加剧；匙形铁的反击力比敲击力大，效果就很好。与垫铁法相比，匙形铁法的敲击力度要相对小一些，在轻轻敲击的过程中还应特别注意顶贴位置和敲击部位的变化情况。

（2）精平　精平是指对经过粗平维修的钣金件表面，进一步把小凸点起或小凹陷整平，力求做到平整与光滑的程度，这样才有利于车身维修的喷涂工作。

精平操作一般使用正托法，使用的工具主要有鹤嘴锤、尖锤等轻型锤，并且钣金锤、垫铁和匙形铁的工作面形状，必须与车身钣件的几何形状相吻合。操作前首先应仔细观察与分析，确定小凸点或小凹陷的位置，考虑锤击次序和敲击力度；操作过程中要注意手与眼的准确配合，并确保锤顶端面的中央准确落到敲击点上，垫铁与钣金锤要同步，锤击次数要尽量少并保证力度要合适。

在精平过程中，可以用手来触摸或者用车身锉来检查，找到小凸点。用手来触摸时要小心注意钣件上是否有毛刺，不能伤到手；如果是小凸点，车身锉锉过后，必定有金属亮点。检查有小凸点，可以再用工具进行精平。精平方法如图 6-1-5 所示。

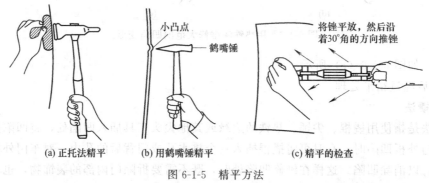

(a) 正托法精平　　(b) 用鹤嘴锤精平　　(c) 精平的检查

图 6-1-5　精平方法

（3）用垫铁法维修凹陷钣件的步骤　对于钣件的大范围凹陷变形的维修，仅仅有上面介绍的知识还不够，还要有技巧，下面介绍用垫铁法维修大范围凹陷变形的具体步骤。如图 6-1-6 所示。

① 首先分析凹陷变形情况，可以把变形部位用笔画起来。如图 6-1-6（a）中粗黑线表示金属表面被直接撞击凹陷位置，即直接损伤；周围凸起部位，即间接损伤范围，用细线表示。做记号时，细线圆圈就可以实际用笔画起来。

② 维修时，遵循碰撞维修原则"按照与碰撞发生损伤相反的顺序进行维修"进行维修，从间接损伤开始维修，即从变形位置外部开始敲击，并逐渐向中心部位移动。将垫铁紧压在凹陷槽一端的最外边，如图 6-1-6（b）中细线圆圈所示，用一平面冲击锤在凸起处采用偏托法进行轻度到中度的敲击。敲击顺序如图 6-1-6（b）箭头所示。在凹陷槽的另一端变形最外边处，重复上述的维修过程。

③ 随着凸起部位和凹陷槽压力的释放，变形将逐渐减小，如图 6-1-6（c）所示。

④ 适当的时候，可以用垫铁作为敲击工具，从钣件里面往外面击打凹陷槽。如果凹陷槽受到垫铁击打时，由于损伤金属强度不同，有可能要多扩大一点范围。如图 6-1-6（d）所示。

⑤ 外围金属基本复位后，可将垫铁移至中心区，用钣金锤敲击附近金属表面使凹陷槽

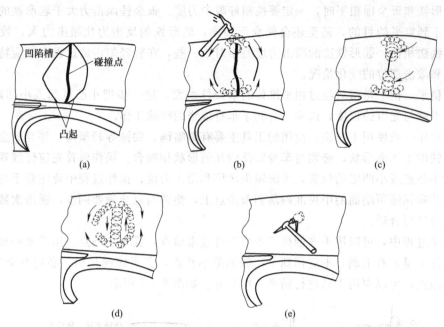

图 6-1-6 用垫铁法维修大范围凹陷变形

逐步消失,如图 6-1-6(e)所示。

⑥ 最后经过精平处理。

2. 顶撬法

顶撬法是指使用撬棍、尖锤、垫铁的边缘或其他尖头工具插入凹陷处,将凹陷撬起的方法。如车门外板凹陷时,有时可将撬棍插入一个排水孔或门背后的孔内,对车门外板的凹点进行撬击,以消除凹陷。这样在维修凹陷处时,既不需要拆除门内部的装饰物,也不需要在门的外部面板上钻孔,甚至不会伤到漆面。撬棍可以用作撬杆,也可以用作匙形铁。

撬起操作时,同样要按照钣金操作维修的原则,从最低点开始,缓慢地将凹陷部位撬起,注意撬动的力不可过大,以免金属受到拉伸。对于较大的凹陷,可改用平面形状的撬具。如图 6-1-7 所示。

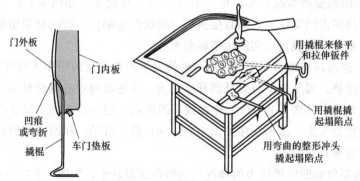

图 6-1-7 用撬棍维修车门外板凹陷

3. 吸引法

当车身覆盖件发生大面积凹陷损伤,表面变形大但过渡较为圆滑时,金属板的变形呈弹性状态,局部未发生较大的延伸变形,可以用吸引法维修。使用真空吸盘或电磁吸盘、气动吸盘在车身变形钣件凹陷外侧将变形部分吸牢，再向外拉，就可以十分容易地将覆盖件复原，如图 6-1-8 所示。

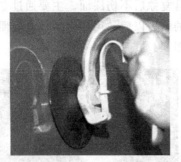 

图 6-1-8 吸引法维修大凹陷变形

吸引法维修钣件变形，不用拆装内侧板、车内装饰等，并且能可靠地保护车身金属板及表面涂层，是一种简单有效的矫正方法，但它仅适用于维修呈弹性变形的面积较大的凹陷损坏，应用范围带有一定的局限性。

4. 手工牵引法

手工牵引法是指利用拉杆来进行维修小凹坑的一种方法。将拉杆的弯钩插入所钻的孔，勾住凹坑两侧向外提拉。视具体情况在周围轻轻捶击，将凹坑拉起，同时敲打其拱起点，变形较大时可以同时用几个拉杆一起牵引。经整平后用气体保护焊或气焊修补孔洞，现代汽车只能用气体保护焊来焊补。如图 6-1-9 所示。

手工牵引法必须钻孔，现在已经逐步淘汰。

5. 惯性锤法

惯性锤法，是现在车身维修凹陷变形最流行的一种方法，它的主要工具是惯性锤组件，如图 6-1-10 所示。矫正变形时，

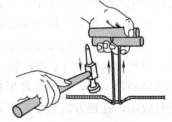

图 6-1-9 手工牵引法

先将拉杆的一端用定位装置与变形部位固定，用手握住滑锤迅速向与变形相反的方向滑动，利用滑锤沿拉杆滑动时的惯性力，冲击杆端并带动定位装置使变形得到矫正。矫正力的大小，主要取决于手推动滑锤的力的大小和滑动速度，即滑锤对滑端作用力的大小。

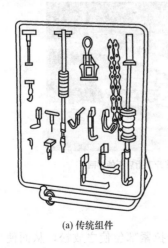 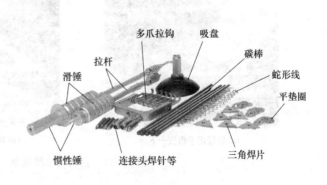

(a) 传统组件　　　　　　　　　　(b) 车身修复机配套组件

图 6-1-10 惯性锤组件

6. 胶粘法

胶粘法可以说是现在使用的一种新方法，许多维修厂还没有使用，但它的确也是一种好方法，它免去了传统钣金维修的许多工作，而且复原后不伤漆面。主要通过专用粘胶将专用的拉钉粘在凹陷变形的地方，等待粘胶有足够的粘力以后，用专用拉拔器或惯性锤来进行拉伸矫正，维修后再把拉钉取下，清理表面。如图 6-1-11 所示。

图 6-1-11 胶粘法的使用方法

二、钣件的收缩与延展

在车身维修过程中进行焊接、成形、矫正、敲平等作业或者汽车产生碰撞，都会使车身钣件产生不同程度的变形，出现被拉伸或压缩的现象。被拉伸处钣件变薄了，形成疏松状态，表现强度不足；被压缩处钣件变厚了，形成拉紧状态，金属内部存在较大的应力。

比如有时车身的覆盖件车门、车顶、翼子板等处，通过整平维修后，表面形状好像恢复了，但出现只要"用手指轻轻一按，它就下去了，不能回弹"的现象，从背面用锤柄或其他工具轻轻顶一下，它又恢复形状了，如图 6-1-12 所示。这就是明显的金属被拉伸现象，不经过收缩，这地方的强度是不能达到维修要求的。这时必须采用收缩的方法将金属内部分子拉回到其原来的位置上，使金属完全恢复到应有的形状和厚度，并释放拉伸与压缩应力。

钣件的收缩与延展即叫钣件的收放，"收"指对被拉伸或膨胀的金属进行收缩；"放"指对被压缩的金属进行放松延展。对金属板件收放的基本方法有：冷做法、火焰法、电热法、钢板的切开焊合四种形式。

(a) 轻轻用手指按一下　　　　　　　　(b) 移开手指后不能弹回

图 6-1-12 金属被拉伸现象

1. 冷做法收放

冷做法收放是指用钣金锤和垫铁为主要工具，通过敲击拉紧部位使之放松，从而使变形钣件恢复原状。冷做法收放对防腐层的破坏程度较低，比较适合维修耐腐蚀特种钢板；利用金属的冷加工硬化现象,可进一步提高材料的强度和硬度;对薄钢板膨胀、拱起或拉紧、翘曲现象,收放效果十分显著。在此介绍冷做法收缩。

冷做法收缩在车身修复的钣金维修中应用非常广泛,当金属膨胀面积比较小时,就可以用冷做法收缩处理,最有效的方法是应用专用收缩锤或收缩垫铁。收缩锤如图 6-1-13 所示。

收缩锤和收缩垫铁都有一个工作面上有纵横排列的沟槽,这个面叫收缩面。这些沟槽在敲打时可以在钢板上形成许多重叠的四角状痕迹,痕迹使金属板变薄,但是也因锤面上的沟槽使板面上形成很多小的凹痕将金属板挤缩,从而将变形钣件收缩拉紧,凸起变形消除,强度也得以恢复。收缩锤和收缩垫铁必须分开使用,如内侧选普通垫铁外侧用收缩锤,或内侧用收缩垫铁而外侧选平锤配合。不管如何配合,收缩锤的整个锤面都要与板面接触。当冷做法收放维修作业接近完成时,一般还要做一次精平,可用平锤、橡胶锤等做最后的调整性敲击,使整块金属的组织舒展均匀,表面平整光滑。

图 6-1-13　收缩锤

2. 火焰法收缩

火焰法收缩,俗称"收火",主要是通过热胀冷缩和锤击,使金属获得比冷做法大得多的收缩量和延伸量,适合膨胀程度大、凸起严重的钣件,对拉紧状态严重而且范围面积大的变形的维修,效果也非常明显。火焰法收缩常用加热的火焰是氧-乙炔焰的中性焰,使用 1 号或 2 号焊嘴。如图 6-1-14 所示。

火焰法收缩的操作需要二人合作才能更好的完成。

由于金属的热传导作用,温度对加热部分周围的热辐射也大,所以在钣金维修中应尽量减少火焰法收缩。必须用火焰法收缩时,一定要准确控制好加热温度,一般情况加热温度是 500℃以内,大面积收缩时,加热温度为 700~750℃。当车身材料为耐腐蚀钢板、高强度钢板时,不能采用火焰法收缩。

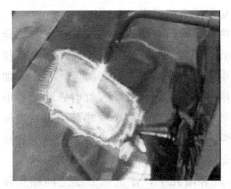

图 6-1-14　火焰法收缩

可用经验法判断、控制对钢材的加热温度,如表 6-1-1 所示。

表 6-1-1　钢材加热时的颜色与温度对照表

温度/℃	500~600	700	850	900	1000	1100	1200	1300	1500
颜色	暗红	红	玫瑰红	橙红	黄	橙黄	灰白	白	亮白

(1) 火焰法收缩的原理　收缩的原理如图 6-1-15 所示。

将变形区中心的一小块地方加热至暗红色,随着温度的升高,钢板的受热区域开始拱起并试图向受热范围以外的地方膨胀伸长;但由于受热范围以外的周围金属处于冷却状态,非常坚硬,钢板无法膨胀伸长,便产生了很大的向心压力载荷;如果继续加热,受热位置将变得赤热而成为柔软的部位,膨胀伸长的金属将集中在这里,使这里的金属被向外推出,迫使

图 6-1-15 火焰法收缩的原理

这里变厚并释放出压力载荷。如果处于这种状态的赤热部位受到骤然冷却，金属将会收缩，与加热前相比，表面积就会减小。

（2）火焰法收缩的方法　在准备收缩前，应该判断变形面积的大小，然后选择收缩的方法。火焰法收缩具体有两种方法，一是顺序收缩法，这是对变形面积较大时处理的方法；二是点收缩法，这是小面积变形处理的方法。

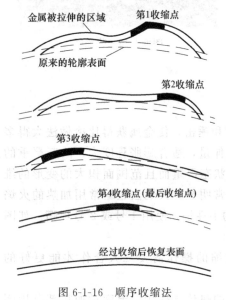

图 6-1-16 顺序收缩法

顺序收缩法是首先准确找到钣件变形区的最高点先行收缩，然后继续找到下一个最高点来进行收缩，依次类推，直到把所有凸出来的高点收缩完成，钣件表面恢复到原来形状的方法。如图 6-1-16 所示。点收缩法是找到钣件小面积变形区域，用比较大一点的加热点，一次收缩完成，使维修表面达到要求的方法。不管哪一种方法，最后都要进行强度检查，保证钣件的强度已经恢复到原来的状态。

在收缩加热时，焊炬火焰焰心到钣件距离要稳定控制在 5～10mm 范围，加热点的大小应控制在直径 20～30mm 的小圆周范围内，在收缩点中心开始加热，发现被加热部位金属颜色开始发红时，就把焊炬缓慢地沿圆周向外移动，直到整个受热部位都变成鲜红色，移开焊炬，如图 6-1-17 所示。注意金属加热超过鲜红色，就会熔化、烧穿。

加热后，用尖锤在加热收缩区，即加热点周围，轻轻敲几下，使金属分子之间相互靠拢，如图 6-1-18 所示。这时，如果金属没有发生凹陷，就不需用垫铁支撑金属。

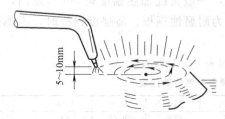

图 6-1-17 焊炬加热方法

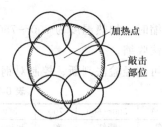

图 6-1-18 在收缩区周围敲击

如果需要支撑金属，只能将垫铁轻轻地放在金属的下面，用钣金锤首先敲打加热点周围，将变形集中在中心点的一个地方，最后将此中心点打缩即可。当金属上的红色一消失，便可对加热点周围进行整平。

经过整平以后，用一块浸水的布或海绵压一下收缩部位，使金属快速冷却，可以得到更大程度的收缩。加速冷却方法也可以采用吹气枪，利用压缩空气进行风冷。

当收缩过的部位完全冷却下来时，经常会出现过量的收缩，这主要出现在最后一次的收缩中，收缩的金属通常会出现凹陷或被拉平，收缩区周围的金属有时甚至会被拉出原有的轮廓，这时要用钣金锤和垫铁进行整平。

用火焰法收缩要注意：在进行顺序收缩操作时，加热点尽可能地小而且分布广泛，以便使在不同的加热点之间能留有足够多的坚硬金属；在被加热的金属退去红色而变为黑色之前，应尽可能快地完成维修工作，不能在加热点金属变成黑色之前就去冷却，否则会使金属会产生晶化并变硬，可能会导致金属的开裂，使最后整形工作变得困难；对同一点的加热最好是一次性的。

3. 电热法收缩

对金属进行收缩，冷做法需要在钣件的两面同时操作；火焰法也要两人操作才能得到较好的效果，它的热辐射范围使操作场合、收缩钣件材料受到限制。电热法收缩是利用电热对变形钣件进行加热收缩的方法，它可以在车身外面直接进行操作，热影响低、收缩质量好、变形小、效率高，可对高强度钢材料收缩，特别适合对面积较大薄板类膨胀变形收缩强化。

电热法收缩的主要工具是车身修复机配备的电热棒或电热收缩锤。电热棒即碳棒，适合大面积的收缩，也称大收火，如图 6-1-19 所示；电热收缩锤即加热铜极，适合小凸点收缩，也称小收火。如图 6-1-20 所示。

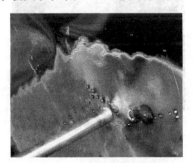

图 6-1-19　碳棒收缩

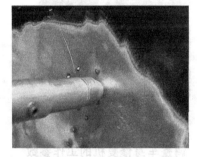

图 6-1-20　电热收缩锤收缩

在使用时，根据需要选择电热棒或电热收缩锤，如果是大收火就选择电热棒（碳棒）安装在焊接枪上，通电加热后，便可直接在钣件收缩位置上由边缘到中心回转划动，如图 6-1-21 所示，使膨胀、拱起的金属受热，视情采用风冷或水冷方式冷却加热点，使变形和内应力得到消除，达到维修的目的；如果是小收火就选择电热收缩锤安装在焊接枪上，找到小凸点，用合适压力压住，通电加热后便可以把小凸点压平。

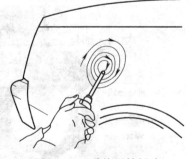

图 6-1-21　碳棒回转划动

任务实施

下面通过车身修复机维修车身凹陷变形过程，介绍惯性锤法的具体操作。

一、工作准备

准备车身修复机、钣金锤套装、钢直尺、曲面卡尺等工具设备；检查工具和设备的安全，穿戴好工作手套、护目镜、耳罩等防护用品。

二、车身凹陷修复步骤

1. 损伤评估
对车身凹陷变形位置进行损伤评估，有必要可以用笔划出损伤范围。

2. 打磨漆锈
漆锈的打磨质量严重影响到垫圈或者三角片等的植焊，也影响到车身修复机搭铁的可靠性，所以一定要将车身凹陷部位、搭铁位置及要维修部位的漆锈彻底打磨干净，可以用角磨机、气动打磨机、砂带机等进行打磨。搭铁线的部位应该在凹陷处附近，大约 30cm。砂带机打磨如图 6-1-22 所示。砂带机特别适合于位置比较窄小的地方打磨。

3. 连接搭铁线
搭铁线连接的方法有用焊钳法、大力钳法、垫圈固定法和强磁搭铁法等，不管使用哪一种，必须连接可靠，接触良好，否则会影响到植焊垫圈的强度，也会烧坏搭铁。强磁搭铁如图 6-1-23 所示。

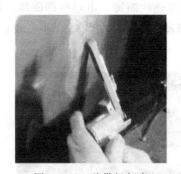

图 6-1-22　砂带机打磨

图 6-1-23　强磁搭铁

4. 调整车身修复机的工作参数
在使用车身修复机时，要调整合适的电流和焊接时间等参数。参数过大，会烧坏焊点，甚至使要维修的钣件被烧穿；参数过小，焊接强度不足，达不到拉伸矫正的目的。有些车身修复机有自动挡，选择这个功能，只要打开电源，其他参数就不用调整了，比较方便。如图 6-1-24 所示。

5. 植焊垫圈
在焊枪上插上垫圈连接头，也叫碰焊头，再将垫圈插入碰焊头开口处，握稳焊枪，使垫圈的圆边轻压在车身凹陷处，作碰焊熔植操作，焊上垫圈。根据变形部位的需要，按照钣金维修的原则，在什么位置植焊，需要植焊多少个垫圈必须充分考虑。植焊垫圈如图 6-1-25 所示。

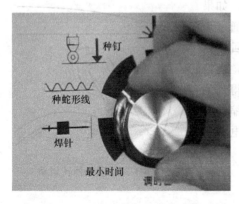

图 6-1-24　车身修复机功能选择

凹陷面积较大时，也可以并列焊多个垫圈，并穿上合适的小圆铁作拉轴或者用蛇形线配合多爪拉钩，可以使矫正力能均匀地作用于变形表面，能大大提高维修效率。特别适合有加

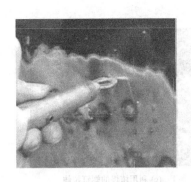 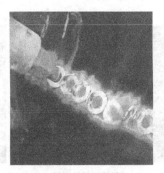 

图 6-1-25 植焊垫圈

强筋变形的位置，可以直线拉出加强筋，如图 6-1-26 所示。

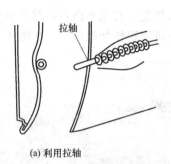 

(a) 利用拉轴　　　　　　　　　　(b) 蛇形线和拉钩

图 6-1-26 大面积拉伸

6. 拉伸矫正

将惯性锤的钩子钩住垫圈，或者拉轴等，一手抓住手柄，另一手握住滑锤，顺惯性锤拉杆将滑锤向手柄位置撞击，有时需重复数次，才可将车身该部位的一个范围拉至复原，如图 6-1-27 所示。如果凹陷面积较大，应熔植多个垫圈，重复上述操作直至整个凹陷区复原为止。凹陷部位复位后，轻轻扭转惯性锤即可将垫圈从车体上取下。

在用惯性锤进行拉伸矫正时，有时候要边拉住垫圈（或者其他焊件），边用钣金锤敲打被拉垫圈旁边，利用"拉低敲高"的作用力与反作用力关系去除应力，这样更加有助于整平。如图 6-1-28 所示。

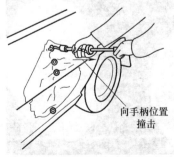 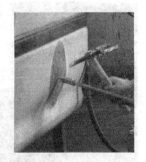

图 6-1-27 惯性锤拉伸矫正方法　　　　图 6-1-28 "拉低敲高"方法

车身修复机属于一种多功能设备，除了上面植焊垫圈对凹陷变形进行维修外，还有植焊螺钉、铆钉等方法，它们的操作方法基本一样。植焊螺钉方法，也称嵌钉式，如图 6-1-29

所示。

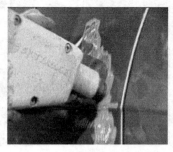 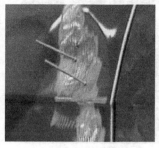 

(a) 植焊螺钉　　　　　　(b) 已经植焊好的螺钉　　　　　(c) 利用植焊的螺钉拉伸

图 6-1-29　植焊螺钉方法

7. 收火

检查钣件被修平位置强度是否存在金属膨胀情况，有无小凸点；存在金属膨胀导致强度不足选择合适金属收缩方法进行收火，有小凸点可用铜棒加热压平。如图 6-1-30 所示。

 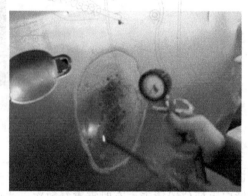

图 6-1-30　对修复部位进行强度检查和收火

8. 精平

通过用车身修复机植焊垫圈方法整形后，必须对焊接点进行修磨。可以用角磨机或气动打磨机来修磨，建议用气动打磨机，这样才达到光滑的效果，如图 6-1-31 所示。用角磨机打磨，一定要注意不能把钣件磨薄了。

 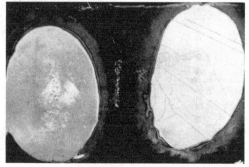

图 6-1-31　打磨修整

9. 效果检查

在整平过程中或者结束时都要进行检查，检查方法有目测、用手触摸和用钢直尺、曲面卡尺检查等。目测必须会借助光线，在侧面瞄准钣件表面来观察；用钢直尺和卡尺组合检查比较准确。检查方法如图 6-1-32 所示。

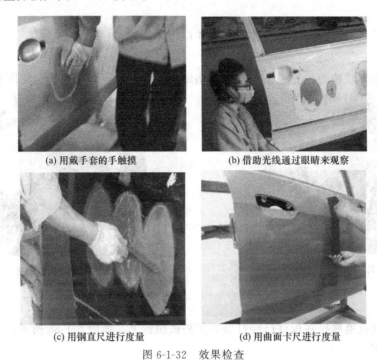

图 6-1-32　效果检查

拓展知识

可调快速整形架的使用

一、可调快速整形架应用特点

可调快速整形架能高效率修复钣件条形凹陷损伤、筋条损伤，如发生在钣件装饰、加强棱边的地方损伤。常见可调快速整形架有单脚、双脚和四脚三种。可调快速整形架及其应用如图 6-1-33 所示。

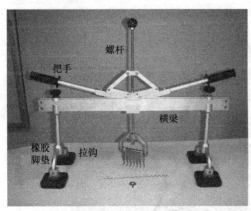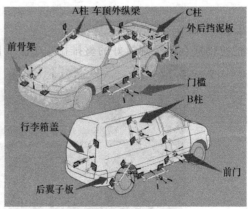

图 6-1-33　可调快速整形架及其应用

二、可调快速整形架使用方法

1. 打磨
利用打磨机打磨钣件需要修复位置和搭铁位置,如图 6-1-34 所示。

2. 划线
在钣件原来形状棱边位置或条形凹陷损伤划好直线,方便焊接拉片。如图 6-1-35 所示。

图 6-1-34 打磨

图 6-1-35 划线

3. 搭铁
把车身修复机地线夹在钣件已经打磨好的搭铁位置上。如图 6-1-36 所示。

4. 焊接拉片
沿直线位置把拉片焊接在钣件上。如图 6-1-37 所示。

图 6-1-36 搭铁

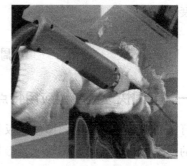

图 6-1-37 焊接拉片

5. 穿拉轴
把拉轴穿在已经焊接好的整排拉片中。如图 6-1-38 所示。

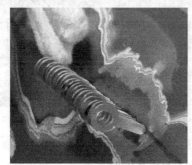

图 6-1-38 把拉轴穿在已经焊接好的整排拉片中

6. 安装可调快速整形架

（1）用手托住可调快速整形架，把其拉钩钩在拉轴上。注意：姿势正确才能方便安装；安装两边橡胶脚垫与被拉伸位置要平衡，即被拉伸位置要处于两边脚垫中间，以免因不平衡造成设备横梁弯曲变形。如图 6-1-39 所示。

（2）根据拉伸力度调整可调快速整形架前后定位螺母。如图 6-1-40 所示。

图 6-1-39　安装可调快速整形架

图 6-1-40　根据拉伸力度调整前后定位螺母

7. 拉伸钣件

反复扳动可调快速整形架的两个把手拉伸钣件，根据钣件恢复程度确定拉伸次数。注意：要小心拉伸，防止钣件被拉裂或者拉伸过度导致超出原来平面；左、右手扳动把手时用力要均衡，以免造成设备螺杆弯曲变形。如图 6-1-41 所示。

8. 消除应力

用钣金锤和打板在被拉伸位置的上、下区域进行适度打击，消除钣件应力，使损伤得到快速修复。如图 6-1-42 所示。

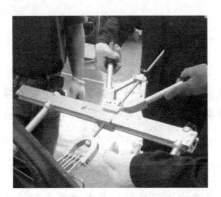

图 6-1-41　拉伸钣件

图 6-1-42　用打板消除应力

9. 拆下可调快速整形架

经检查，确认损伤已经修平后，可以拆除可调快速整形架。把可调快速整形架前后两个定位螺栓完全拧松，直到两个把手能合拢在一起，即可轻松把可调快速整形架取下。如图 6-1-43 所示。

10. 打磨焊点

先把焊接的拉片取下，再用砂带机把焊点打磨干净。注意不要伤到钣件。如图 6-1-44 所示。

图 6-1-43 拆下可调快速整形架

图 6-1-44 打磨焊点

思考练习

1. 使用垫铁进行整形维修时，应该怎样正确选择？
2. 正托法和偏托法在维修中，应该如何正确运用？
3. 利用电热收缩金属有什么好处？
4. 简述利用车身修复机修理凹陷损伤的基本工艺步骤。

任务 2 覆盖件的局部挖补维修

教学目标

会进行覆盖件的局部挖补维修技术。

任务引入

钣金维修作业中，经常会遇到钣金件局部锈蚀。在表面刚开始生锈时，只是在金属表面产生一层红色的氧化物，但随着时间的推移，锈蚀将进入金属内部气孔，气孔又发展成许多锈蚀的孔，即锈穿。

任务分析

覆盖件的局部挖补维修，主要是对锈穿的覆盖件蒙皮进行修补，修补方法常用贴补和嵌补两种方法，对于外观要求高的汽车，必须使用嵌补方法才能得到满意效果。

相关知识

一、轻微锈蚀的维修

对于轻微的表面锈蚀，只需磨掉锈层，使用除锈剂对生锈的部位进行中和即可，如果锈蚀已进入金属内部的气孔，则需要按下述方法进一步维修：在周围表面上粘贴防护条，以防打磨时产生的火花、砂粒和砂轮意外地碰到这些表面；然后使用砂轮打磨掉锈穿部位的油漆和锈斑,再用尖锤将锈穿部位进行维修,清除松散的氧化层,破坏锈蚀的金属层;打磨出漏斗形的凹陷,清洗锈蚀处,还要尽可能清除掉背面的灰尘和内涂层,涂抹除锈剂,钣金维修工作就完成了。轻微锈蚀如图 6-2-1 所示。

二、较大范围锈穿的维修

维修较大范围锈穿的车身钣件的方法是:切除锈穿部位,然后进行粘补维修或焊板维修。用二氧化碳气体保护焊或车身修复机均可进行焊补维修。较大范围锈穿如图 6-2-2 所示。

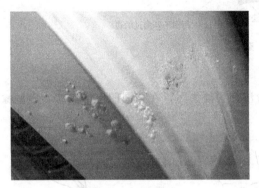

图 6-2-1 轻微锈蚀

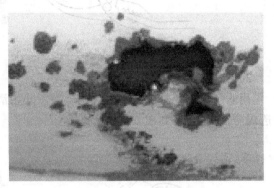

图 6-2-2 较大范围锈穿

任务实施

用二氧化碳气体保护焊对车身局部锈穿或孔洞缺陷进行维修的方法如下。

一、工作准备

准备角磨机、钣金锤、钳子、气吹枪、导电漆等,并穿戴好相关劳保用品。

二、修补步骤

1. 除锈

用打磨机,根据局部锈蚀的范围,从外部画出欲挖补的轮廓;用风动锯、切割砂轮等将锈蚀处割下,修整孔洞形状,将轮廓周围的漆锈彻底打磨干净,如图 6-2-3 所示。

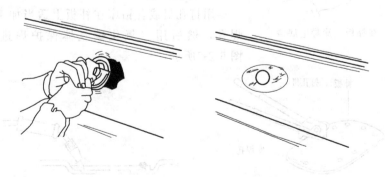

图 6-2-3 除锈

2. 造型

用钳子将孔边向外弯曲，然后用钣金锤和垫铁敲打弯边，使孔洞处形成一个凹坑。如图 6-2-4 所示。

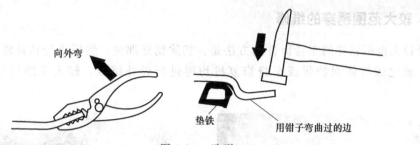

图 6-2-4　造型

3. 凹坑防腐

用吹气枪将要补的孔洞凹坑吹干净，并用清洁剂去油去污，在孔洞凹坑周围涂导电底漆（透焊防蚀涂料）。如图 6-2-5 所示。

图 6-2-5　凹坑防腐

图 6-2-6　在补板上涂导电底漆

4. 制作补板

选择与要焊补钣件材料相同或者更高规格的钢板，并剪下一块比孔洞要大的，但能放进孔洞凹坑的做补板。经过修整后，在补板焊接面上涂导电底漆。如图 6-2-6 所示。

5. 打孔焊接

用打孔机或者钻床在补板上适当加工打出一些塞焊孔，然后用二氧化碳气体保护焊进行焊接。如图 6-2-7 所示。

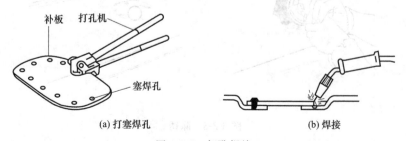

(a) 打塞焊孔　　　　(b) 焊接

图 6-2-7　打孔焊接

6. 打磨焊点

用打磨机将塞焊焊点磨平,并注意不要打磨到钣件表面上,以免降低强度如图 6-2-8 所示。

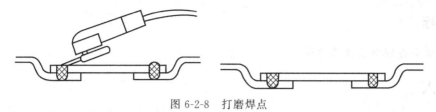

图 6-2-8 打磨焊点

7. 防腐

清洁正、反面,然后正面直接喷涂防锈底漆;补板背面及附近区域,先在补板背面的缝隙处涂上密封剂,然后在被损坏防腐层的地方涂上防锈漆,钣金维修工作完成。如图 6-2-9 所示。

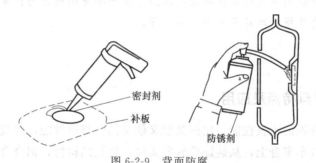

图 6-2-9 背面防腐

拓展知识

什么叫贴补修补法和嵌补修补法?

贴补修补法指在修补损伤位置时,如贴邮票一样把比损伤位置稍大面积的补板直接覆盖在损伤位置然后进行粘贴或焊接的方法,修补效果是修补位置明显比原来表面高出来。

嵌补修补法指在修补损伤位置时,用一块比损伤位置稍小面积的补板置于在损伤位置缺口中然后进行粘贴或焊接的方法,修补效果是修补位置焊缝经打磨后能与原来表面一致。嵌补修补效果如图 6-2-10 所示。

图 6-2-10 嵌补修补效果

思考练习

1. 如果对钣件锈蚀地方不进行及时修复会造成什么?
2. 什么叫贴补修补法和嵌补修补法?各有什么特点?

任务 3　铝合金钣件的维修

教学目标

认识铝合金钣件的维修方法。

任务引入

随着汽车轻量化的发展趋势，越来越多的汽车车身使用铝合金材料制造，铝合金车身的修理工具、设备和工艺与钢材料车身有很大的不同，而且维修技术的难度高许多。

任务分析

铝合金车身的维修同样包括车身覆盖件凹陷修理和车身结构件的拉伸校正、切割更换等的修理。在此主要是介绍铝车身覆盖件凹陷修理。

相关知识

一、铝合金材料特点及应用

铝合金材料有特别的优良性能，比如又轻又硬又韧的机械性能，强抗腐蚀能力等，所以被越来越多的用在汽车车身上，从装饰件到覆盖件，再到结构件，铝合金已经可以用在整个车身上。铝合金制成的车身覆盖件及构件的厚度，通常相当于同部位钢件的 1.5~2 倍。

铝合金车身维修除了特别的铆接工艺外，其他的维修方法与传统车身的钢板维修也有很大的不同。用铝合金制造的车身钣件或构件，受到损坏后比钢板更加难以维修。因为铝合金板比钢板要软得多，而且当铝板受到加工硬化以后，很难再次加工成形，通常都得报废。铝合金的熔点也较低，加热后容易产生翘曲变形；铝合金的氧化膜熔点很高，对其加热时很难控制。

二、铝车身维修基本方法

1. 铝合金钣件的敲平

通常使用钣金锤和垫铁来矫平铝合金变形，基本方法与前面介绍过的维修钢板的方法基本相同，但针对铝合金钣件的特点，操作要求还是有一些区别：

（1）敲平操作时一般采用偏托法，因为铝板比钢板柔软，它的可延展性比钢板差，用正托法敲击容易敲薄钣件，减弱钣件强度，加重局部的损坏程度，也使表面变形不容易恢复；而偏托法的敲击对铝板的变形较缓和，有利于保护其强度。

（2）使用钣金锤在垫铁上敲击铝合金板时，要注意钣金锤的敲击力度和次数，敲击太重或次数太多都会使铝合金板受到加工损伤。务必轻敲多打，循序渐进，不能急于求成。

（3）维修铝合金板和钢板应注意使用不同的钣金工具，因为维修时敲打钢板的力度与敲打铝合金板的力度不能一样，如用于维修钢板的钣金收缩锤和垫铁就不能用于铝合金板的维修，否则容易使铝合金板开裂和表面受损。

2. 局部变形的维修

对于铝合金钣件上出现的小范围凹陷，用尖形锤或撬棍撬起效果很好。但是，要注意不能使凹陷处升高太多，也不能用力过度而拉伸柔软的铝板。对于面积较大的弹性变形，可使用钣金锤和匙形铁进行弹性敲击，用以释放拱起变形处的应力。匙形铁将敲击产生的力分散到一个较大的范围，可使坚硬的折损处发生弯曲的可能性大为减小，有效地保护了铝合金钣件。如图 6-3-1 所示。

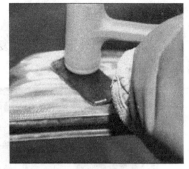

图 6-3-1　弹性敲击

3. 铝合金钣件维修后的表面处理

铝合金钣件维修后，表面容易留下粗糙的加工痕迹，一般需要经过车身锉维修才能使它平滑，但要注意铝合金钣件较柔软，用车身锉维修时要选择柔性锉和合适的锉纹，并轻轻施压，以免刮伤、锉薄了铝合金钣件。

4. 铝合金钣件机械打磨时的注意事项

有时要对铝合金钣件进行局部和薄边的机械打磨，这时应使用双向砂轮机或电动抛光机，并且调整转速低于 2500r/min，用 80 号或 100 号砂纸和柔软、能变形的软垫块。操作时要特别小心，不仅要防止高速旋转的砂轮烧穿柔软的铝合金，还要防止打磨过程中产生的热量会迅速使铝板弯曲。所以机械打磨铝合金钣件时，只能将油漆层和底层涂料磨掉，不能磨到金属，而且打磨 2~3 遍后，要用一块湿布使金属冷却再继续操作，以降低打磨温度和防止因热量增加而变形。如图 6-3-2 所示。

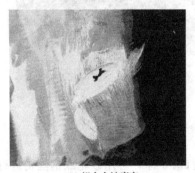
(a) 铝合金被磨穿

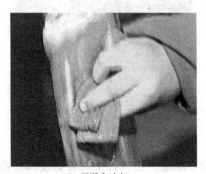
(b) 用湿布冷却

图 6-3-2　铝合金钣件的机械打磨

任务实施

一、工作准备

1. 工位准备

准备铝外形修复机、橡胶锤、木锤、木垫铁、平台、铝质钣金锤、垫铁、打板等工具设备；准备铝车身钣件，面罩、手套、抹布、热敏笔等材料和用品。如图 6-3-3 所示。

2. 安全检查

检查焊接设备及打磨工具的电线、插头是否有破损现象，插座、接头是否接触不良；检查焊接工位旁边是否有易燃易爆物品。如有问题应先处理好。

二、操作步骤

主要通过用铝外形修复机修复铝板凹陷，介绍铝车身钣件的修复方法。铝外形修复机如图 6-3-4 所示。

图 6-3-3　工作准备

图 6-3-4　铝外形修复机

（1）钣件损伤检查，如图 6-3-5 所示。

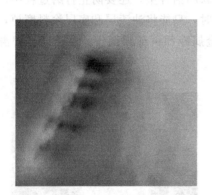

图 6-3-5　钣件损伤检查

（2）除漆。把钣件上需要修复和搭铁地方的漆面打磨干净，可用砂轮或钢丝轮进行。如图 6-3-6 所示。

图 6-3-6　除漆

(3) 除尘除油。除漆后进行除尘除油。如图 6-3-7 所示。

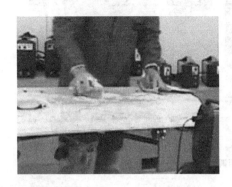 

图 6-3-7 除尘除油

(4) 安装焊钉。把焊钉安装在导管上并调整好间隙，然后安装到焊枪上。如图 6-3-8 所示。

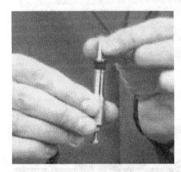 

图 6-3-8 安装焊钉

(5) 搭铁。把修复机的地线接到钣件上，注意要可靠连接。如图 6-3-9 所示。

(6) 焊接焊钉。接通铝外形修复机的电源，按照说明调整合适的参数，根据维修范围焊接适量焊钉到铝钣件上。如图 6-3-10 所示。注意，焊接时焊钉与钣件接触面要垂直；在清洁后应该马上进行焊接，时间长了处理过的表面会被氧化，清洁后超过 2h 需要重新清除氧化层。

(7) 安装可调快速整形架。如图 6-3-11 所示。

图 6-3-9 搭铁

(8) 拉伸整平。通过拉伸工具拉伸和钣金锤消除应力把凹陷修复。注意动作要轻柔，力量要慢慢加大，防止局部变形过大或被拉裂。注意，拉伸前要适当加热，拉伸次数根据具体情况确定，消除应力要用橡胶锤。如图 6-3-12 所示。

(9) 凹陷修复后，可用角磨机或斜嘴钳清除焊接在钣件表面的焊钉。如图 6-3-13 所示。

(10) 精平。用车身锉刀或打磨机把焊接部位打磨平整，如图 6-3-14 所示。

(11) 质量检查，用钢直尺检查平整度。

(12) 将钣件进行涂装处理。

(13) 操作结束。

(a) 按照说明调整参数

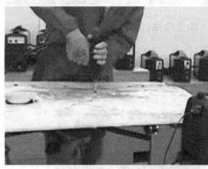 

(b) 垂直焊接焊钉

图 6-3-10 焊接焊钉

图 6-3-11 安装可调快速整形架

 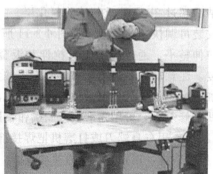

(a) 加热和拉伸

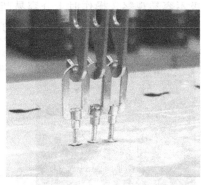
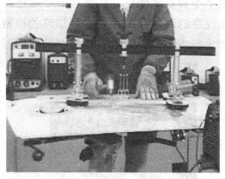

(b) 消除应力

图 6-3-12 拉伸整平

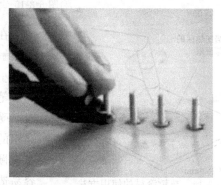

图 6-3-13 清除铝焊钉

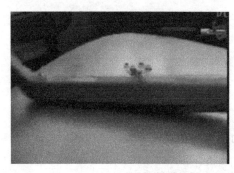

图 6-3-14 用车身锉刀磨平焊接部位

拓展知识

铝合金钣件的热收缩方法

铝合金的覆盖件在维修过程中，也会遇到要进行收缩矫正处理。采用热收缩的方法矫正铝合金钣件时，与矫正钢板有明显的不同。矫正钢板时，必须尽量避免加热，以免降低钢的强度，特别是高强度钢不能用火焰收缩；而矫正铝合金钣件时，必须利用加热的方法来恢复加工硬化时降低的可塑性，如果不加热和温度不到位，当矫正力施加到铝板上时，便会引起受力部位开裂。

可以用焊炬对受损坏的铝合金钣件进行加热收缩，但要注意铝的熔化温度只有 650℃，而且在高温下不会改变颜色，在熔化时是灰色，极不容易观察，操作时十分容易产生因加热过度而熔化烧穿的现象，因此对火焰加热的控制非常重要。通常使用加热到 200℃ 时能改变颜色的热敏涂料或热敏笔来观察和控制加热的温度。如图 6-3-15 所示。

(a) 铝件被烧穿

(b) 热敏笔

图 6-3-15　铝件加热

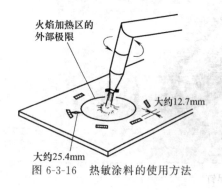

图 6-3-16　热敏涂料的使用方法

在铝板的加热区周围用热敏涂料（示温材料）或热敏笔画一个环状的加热区标志，如图 6-3-16 所示，小心移动火焰，对变形处加热。在热敏涂料或热敏笔画的标志改变颜色时，马上停止加热。这时，受热处中心位置温度大约在 380～420℃ 之间，离铝的熔点还有一定的余量。对于热收缩部位应尽量缓慢冷却，建议自然冷却。因为快速冷却收缩，容易造成铝合金钣件的变形。

思考练习

1. 铝合金材料有什么特点？
2. 铝合金车身与钢车身维修有何不同？
3. 铝合金钣件如何收火？
4. 简述用车身修复机维修铝合金钣件凹陷变形的基本步骤。

任务 4　塑料件的维修

教学目标

会进行塑料件损伤的维修，并达到维修要求。

任务引入

汽车上用的塑料件比较多，在汽车产生碰撞时也会损伤，要经过修理后才能恢复原貌。如保险杠的维修就是在企业中经常进行的一项工作。

任务分析

塑料件损伤的维修主要是针对保险杠类车身附件的维修，其损伤类型通常有产生变形、出现裂缝、刺穿、安装耳等的损坏。

相关知识

汽车上用的塑料越来越多，车身塑料件的损伤也就越来越多，但塑料件损伤比较容易维修，割伤、破裂、擦伤、扭曲、撕裂及刺穿等损伤都可通过维修恢复原状。汽车上常用的塑料有热塑性、热固性和复合型塑料三大类，维修方法有焊接法、黏结法、热矫正等方法，应根据塑料种类的不同和变形情况的不同来选用不同的维修方法，参见表 6-4-1。

表 6-4-1 塑料的维修方式

塑料类型	特　点	维修方法
热塑性塑料	加热时软化或熔化，冷却后硬化；可以重复地加热软化，其形态和化学成分并不发生变化	多采用焊机焊接维修，也可黏结
热固性塑料	在加热和使用催化剂或紫外光的情况下发生化学变化。硬化后永久形状，即使重复加热或使用催化剂也不会变形	宜采用黏结法维修，不能焊接维修
复合塑料	由不同的塑料及其他配料混合而成，从而获得特定的性能	黏结

一、塑料种类的鉴别方法

对车身塑料件进行维修之前，重要的是必须正确鉴别出所维修塑料的种类，否则维修的方法也会错误。塑料件的鉴别方法有：利用 ISO 识别码鉴别法、查阅车身维修手册法、燃烧试验法、试焊法。

1. 利用 ISO 识别码鉴别法

ISO 识别码常模压在塑料件上，利用 ISO 识别码鉴别法，能非常容易也非常准确地判断出塑料的类型，只要能找到该塑料的识别码，通过查询有关手册就知道它的类型。如图 6-4-1 所示。

图 6-4-1　ISO 识别码

2. 查阅车身维修手册法

对没有标注 ISO 识别码的车身塑料零件，可以从车身维修手册中找到，注意车身维修手册一般是一年更换两次，因而对于新型汽车，要查阅最新版本的车身维修手册。

3. 燃烧试验法

燃烧试验法是指利用火焰烧塑料，从冒烟情况来识别塑料类型。现在这种识别方法已不再推荐使用。因为在维修厂中使用明火有火灾隐患且对环境也有害，而且现在许多塑料件是合成塑料制成的，从燃烧试验无法判断。但通过加热还是很容易判断塑料是热塑性还是热固性的，因为热塑性塑料在加热时能软化，而且能重复地加热软化。如图 6-4-2 所示。

4. 试焊法

鉴别塑料类型的最可靠方法是试焊法。可以在该零件的隐蔽部位或损坏处用几种焊条进

图 6-4-2　热塑性塑料在加热时能软化

行试焊，直到其中的一种能够粘合为止，一旦发现某种焊条起作用，基体材料就可鉴别出来。如图 6-4-3 所示。

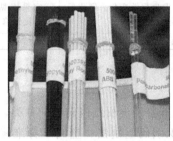 

(a) 塑料焊条　　　　　　　　　　(b) 在零件隐蔽处试焊

图 6-4-3　试焊法

二、塑料件的维修方法

1. 黏结法

对于车身塑料件，黏结方法比焊接实用，主要是因为几乎所有的塑料件都能使用黏结胶黏结，而焊接只能适用于热塑性塑料。车身塑料件黏结常用的材料有溶剂胶、氰基丙烯酸酯胶和黏结剂三种。对于热塑性塑料，三种材料都适用，对热固性塑料只能用黏结剂。

溶剂胶，是指丙酮或乙酸乙酯溶液。在使用时，把它滴在塑料件要连接的部位，经过一定时间就能把材料溶解，呈糊状后便黏结在一起了。

氰基丙烯酸酯胶，简称 CA 胶，是一种单组分快速黏结剂，能快速黏结塑料件。也可以在塑料件涂敷最后的维修环节，当做填料或将各个部分固定在一起，所以也叫"超级胶"。

黏结剂，属于双组分黏结胶。由基底树脂和硬化剂组成，没有使用时，它们独立包装；黏结时，要把它们混合调匀后才能使用。黏结剂的黏结强度比单组分的"超级胶"强，与塑料焊接强度差不多。黏结剂可以用在所有塑料件维修上，但根据不同的基底成分它的适用范围不一样，在维修前必须清楚塑料的类型，才能正确选用和使用黏结剂。

2. 热矫正方法

热塑性塑料的损伤，有时会出现弯曲、扭曲或弯扭共存的综合变形的形式，可以采用热矫正的方法使变形得到恢复。比如车身防擦条、前散热器隔栅、仪表板等多用 ABS 共聚塑料制成，具有强度高、成形性好和二次加工容易等许多特点，产生的变形可以通过热矫正维修。当车身塑料件的变形与断裂并存时，应先进行热矫正后再粘合断裂。

(1) 热风机加热矫正　对于局部小范围变形时，可使用热风机等对变形部位加热。

由于热风机存在加热不均的缺点，容易造成局部过热而烧损塑料件，操作时最好于变形部位的背面烘烤，待塑料稍一变软就立刻用戴手套的手进行按压、矫正。如图6-4-4所示。

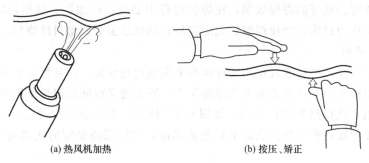

(a) 热风机加热　　　(b) 按压、矫正

图6-4-4　塑料件的热矫正

（2）红外线加热　对于较大的变形，可以使用红外线烘干灯来加热变形部位进行矫正。

加热时，注意当塑料件稍一变软，就应立即对变形部位加压、矫正。为了获得良好的外观，还要借助辅助工具，如光滑的木板等，帮助将变形矫平。

由于红外线烘干灯加热效率高、温升快，要严格控制塑料件的受热温度，一般应以50～60℃为宜，过热易产生永久性变形。矫正结束时，应让其在原处自然冷却，不要过早地搬动，以避免发生构件的整体变形。

（3）火焰加热　在没有电加热的情况下，可以用氧-乙炔火焰来对塑料件进行加热矫正。但要注意控制好火焰温度，利用火焰外焰，距离塑料件适当的距离来加热，尽量在内侧加热，最好两人合作，当塑料件一软化时立即进行矫正。

3. 焊接方法

塑料焊接与金属焊接都要使用热源和焊条，接头的类型大致相同，都可以进行对接焊、搭接焊等方式，而且强度的评定方法也相似。但毕竟它们是两种截然不同的材料，焊接起来有明显不同的地方。比如熔化效果不同，焊接金属时，焊条与母材熔成一体，而塑料焊条不会完全熔化；塑料焊接设备工作性质与金属焊接明显不同，金属焊接设备的工作温度范围远远要大于塑料焊机。

根据塑料焊接设备和工具的不同，塑料焊接方法主要有热空气塑料焊接、无空气塑料焊接和超声波塑料焊接等。

（1）热空气塑料焊接

① 热空气塑料焊接原理　热空气塑料焊接方法是利用由陶瓷或不锈钢制成的电热元件来产生热空气，通过焊嘴喷到塑料及焊条上，二者熔化焊接到一起的方法。常使用焊条的直径是5mm。所需空气可由空气压缩机供给，千万不能使用氧气或其他可燃气体。热空气焊枪的配件及结构如图6-4-5所示。

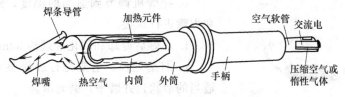

图6-4-5　热空气焊枪的配件和结构

② 热空气塑料焊接基本方法　塑料焊接时，材料在热量和压力下熔融在一起，操作时要用一只手向焊条施加压力，另一只手同时用焊枪把焊条和基体材料加热，并保持锯齿跳动来进行焊接。要得到良好的焊接效果，在焊接过程中必须保持加压、加热稳定，速度稳定。如果对焊条施加压力过大，会使焊缝扩大而变形；热量过多会使塑料件烧焦、熔化或扭曲变形。如图 6-4-6 所示。

热空气塑料焊接，可以通过使用快速焊嘴来实现快速焊接，而且可以单手来操作。快速焊接是利用快速接头的加压掌来对焊条施加压力，既方便又能同时把焊条压平；利用预热管和预热喷嘴加热，使得热量非常均匀，如图 6-4-7 所示。所以快速焊接的优点是快速高效，高质量。但它在焊接过程中要注意调节焊枪的角度，才能保持稳定的快速动作。如图 6-4-8 所示。

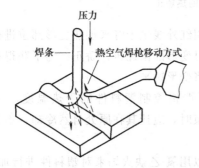

图 6-4-6　热空气塑料焊接的基本要求

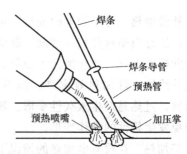

图 6-4-7　快速焊接

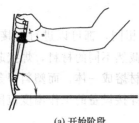

(a) 开始阶段

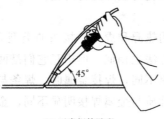

(b) 正常焊接阶段

(c) 结束阶段

图 6-4-8　快速焊接各阶段的焊枪角度

③ 热空气塑料焊接基本步骤
a. 用清洁剂清洗零件。
b. 在损坏部位处开 V 形坡口。
c. 再清洁，除尘、除油、除污等。
d. 把断裂位置进行定位焊，或用铝制车身胶带粘好。
e. 把焊机调节到适当的温度，选择合适的焊条和焊嘴进行焊接。
f. 焊好后冷却和硬化处理约 30min。
g. 打磨处理，主要是打磨修整焊缝，使之达到适当的形状，并磨平，磨光滑。

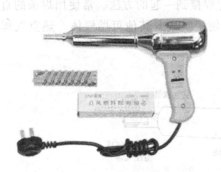

图 6-4-9　无空气塑料焊接工具

(2) 无空气塑料焊接　无空气塑料焊接方法，是指在没有外部空气源的情况下使用电加热元件熔化塑料件和焊条，然后使它们能连接在一起的方法。无空气焊接，操作简单，通用性强，费用低，而且可消除塑料件过热变形和焊缝过大的问题，已经广泛应用在汽车塑料件的维修中。通常使用直径 3mm 的焊条，在选用时，除了应考虑尺寸外，还要考虑材质的匹配，使用时必须要保证所选焊条材料与焊件材料一样才能进行焊接。如图 6-4-9 所示。

① 无空气塑料焊接的坡口种类　无空气塑料焊接的坡口，同其他焊接一样，一般有两个种类，即单面坡口和双面坡口，如图 6-4-10 所示。施焊时采用坡口形式取决于损伤的部位及程度。

　　a. 单面坡口　用于不从车辆上拆卸下来的塑料件的焊接，适用于薄而坚硬的塑料件的焊接，坡口深度一般为板厚的 75%。

　　b. 双面坡口　是空气塑料焊接中优先选用的坡口形式，需要在塑料件的两面制作坡口，一般需要把塑料件拆下来才能操作。

(a) 单面坡口　　　　(b) 双面坡口

图 6-4-10　坡口种类

② 单面焊接和双面焊接

　　a. 单面焊接　相对应单面坡口的焊接。

　　b. 双面焊接　是一种高强度的焊接方法，在需要焊接强度较高的场合，应该采用双面焊接，相对应双面坡口，在焊接时必须注意以下三点：表面要清理干净、焊接时焊件背面要加支承、应使用助粘剂。

③ 塑料焊接的定位焊方法　在进行定位焊时，必须将接口对准。对于较长的断口，可以先将断口对准，用焊点较小的定位焊固定好后再正式焊接，如图 6-4-11 所示。

如果损坏的面积较大，可用一块塑料板来搭焊定位。在进行定位焊时不需用焊条，其步骤如下：

　　a. 用夹紧工具或铝质车身胶带对焊口进行定位固定。

　　b. 用定位焊嘴在断口底部将两侧熔化形成定位焊点。

　　c. 用定位焊嘴沿着焊口进行定位焊，注意焊嘴要压紧，确保其接触到焊口的两边，而且要匀速地移动。

　　d. 用焊嘴头在断口底部将两板同时熔化很小的一条边，熔化后两板就可以焊接到一起了，注意断口在整个长度上都要熔化成很小的焊缝。

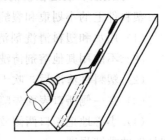

图 6-4-11　定位焊

④ 无空气塑料焊接技术分类　根据焊接中焊嘴的移动方式，可将无空气塑料焊接技术分为两种，即熔流法和压粘法。

　　a. 熔流法　熔流法焊接是无空气塑料焊接中最常用的技术，既可用于单面坡口，也可用于双面坡口。

　　b. 压粘法　压粘法指在用熔流法焊完之后，取出焊条，然后将加压掌翻过来，将其尖部慢慢压入焊缝，使焊条与母材粘结在一起的方法。整个焊段长度上都要压粘，压粘后用加压掌的平面部分修平焊缝。压粘法主要用于如丙烯腈-丁二烯-苯乙烯共聚物和尼龙等硬质塑料的焊接，它能保证焊件与焊条充分地熔合在一起，另外也可用于热塑性聚氨酯之类的塑料的焊接。

（3）超声波塑料焊接　超声波塑料焊接是指在不熔化基底材料的情况下，不需加热，也不用溶剂或黏结剂，利用高频振荡能量使塑料结合在一起的方法。它是汽车厂组装汽车零件的一种先进技术，焊接强度高、表面非常光滑，但它也适合于汽车维修工作。汽车维修用常用的超声波塑料焊接设备是手持式焊机，使用十分灵活，对于大零件和位置难以靠近的部位都同样地方便使用。如图 6-4-12 所示。

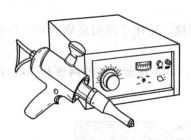

图 6-4-12　超声波塑料焊机

三、塑料件维修的安全事项

对塑料件进行维修时，因为塑料中的树脂、加强剂和其他成分挥发的气体对人的身体是十分有害的，可以伤及人的皮肤和内部器官，必须时刻注意。

（1）在切割、打磨或研磨塑料件时，必须佩戴好个人防护用品，比如工作服、护目镜、防尘防毒口罩、工作手套等。

（2）在调节和使用黏结剂、玻璃纤维树脂等黏结胶时，要认真阅读产品使用说明书，使用专用手套、戴上防毒口罩、护目镜等。

（3）当树脂或硬化剂接触到皮肤时，要用砂皂和热水或酒精进行清洗。

（4）保证工作环境通风良好。

任务实施

一、黏结法应用

1. 小划痕和裂缝损伤的维修

塑料件上的小划痕和裂缝损伤，可以用黏结剂来维修，具体方法如下：

（1）用水和塑料清洗剂清洗干净维修部位，保证接合表面无蜡、灰尘、油脂或其他物料。注意不能用其他溶剂清洗，否则可能会伤及塑料件。

（2）塑料件清洗后，吹干并预热到 20℃。

（3）在一侧断口表面先喷上助粘剂，然后再涂黏结剂。

（4）小心地把断口两侧放到原来位置，对接好后紧紧把它们压在一起，几分钟后即可达到足够的黏结强度。

（5）按标签上的说明书和注意事项，固化 3～12h，即可达到最高的强度。

（6）如果零件表面原来的漆层没有被破坏，而且在维修中准确地对好了位置，黏结好后可能不用喷漆，但如果需要喷漆，必须按照涂料使用说明书操作。

2. 深度划伤、撕裂和孔洞损伤的维修方法

用双组分环氧树脂黏结剂，黏结汽车聚烯烃塑料后翼子板的撕裂和孔洞维修过程如下：

（1）分析损伤情况，选择维修方案，如图 6-4-13 所示。

（2）用塑料清洗液清洗待维修范围，擦干或吹干。

（3）用低速砂轮机上装 75mm 的 36 号砂轮片制作 V 形坡口，在损坏部位周围磨出单面坡口，宽约 40mm；用电钻在撕裂处钻裂纹终止孔，如图 6-4-14 所示。

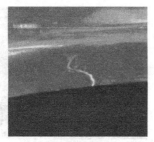 

(a) 撕裂裂纹　　　　　　　(b) 刺穿孔洞

图 6-4-13　分析损伤情况

图 6-4-14　磨出坡口和钻裂纹终止孔

（4）用 180 号砂纸，打磨掉坡口附近的油漆，并清除粉末。用塑料清洗液清洗背面，吹干后涂一层助粘剂，并在正面涂一次黏结剂。如图 6-4-15 所示。

 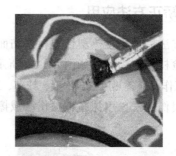

图 6-4-15　清洁和涂黏结剂

（5）取等量的柔性环氧树脂黏结剂的两个组分，并加适当硬化剂，均匀混合到颜色一致，再用塑料毛刷把这个材料涂在玻璃纤维布上。如图 6-4-16 所示。

图 6-4-16　调配黏结剂并涂在玻璃纤维布上

（6）将饱含环氧树脂的玻璃纤维布贴到背面和正面，再把另外的黏结剂充填进布的织网里。如图 6-4-17 所示。

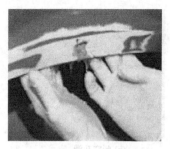 

图 6-4-17 把充满黏结剂的玻璃纤维布粘到修补处

(7) 在坡口内充填黏结剂，并按说明书要求进行固化。

(8) 先用 80 号砂纸，再用 180 号砂纸，最后用 240 号砂纸打磨维修部位。如图 6-4-18 所示。

图 6-4-18 打磨维修部位

二、加热矫正方法应用

加热矫正方法，适用于热塑性塑料损伤面积较大，且没有断裂，也没有被折裂和刺穿的情况，以前保险杠损伤为例，如图 6-4-19 所示。

(1) 准备工作。准备热风机、木棍、抹布、工作手套、修补漆等工具和用品；至少两人合作。

(2) 清洁损伤位置。用抹布把损伤区域擦干净。如图 6-4-20 所示。

图 6-4-19 损伤位置　　　图 6-4-20 清洁损伤位置

(3) 用热风机对损伤位置加热，并用手感觉加热程度。注意不停移动热风机，使加热均匀。如图 6-4-21 所示。

(4) 在加热到损伤区域即将变软时，合作者用手从保险杠里面用力往外推，使大面积变形变小。注意，手必须穿戴手套，以免被灼伤；手推不到时，可利用木棍。如图 6-4-22 所示。

(5) 在大面积变形有所恢复时，对变形区域的凸起位置重点加热。因凸起位置应力较大，最好增加一个热风机。如图 6-4-23 所示。

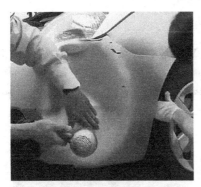
图 6-4-21 对损伤位置加热

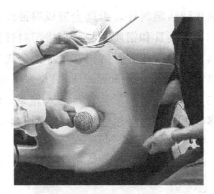
图 6-4-22 边加热边矫正

（6）合作者伸手到保险杠里，主要在加热位置附近往外推保险杠。如图 6-4-24 所示。

图 6-4-23 加热应力较大位置

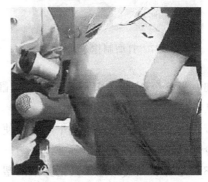
图 6-4-24 继续矫正

（7）在形状恢复后，对保险杠上的小擦痕用修补漆进行修复。如图 6-4-25 所示。
（8）经过打磨、抛光、上蜡后，保险杠得以修复。如图 6-4-26 所示。

图 6-4-25 修复小擦痕

图 6-4-26 修复效果

三、焊接法应用

以无空气塑料单面焊接为例。

当塑料件不能从车上拆下时，只能采用单面焊接，其焊接过程如下：
（1）根据所焊的塑料类型、厚度等调整好焊机的焊接温度，然后预热至适当的温度。
（2）先用肥皂水清洗，然后再用塑料清洗液清洗焊接部位，并擦干吹干，记住不能用其他溶剂来清洁塑料件，否则会造成腐蚀性损伤。

（3）用夹具和铝质车身胶带将塑料件固定定位。

（4）利用砂轮和打磨机在损坏部分周围打磨制作 V 形坡口，坡口深度应为板厚的 75%，坡口单侧宽度不小于 6mm。如图 6-4-27 所示。

（5）清理焊枪的预热管，插入焊条，将加压掌压到 V 形坡口上，并压入焊条，始焊后缓慢移动焊枪，确保熔化良好。如图 6-4-28 所示。

图 6-4-27　打磨制作 V 形坡口

图 6-4-28　焊接

（6）当整个 V 形坡口都被充满后，翻转加压掌，使用压粘技术在整个长度上使焊条与母材良好地熔合在一起。

（7）用加压掌平面再次修平焊缝，使之能尽可能地熔合，并得到平整的焊缝形状，然后用水冷却焊缝。如图 6-4-29 所示。

（8）先用小刀或其他工具把多余的塑料去除，然后用砂轮机打磨焊接的区域。如图 6-4-30 所示。

（9）用细砂轮和砂纸精磨焊缝凸起表面，使之与焊件表面平滑过渡。如图 6-4-31 所示。

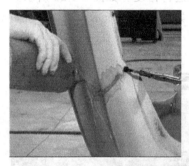
图 6-4-29　用水冷却

图 6-4-30　打磨焊接区域

图 6-4-31　精磨

拓展知识

其他塑料维修方法

一、保险杠修复套装修复

以穿孔损伤修复为例。保险杠修复套装如图 6-4-32 所示。

1. 工作准备

准备保险杠修复套装（包括电烙铁焊枪、单动打磨机、气动钻、剪刀、钢丝刷等）、双动打磨机、刮刀、砂纸、吹气枪工具设备；准备塑料焊条、不锈钢丝网、原子灰、砂纸、除油剂、抹布等材料。穿戴手套、口罩等劳保用品。

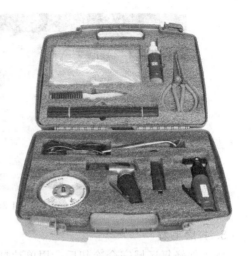

图 6-4-32 保险杠修复套装

2. 打磨

按照损伤情况适当打磨，把修复区域的漆面处理干净。如图 6-4-33 所示。

图 6-4-33 打磨

3. 剪切不锈钢丝网

按照损伤区域大小剪切不锈钢丝网，注意要比损伤孔适当大一些。如图 6-4-34 所示。

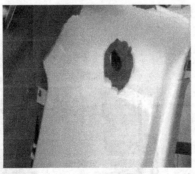
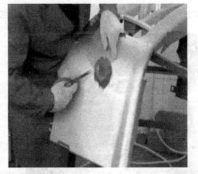

图 6-4-34 剪切不锈钢丝网

4. 压嵌钢丝网

把钢丝网放置在损伤处，注意覆盖完整个损伤孔；施加适当压力，用已经加热稳定的专用修复电烙铁把不锈钢丝网压进保险杠塑料中。可用剪刀或者其他工具辅助，提高效率，也避免灼伤手。如图 6-4-35 所示。

图 6-4-35　压嵌钢丝网

5. 打磨毛刺

待工件修复区域完全冷却后，用单动打磨机把初步压嵌到塑料中的不锈钢丝网的毛刺打磨干净。注意在修复工作中可用气吹枪快速冷却工件。如图 6-4-36 所示。

图 6-4-36　打磨毛刺

6. 清洁

用气吹枪把打磨时产生的灰尘吹干净。如图 6-4-37 所示。

7. 除油

把除油剂喷洒在修复区域，然后用吹气枪快速干燥。如图 6-4-38 所示。

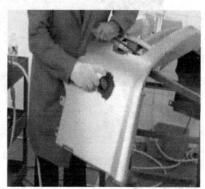

图 6-4-37　清洁　　　　　　　　　图 6-4-38　除油

8. 填平

（1）沿不锈钢丝网面，用烙铁把塑料焊条填平整个损伤孔正面，并且与相连接位置塑料铺平。如图 6-4-39 所示。

（2）沿不锈钢丝网面，用烙铁把塑料焊条填平整个损伤孔背面，并且与相连接位置塑料铺平。注意：不能使保险杠厚度变薄了；也可视情况，背面不进行填补。如图 6-4-40 所示。

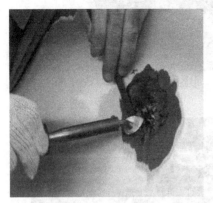

图 6-4-39　正面填平

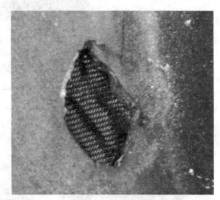

图 6-4-40　背面

9. 粗磨和精磨

先用单动打磨机粗磨，再用双动打磨机精磨。注意：按照粗磨、精磨的要求选择相应砂纸。如图 6-4-41 所示。

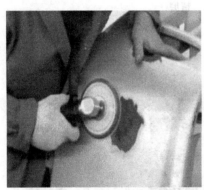

图 6-4-41　粗磨和精磨

10. 检查和进一步修复

经过精磨后，检查修复程度。如果出现不平、钢丝还有暴露现象，还要进一步修复。先用钢丝刷把烙铁压掌清理干净，再在已经打磨过的修复面上进行压实压平，直到无钢丝暴露现象。如图 6-4-42 所示。

11. 精磨

用双动打磨机进行精磨。注意，任何时候打磨都要等待修复区域完全冷却后才能进行，可用吹气枪快速冷却。如图 6-4-43 所示。

12. 再次除油

先用吹气枪吹干净打磨产生的灰尘，再在精磨位置喷洒除油剂，并用吹气枪加速干燥。如图 6-4-44 所示。

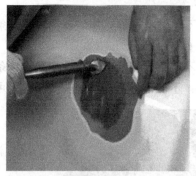

图 6-4-42　检查并进一步修复

图 6-4-43　精磨

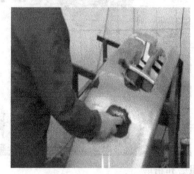
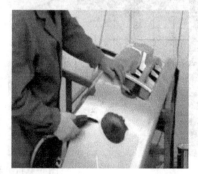

图 6-4-44　再次除油

13. 刮原子灰

按照比例调配原子灰，并涂抹在保险杠修复位置，如图 6-4-45 所示。修复结束。

二、多功能塑料补钉机修复

多功能塑料补钉机修复，如图 6-4-46 所示。

（1）清洁工件。将需要修复的工件清洁干净，特别是修复部位不能有油污。

（2）种钉。根据损伤情况，在塑料件损伤部位种植相应钢钉。如图 6-4-47 所示。

（3）断钉。用钳子把钢钉钉尾折断。如图 6-4-48 所示。

（4）抹平。用热塑抹刀把种钉位置正面塑料抹平。如图 6-4-49 所示。

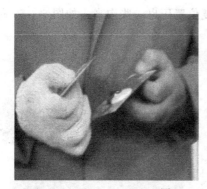

图 6-4-45　刮原子灰

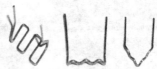

图 6-4-46　多功能塑料补钉机及各种钢钉

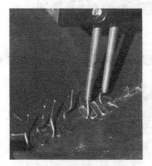

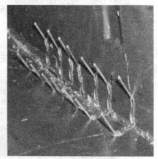

(a) 种植回纹形钉　　　　(b) 种植平钉　　　　(c) 种植直角钉

图 6-4-47　种钉

图 6-4-48　断钉

（5）预置焊道。用热塑抹刀的"钩"把修复位置压出一些沟来。如图6-4-50所示。

 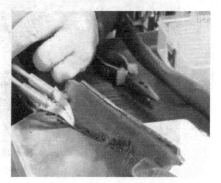

图6-4-49 抹平　　　　　　　　　图6-4-50 预置焊道

（6）焊接。用塑料焊条把预置焊道填满。如图6-4-51所示。

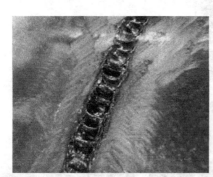 

图6-4-51 对预置焊道焊接

（7）操作结束。经种钉、焊接后，塑料件损伤位置得到很好的修复，如图6-4-52所示。

 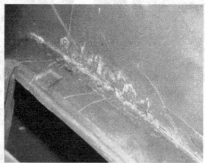

图6-4-52 修复效果

 思考练习

1. 如何区分塑料类型？
2. 塑料修复方法有哪些？
3. 塑料修复要注意哪些安全事项？
4. 简述热空气塑料焊接基本步骤。

5. 简述无空气塑料焊接基本步骤。
6. 简述保险杠修复套装修复保险杠基本步骤。

任务 5　车身钣金件的制作

教学目标

1. 了解车身钣件制作的基本知识和制作方法。
2. 能仿造车身维修用的简单车身钣件。

任务引入

汽车钣金维修过程中，有时为了降低维修成本、不用等待换件和提高工作效率，能对一些简单的钣金件或者钣金件的某部分进行动手制作是很有必要的。

任务分析

车身钣金件的制作主要是对车身钣件制作的基本知识作介绍，并通过实例说明制作的可行性。

相关知识

一、钣金件展开与展开图的画法

1. 展开图与放样

在汽车钣金件制造中，将构件的立体表面按实际形状和尺寸依次展开在一个平面的过程称之为展开。展开在一个平面上所得到的平面图形称为展开图。如图 6-5-1 所示。能全部平整地摊平在一个平面上，而不发生撕裂或者折叠的表面称为可展表面，如柱面、锥面等；不能自然平整地展开在一个平面上的表面称为不可展表面，如球面、抛物面、直纹锥状面和圆环面等。

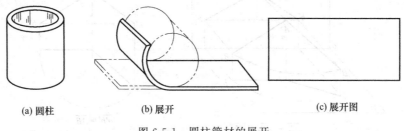

(a) 圆柱　　　　(b) 展开　　　　(c) 展开图

图 6-5-1　圆柱管材的展开

2. 展开图的作用

把展开图画到施工板料或纸板上的过程叫放样，利用放样对材料进行切割下料，再通过弯曲、拱曲、制筋、卷边、冲压、焊接（或铆接）等成型工艺就可以制作出所需要的钣金件。

3. 求一般位置线段实长的方法

能否对钣金件制作成功，最关键就是画展开图了，展开图的各边线与构成实物的轮廓线尺寸必须一致，即展开图与实物相应的尺寸是 1∶1 的比例。画展开图一般是没有实物提供，而是根据平面设计图进行的，所以操作时关键是要从平面设计图中找到画展开图需要的所有线条的实际长度。

根据正投影的原理，只有当立体表面的轮廓线（素线）与投影面平行时，它们的投影才能等于实际长度，这类线条在画展开图时按实际长度直接量取即可；而某些轮廓线因投影时与投影面倾斜产生投影与实际长度不相等的情况，我们把类似这种位置的直线轮廓线线段称为一般位置线段，在画展开图时必须首先求出它们的实际长度。求一般位置线段实长的常用方法有直角三角形法、旋转法等。

（1）直角三角形法　直角三角形法，就是过空间的直线段作一个直角三角形，使这个直角三角形的两个直角边分别平行两个投影面，那么这两个直角边在这两个投影面上的投影就是它们在空间上的实际长度。反之，如果知道某个直线段为斜边的空间直角三角形的两个直角边在两个平行投影面上的投影长度，就可以通过连接对角线求得它在空间的实际长度。如图 6-5-2 所示。

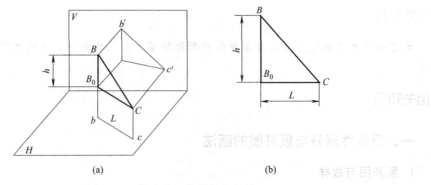

图 6-5-2　用直角三角形法求实长

（2）旋转法　旋转法是把一般位置直线段旋转为投影面平行线，按照新的投影，直线在与其平行的投影面上的投影反映它的实长，以求得直线段的实长。如图 6-5-3 所示。

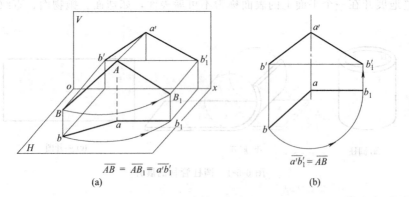

图 6-5-3　旋转法求实长

4. 展开图的画法

（1）平行线展开法　平行线展开法的原理是，在立体上相互平行的各个母线（素线），展开以后还是相互平行的。与轴线平行的直母线旋转所形成的立体表面都可以用这方法展开，比如圆柱体、棱柱体等。

1) 斜口直立圆柱面的展开　已知斜口直立圆柱面的主、俯视图，各尺寸为直径 D、高度 H 和截面倾角 β，作展开图的步骤如下：

① 在水平投影上将圆柱面下口十二等分（对称图形，等分半个圆周即可）。

② 在圆柱面主视图上的圆柱面下口投影线在水平方向延长，用圆周等分长度截取 12 段，并垂直向上画素线。也可以利用底圆直径，求出其圆周长（πD）来等分，结果更加准确。

③ 在圆柱面主视图上素线高度位置向右作水平线，与展开图的素线对应相交，用光滑曲线连接各个交点即得所需展开图。如图 6-5-4 所示。

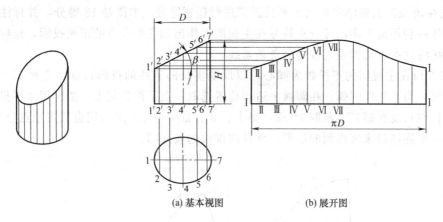

图 6-5-4　斜口直立圆柱面的展开

2) 斜口四棱柱面的展开　画斜口直立四棱柱面构件的三视图及展开图，如图 6-5-5 所示。

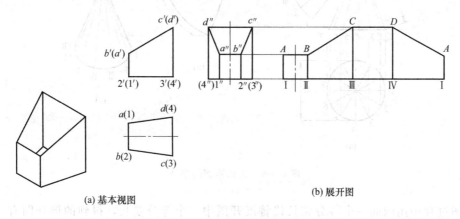

图 6-5-5　斜口直立四棱柱面构件的展开

① 根据俯视图，把四个侧面在俯视图的投影画在左视图底面线的延长线上，并作出四个棱边的符号。

② 在四个棱边符号位置沿垂直方向向上画出棱边素线。

③ 在左视图上棱边高度位置向右边展开图方向画水平线，与棱边素线相交，用光滑直线接连各个交点，就得出展开图；或者在左视图上量取棱边高度，然后在展开图位置相应素线上直接截取高度也行。

(2) 放射线展开法 所有锥体的表面，如圆锥体、棱锥体都是由汇交于顶点的直素线构成。锥体表面的棱线（素线）在展开前汇交于锥顶，展开后仍相交于一点，成放射线状，所以这种展开方法称放射线展开法。

放射线展开法的原理是：可以把锥体表面上任意相邻的两条棱线及其所夹的底边线，看成是一个近似的平面三角形。当各小三角形的底边足够短的时候，则各小三角形面积的和就等于原来形体表面积。若把所有的小三角形依次铺开成一平面，原来的形体表面也就被展开了。

1) 正圆锥面的展开 根据正圆锥面的主、俯视图，作展开图，如图 6-5-6 所示。其作展开图步骤如下：

① 先在俯视图上将圆锥底面水平投影圆进行任意等分，本图是 12 等分，并标注上等分点符号，然后利用俯视图的等分点符号在主视图上作出相应等分点的正面投影，也标注上符号，用直线将这些点与锥顶连接得到各条素线。

② 以锥顶在主视图的正投影为圆心，以反映实长的素线的投影长度（主视图上最左或最右的素线）为半径画圆弧，在圆弧上适当位置选取一点Ⅰ作为起点，依次用水平投影上一个等分弦长的长度在圆弧上截取 12 段，得Ⅰ、Ⅱ、Ⅲ……点，最后用直线将顶点分别和Ⅰ、Ⅱ、Ⅲ……点连接起来所得到的扇形，就是圆锥面的展开图。

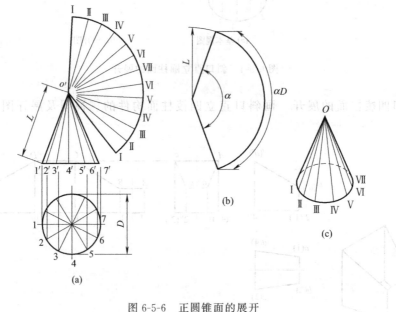

图 6-5-6 正圆锥面的展开

作图过程中用圆周一个等分弦长代替展开图中一个等分弦长，得到的展开图有一定误差。等分数越多，精度就越高。也可利用圆锥面投影和展开图间的关系计算出扇形的中心角 α，然后作图，这样就可以将误差消除。

2) 正四棱锥面的展开 已知四棱锥面的立体图和主视图、俯视图，作展开图，如图 6-5-7所示。其具体作图步骤如下：

① 分析此正四棱锥面，利用主视图求出锥顶，先求全棱锥展开图，再减去小棱锥面即可。

② 用旋转法求棱线的实长，并确定截去小棱锥面的位置在实长线上的位置。以锥顶为

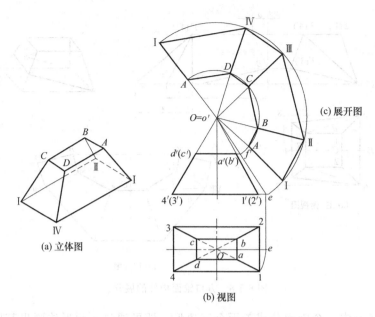

图 6-5-7 正四棱锥面的展开

圆心，求出的棱线实长为半径画圆弧。

③ 选择适当位置Ⅰ作为展开图的起始线，从Ⅰ开始依次量取俯视图上棱锥底面的四个投影线段，并把它们画在以棱线实长为半径画的圆弧上，与圆弧交点分别为Ⅰ、Ⅱ、Ⅲ、Ⅳ、Ⅰ。

④ 从棱锥顶点分别连线到Ⅰ、Ⅱ、Ⅲ、Ⅳ、Ⅰ各点，得到全棱锥面的实形展开图。

⑤ 以锥顶为圆心，从锥顶到②步骤求出的在棱线实长线上截去小棱锥面的位置距离为半径，画圆弧与各个棱线相交，再依次用直线连接相邻的两点，便得此四棱锥面的展开图。

(3) 三角形展开法　如果钣金件的形体表面是由平面、柱面和锥面的全体或部分等曲面组合而成，用平行线法或放射线法作展开图比较麻烦，而采用三角形法则简便易行。

三角形法展开是将零件的表面分成一组或很多组三角形，然后求出各组三角形每边的实长，并把它的实形依次画在平面上，即可得到展开图。用三角形法展开时，必须根据零件的形状特征来划分三角形，这与放射线法中将锥体表面围绕锥顶分成若干个三角形来展开是有区别的。

1) 方口锥面构件的展开　已知方口锥面构件的主视图和俯视图，利用三角形展开法作其展开图。如图 6-5-8 所示，方法如下：

① 将前、后四边形对角线相连，分别划分为 2 个三角形。

② 用直角三角形法求出平面各边的实长。

③ 利用求出的棱线及对角线的实长和上、下口的实长依次相邻地连接出各个平面图形。可以先作出半个展开图，再根据对称性快速作出另一半，完成整个展开图。

2) "天圆地方" 构件的展开　已知 "天圆地方" 构件的基本视图，作其展开图。

"天圆地方" 构件表面是个典型的平面与曲面组合的立体，上端口为圆形，下端口为方形；侧面是 4 个相同的三角形平面和 4 个相同的部分锥面形状表面。从它的主、俯视图可以看出，该构件上口和下口都是水平面，水平投影反映实际形状，相应直线段的投影就是其实

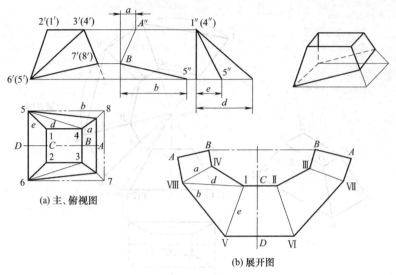

图 6-5-8 方口锥面构件的展开

际长度。只要将其中一个锥面分成若干个三角形,即可通过三角形法画出其展开图。如图 6-5-9 所示。

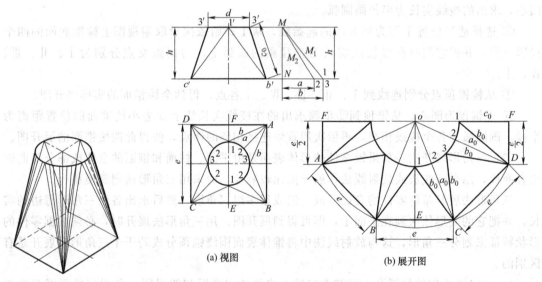

图 6-5-9 "天圆地方"构件的展开

作图步骤如下:

① 将俯视图中的 1/4 圆周等分三等分,得等分点 1、2、3,再连接 A 与各等分点,得出各素线投影长 a、b。

② 用直角三角形法求出相应线段实长。作主视图中 $3'3'$、$c'b'$ 的延长线的垂线 MN,再由 N 点向右截取线段分别等于俯视图中 a、b 的长度。然后将 M 与各截点连线,则 $M2$、$M1(M3)$,分别为实长线。

③ 以 $e/2$ 及 C_0 长为直角边,在适当位置作直角三角形 $1FD$。再分别以 1、D 为圆心,俯视图等分弦长及实线长 $M2$ 作出三角形 $12D$。同样方法作出 $23D$、$3CD$、$32C$、$21C$、

1EC。连接 1F、FD、DC、CE 直线以及 12321 曲线，便画出展开图右边的一半。展开图左右对称，用对称性可快速作出另一半。

二、钣金手工成形操作技能

在一定力的作用下，金属材料会产生塑性变形而不被破坏，利用金属材料的这一特点，可将金属板材加工制作成为我们所需要形状的车身钣金件。这一制作过程称为钣金成形技术，主要包括：弯曲、拱曲、咬缝、制筋、放边、收边、卷边、拔缘等技术。

1. 弯曲

车身钣金件的弯曲形状多种多样，但主要分为角形弯曲和弧形弯曲两种基本形式，其成形技术的关键主要是划好正确的曲线和弯折时的位置直线，即弯曲线，操作时确保弯曲角度的准确性。

（1）角形弯曲

角形弯曲是指将金属板料按设定的角度进行平面的折弯。需要弯角的棱线比较清晰时，可以在弯曲大致完成后，用平锤沿折边轻轻敲击校直；如槽底的凹凸和弯边呈波浪形等，可用样锤将槽底修平并将棱线校直，最后用平锤修整弯边的波形。弯折"U"形件如图 6-5-10 所示。

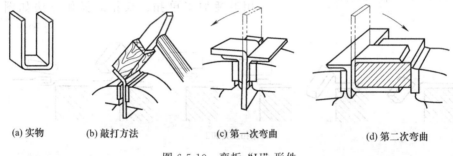

(a) 实物　　(b) 敲打方法　　(c) 第一次弯曲　　(d) 第二次弯曲

图 6-5-10　弯折"U"形件

对车身钣金件，在车身维修中常用专用弯边器（或称弯边钳）来弯边成形，要比用一般工具更加快捷、整齐。如图 6-5-11 所示。

（2）弧形弯曲

弧形弯曲，是指将板料按设定的要求弯曲成圆弧或圆筒形状，如图 6-5-12 所示。圆柱面的弯曲步骤如下：

① 在板料上划出与弯曲轴线平行的等分线，作为弯曲时的基准。

② 在槽钢或台虎钳上一边转动，一边敲击弯曲。

③ 在铁砧上进行合拢。

④ 在圆钢上校圆。

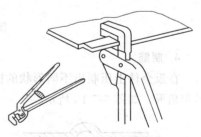

图 6-5-11　用弯边器弯曲

2. 拱曲

利用对板料的"边收中放"，使之成为所需形状（如半球形、碟形等）的工艺叫拱曲，有冷做法和热做法之分。车身维修接触的是冷拱曲。冷拱曲指使板料的起皱向里收，将中间打薄向外延展，如此交替反复渐变形，在不使板料被撕裂的前提下，成形为所需的拱形件。

拱曲工艺常需要模具来配合，比如半球形拱形件，需要球形顶杆模具来配合钣金锤工

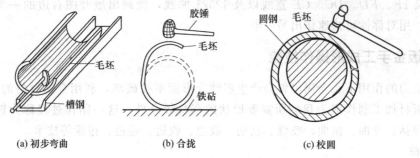

图 6-5-12 圆柱面的弯曲

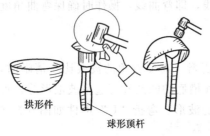

图 6-5-13 半球形拱曲

作。如图 6-5-13 所示。

3. 咬缝

咬缝是将两块板料分别制成榫形并扣合在一起的方法，也叫咬接、咬口。许多车身钣件都是采取咬缝并附加点焊的方式连接。咬缝的种类很多，从结构上可分为单扣、双扣和复合扣，车身钣件上主要是单扣，比如车门、发动机罩等。

用手锤加工单扣、双扣的操作方法如图 6-5-14 所示。

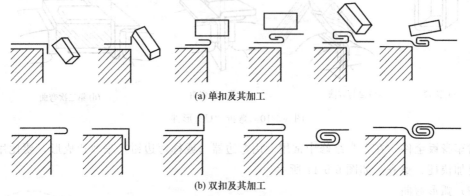

图 6-5-14 单扣双扣的加工

4. 制筋

在钣金件上压制出不同形状的棱线和加强筋的工艺叫制筋。筋的横截面形状一般为圆弧形和角形，如图 6-5-15 所示。

图 6-5-15 筋的横截面形状

手工制筋的方法主要有扁冲制筋和模具冲制两种，如图 6-5-16 所示。用扁冲制筋是最简单的一种方法，主要用来制细而浅的筋，模具冲制用于冲制较深的筋条。扁冲制筋步骤如下：

首先画出制筋的标记线，然后在工作台上铺一块橡胶板并将板料放好，用扁冲沿标记线敲出棱线；全部敲冲一遍后，再由一端开始冲第二遍，直至达到符合要求的深度为止；最后拿到平台上进行校准，主要是再轻轻敲冲一遍，以使筋能形成清晰、整齐的线条。

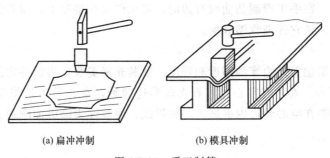

图 6-5-16 手工制筋

5. 放边

放边就是通过伸展金属板料某一边或某一部分，而使之外弯成形的工艺。放边工艺有打薄放边、拉薄放边、型胎放边等，打薄放边效果显著，但表面粗糙，厚薄不匀；拉薄放边表面光滑、厚度均匀，但容易拉裂；型胎放边，应用很少。如图 6-5-17 所示。

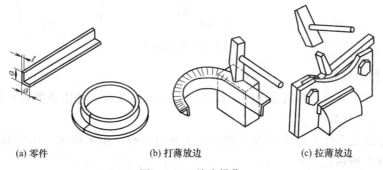

图 6-5-17 放边操作

6. 收边

收边是通过使工件起皱，再把起皱处在防止伸展复原的情况下敲平，而使工件皱折消除、长度缩短、厚度增大而内弯成形的一种方法。收边分起皱钳收边、起皱模收边和搂边收边三种形式。如图 6-5-18 所示。

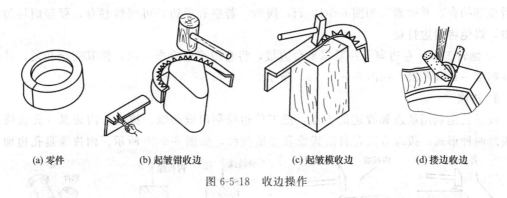

图 6-5-18 收边操作

（1）起皱钳收边　用起皱钳将收边部位起皱，皱纹尽可能细密，并使工件形成比要求更小的弯曲半径，或者用剪刀把收边剪出三角起皱，然后用木锤将皱打平。

（2）起皱模收边　对材料较厚的工件，可用硬木制成起皱模，将工件置于模上，用斩锤斩出皱纹，并在铁砧上予以消除。

（3）搂弯收边　在手工弯制凸曲线弯边时，将工件夹在型胎上，用垫铁顶住工件，再用木锤敲打顶住部位，使它逐渐收缩靠胎。

7. 卷边

卷边是指为了增加零件边缘的刚度和强度，使其光滑美观，将钣件边缘卷起来的一种工艺。如图 6-5-19 所示。卷边有空心卷边和夹丝卷边两种，空心卷边是将零件的边缘包卷成圆管状；夹丝卷边是在空心卷边内夹嵌进一根铁线，使零件边缘更加刚强。铁线的直径常为板料厚度的 3 倍以上。

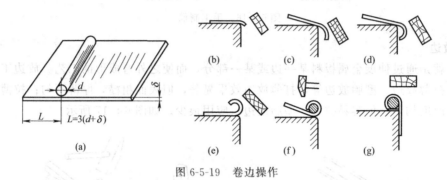

图 6-5-19　卷边操作

卷边的操作步骤如下：

① 计算出加工余量，划出卷边线，如图 6-5-19（a）所示。卷边余量 L 一般按铁线直径与板厚之和的 3 倍计算。

② 将工件放在平台上，使卷边余量的 1/3 伸出平台，用木锤或方木将伸出部分敲弯，如图 6-5-19（b）所示。

③ 将工件向平台外移动，使卷边线（L 线）对准平台边棱，继续敲弯，如图 6-5-19（c）所示。

④ 小心敲打，弯圆，直至边缘靠到平台。如图 6-5-19（d）所示。

⑤ 翻转工件使弯边朝上，轻而均匀地敲击，使卷边逐渐向里弯卷，如图 6-5-19（e）所示。若要夹丝卷边，可嵌入铁线，轻轻敲合，为防止铁线弹出，可先间隔地包卷上几小段，然后全部扣合，并敲紧，如图 6-5-19（f）所示。若空心卷边，可继续卷合，要轻而均匀地敲击，以免将卷边打扁。

⑥ 翻转工件，卷边向下并紧靠平台边棱，将卷边普遍敲击一次，使其完全扣紧，并使包卷粗细一致和平滑，如图 6-5-19（g）所示。

8. 拔缘

拔缘就是利用放边和收边的方法，把工件边缘翻出成凸缘。拔缘分内拔缘（孔拔缘）、外拔缘两种形式。拔缘方法有自由拔缘和型胎拔缘，如图 6-5-20 所示。内拔缘是孔边加工

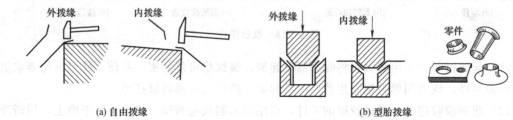

图 6-5-20　拔缘

出凸缘，目的在于减轻质量，增加刚性，通过性好，美观光滑，如大客车的框板、肋骨等零件的铁板上常有拔缘孔；外拔缘主要起增加刚性的作用，对于没有配合关系的外边缘部位，常采用外拔缘。

任务实施

利用汽车钣金维修车间或工位上的车身，模仿制作门槛，门槛结构如图 6-5-21 所示。制作长度 280mm，电阻点焊焊点间隔为 20mm、距离两端为 20mm。

图 6-5-21 车身门槛结构

一、工作准备

准备手工制作工具，如划针、钣金锤、锉刀、钢直尺、铅笔、记录纸张等；准备厚度 1mm 的低碳钢板；穿戴好工作手套、耳罩等劳保用品。

二、门槛制作步骤

1. 测量

用钢直尺从车身上测量门槛每个弯角处钣件表面宽度尺寸，并做好记录。

2. 画展开图和放样

在钢板某个角线上，根据测量结果，利用平行线法画门槛内板和外板的展开图，注意每个弯角处钣件表面宽度尺寸以实际测量为准。如图 6-5-22 所示，图中仅为参考尺寸。

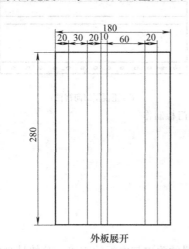 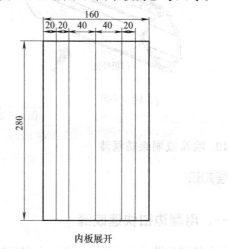

外板展开　　　内板展开

图 6-5-22 内、外门板展开图

3. 下料

按展开图的轮廓线，用剪板机剪切内板料 280×160，外板料 280×180。注意切割时留下轮廓线，否则尺寸可能变小；用锉刀把板料上毛刺去掉。也可用等离子切割机切割下料。

4. 弯曲内板

依次弯曲内板的各个折边。用扁冲在弯折处先冲出一直线，这样可让弯曲准确些。但扁冲造线时一定要注意钣金锤的打击力度。内板最后成形如图 6-5-23 所示。

5. 弯曲外板

依次弯曲外板的各个折边。也是用扁冲在弯折处先冲出一直线，让弯曲准确成形。外板最后成形如图 6-5-24 所示。

6. 清洁

对制作完成的内板、外板进行除锈、除尘、除油等。

7. 涂导电漆

在内、外板电阻点焊位置内侧均匀涂上导电漆。

8. 电阻点焊

严格按照操作要求进行焊接，如图 6-5-25 所示。

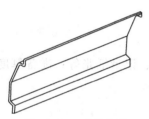
图 6-5-23 成形内板

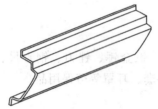
图 6-5-24 成形外板

图 6-5-25 电阻点焊

9. 制作完成

最后成品如图 6-5-26 所示。

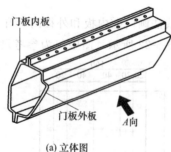
(a) 立体图

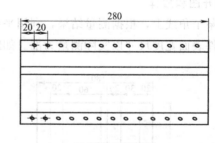
(b) 正视图(A向视图)

图 6-5-26 门槛制作

10. 喷涂或刷涂防锈漆

拓展知识

一、用翻边钳快速咬缝

用翻边钳帮助手工咬缝，可使车门或发动机罩的蒙皮与内板的咬接十分快捷地完成。先用手锤和包布的垫铁把长边弯折成 30°,然后再用翻边钳顶住端部,用力夹紧即可。如图 6-5-27 所示。

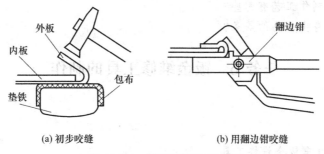

图 6-5-27 用翻边钳快速咬缝

在维修过程中要注意,咬缝操作时要先在钣件上涂敷防锈剂和点焊密封胶,最后还要以点焊方式将其焊牢。

二、车身筋条的维修

车身筋条的维修方法,如图 6-5-28 所示。具体方法如下:

1. 画出维修基准线

以车身原有筋条线为基准,把维修区域的线条补画出来,作为维修筋条的定位线。如果原有筋条线变形严重难以找到基准时,可通过对称原则测量定位画出。

2. 维修筋条

对于向内的形线,可选择平面垫铁并包上一层薄橡胶作为顶托和钣金锤进行初步维修;然后用钣金锤轻轻敲击宽度适中的扁口錾使棱线的线形清晰出来;对于向外凸起的筋条,选择有刃口形状的垫铁沿内侧紧紧贴于棱线上,并在外侧使用橡胶锤敲击垫铁刃口部位的蒙皮,使筋条得到定位并变得清晰。

3. 精修

当敲打筋条的走向和深浅符合要求后,用于维修棱线向内时的垫铁去掉上面的薄橡胶,维修棱线向外时的手锤改用平锤,沿棱线做一次精细的修整,就能得到更加清晰、漂亮的筋条。

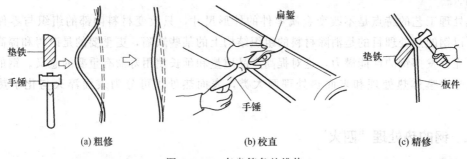

图 6-5-28 车身筋条的维修

 思考练习

1. 什么叫展开图?
2. 展开图有什么作用?

3. 画展开图常用方法有哪些？
4. 常见的手工制作工艺有哪些？
5. 如何修复车身上损伤的筋条？

任务 6　钣金维修工具的制作

教学目标

能制作简单的汽车钣金维修工具。

任务引入

汽车钣金维修，是一门技术含量很高的工作，哪怕是一些小小的凹坑维修也需要有精湛的技术，否则维修的结束就是损坏汽车的结果。有技术的同时，重要的还要有合适的工具，现在的微型钣金维修，即车身较小变形的维修，主要就依靠好的工具，但对于汽车车身钣件变形的维修，许多工具还要靠自己的发明制造才能满足维修的需要。

任务分析

钣金维修工具的制作主要是制作一些撬棍、錾子等工具，制作过程中除了要有较强的动手能力外，还需要掌握一定的机械识图、热处理知识。

相关知识

一、钢的热处理工艺

热处理就是将固态金属或合金采用适当的方式进行加热、保温和冷却以获得所需组织结构的工艺。不管是哪种热处理，都是分这三个阶段，不同的是加热温度、保温时间和冷却速度不同。

热处理工艺的特点是不改变金属零件的外形尺寸，只改变材料内部的组织与零件的性能。所以钢的热处理目的是消除材料的组织结构上的某些缺陷，更重要的是改善和提高钢的性能，充分发挥钢的性能潜力，这对提高产品质量和延长使用寿命有重要的意义。钢的热处理种类分为整体热处理和表面热处理两大类，表面热处理可分为表面淬火与化学热处理两类。

二、钢的热处理"四火"

1. 退火

退火就是将金属或合金的工件加热到适当温度（高于或低于临界温度，临界温度即使材料发生组织转变的温度），保持一定的时间，然后缓慢冷却（即随炉加热、保温、冷却或者埋入导热性较差的介质中）的热处理工艺。

钢退火的主要目的是为了细化组织，提高性能，降低硬度，以便于切削加工；消除内应力；提高韧性，稳定尺寸；使钢的组织与成分均匀化；也可为以后的热处理工艺作组织准备。

2. 正火

将钢件加热到临界温度以上 30～50℃，保温适当时间后，在静止的空气中冷却的热处理工艺称为正火。正火的主要目的是细化组织，改善钢的性能，获得接近平衡状态的组织。正火与退火工艺相比，其主要区别是正火的冷却速度稍快，所以正火热处理的生产周期短。

3. 淬火

将钢件加热到临界点以上某一温度（45 号钢淬火温度为 840～860℃，碳素工具钢的淬火温度为 760～780℃），保持一定的时间，然后以适当速度冷却以获得马氏体或贝氏体组织的热处理工艺称为淬火。淬火与退火、正火处理在工艺上的主要区别是冷却速度快。

4. 回火

钢件淬硬后，再加热到临界温度以下的某一温度，保温一定时间，然后冷却到室温的热处理工艺称为回火。淬火后的钢件一般不能直接使用，必须进行回火后才能使用。因为淬火钢的硬度高、脆性大，直接使用常发生脆断。通过回火可以消除或减少内应力、降低脆性，提高韧性；另一方面可以调整淬火钢的力学性能，达到钢的使用性能。

任务实施

一、撬棍的制作

撬棍在钣金维修中有很大的作用，也是微型钣金维修的主要工具，车身有些地方必须要撬棍才能维修，在微型钣金维修中，可以不伤及漆面。制作如图 6-6-1 所示的撬棍。

1. 材料准备

准备直径 12mm 圆钢。

2. 划线

根据所要维修的凹坑在车身上的位置和弯曲段、手柄的需要确定材料的总长度，再根据手柄、弯曲部分、直杆的长度，进行精确的划线。

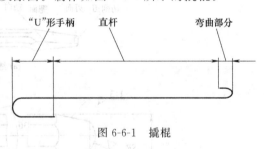

图 6-6-1 撬棍

3. 下料

用切割机按总长度进行下料。

4. 初步修磨

初步修磨的目的是为了在后面的加工中不被毛刺伤手，可用砂轮机磨或角磨机磨。主要是对切割下来的圆钢两端打磨。

5. 加工"U"形手柄

把圆钢夹在台虎钳上，按照划线准确进行加热和弯曲"U"形手柄。如图 6-6-2 所示。

6. 加工弯曲部分

把圆钢在台虎钳上，使加工弯曲部分放到适当位置，用氧-乙炔火焰加热，然后迅速用手锤进行敲打；但要注意方向，打弯方向与手柄"U"形要成一平面。完成第一个弯曲位置后，把工件拿起来，在端部弯曲的位置再进行加热，又放到台虎钳上进行敲打。敲打时注意力度，用力太大会把撬棍打变形的。最后对弯曲的头部进行认真细致的整形，使它形成一定的弧度。如图 6-6-3 所示。

图 6-6-2 加热加工 "U" 形手柄

图 6-6-3 加热加工弯曲部分

7. 热处理

对成形的撬棍进行热处理。主要对撬棍进行淬火和回火，使它硬而不脆，而且硬度稳定。

8. 修整

对成形的撬棍进行修整，先用角磨机打磨，再用细砂纸打磨。

二、扁冲（扁錾）的制作

扁冲（扁錾）是钣金维修中常用的工具，比如分离电阻点焊焊点，维修车身的筋条线等。

制作如图 6-6-4 所示的扁冲（扁錾），材料 45 钢，截面为 20×20。

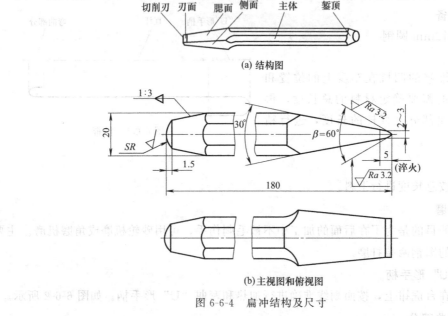

图 6-6-4 扁冲结构及尺寸

1. 下料

按图下料，长度 180mm。

2. 修整棱边

对棱边打磨，得到对称的八条棱边。

3. 划线

根据尺寸图，把錾顶线、30°夹角线等在材料上划出来。

4. 锻造

用砂轮机打磨錾顶和球面。用氧乙炔火焰加热腮面区域,到红透时,进行锤打成形,依据两腮面的夹角 30°和两侧面形状,留足够的加工余量,注意 60°刃面的要求,来判断是否已经锤打到位。要经过反复多次锤打才能成形,在锤打过程中,要及时再加热,继续锤打,直至成形。

5. 刃磨

（1）戴好防护眼镜,双手握住扁冲一前一后站在砂轮机斜侧。启动砂轮机,看砂轮旋转方向是否正确,转速稳定后才能打磨。

（2）将扁冲的腮部部分及侧面部分轻轻靠上砂轮,使其高于砂轮中心线,摆好角度,保证所需夹角。

（3）上下和左右移动扁冲,注意磨切削刃部分时只能左右移动。移动要平稳、均匀,速度要缓慢。如图 6-6-5 所示。

 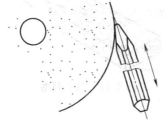 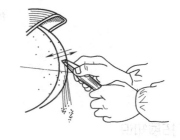

图 6-6-5　刃磨

（4）在磨腮部部分及侧面时,注意保留切削刃部分余量。磨好腮部部分及侧面后,就可以磨切削刃部分了。

（5）打磨切削刃部分,两个刃面要交替进行,保证 60°的夹角,并经常要蘸水冷却,以防退火。

（6）淬火。

① 将扁冲切削部分前 20mm 长加热到 750～780℃（呈樱红色）,然后迅速取出。

② 将扁冲切削刃垂直放入冷水中冷却,浸入深度 5～6 mm,如图 6-6-6 所示,并沿水面缓慢移动,注意观察扁冲切削刃颜色变化。

图 6-6-6　淬火处理

（7）回火。

扁冲的回火是利用本身的余热进行。在淬火处理过程中当扁冲露出水面部分呈黑色时,从水中取出,迅速用抹布擦去氧化皮,观察刃部颜色变化,当扁冲淬火部位呈现紫红色与暗蓝色之间时，再次将扁冲切削刃部位全部放入水中冷却至室温即可。如图6 6 7所示。

图 6-6-7　回火处理

（8）用油石对扁冲的切削刃进行精磨，可以提高其粗糙度精度和其他性能。如图 6-6-8 所示。

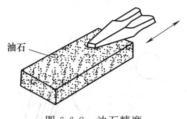

图 6-6-8　油石精磨

拓展知识

钢的表面热处理

仅对工件表层进行热处理以改变组织和性能的工艺称表面热处理。

一、表面淬火

仅对钢件表层进行淬火的工艺称为表面淬火。其热处理的特点是用快速加热的方法把钢件表面迅速加热到淬火温度（这时钢件的心部温度较低），然后快速冷却，使钢件的一定深度表层淬硬，心部仍保持其原来状态。这样就提高钢件表面硬度和耐磨性，心部仍具有较好的综合力学性能（一般表面淬火前进行了调质处理）。

二、化学热处理

将金属或合金工件置于一定温度的活性介质中保温，使一种或几种元素渗入它的表面，以改变工件表面的化学成分、组织和性能的热处理工艺称为化学热处理。如渗碳合金钢 20Cr 钢，在渗碳温度为 900～950℃时，其渗碳剂煤油或乙醇在该温度下裂解出活性碳原子 [C]，[C] 就渗入低碳钢件的表层，然后向内部扩散，形成一定厚度的渗碳层。

 思考练习

1. 简述钢的热处理"四火"。
2. 什么叫钢的表面热处理？

项目 7 车身拉伸校正

任务 1 车身测量

教学目标

1. 了解车身测量中的尺寸单位、车身测量图表。
2. 掌握车身测量中的基准概念。
3. 会对角线测量方法。
4. 了解三维测量的各种方法。

任务引入

发生严重变形的汽车车身,有些损伤情况必须通过测量才能确定;拉伸校正和切割更换车身结构钣件时,维修结果是否达到规范要求也必须通过测量才能确定。

任务分析

现代汽车的制造技术,使汽车车身与其连接的各总成零配件的安装精度非常高,特别是承载式车身,悬架总成、转向机构、发动机、变速器等和其他机械部件都直接安装在车身的构件上,或固定在由车身构件支承的支座上,这些车身构件的位置偏差不能超过 3mm。

相关知识

一、车身测量的作用

在汽车发生碰撞时,车身发生了变形,安装各个总成的构件或支架不仅也受到破坏,而且可能改变了位置,超出了偏差,就会改变转向机构或悬架部件的几何形状和尺寸,或造成机械部件的移位,从而使转向和操纵不畅,传动系出现震动和噪声,各个活动的零部件产生过度磨损,制动不灵。所以在车身维修中允许的尺寸误差也不能大于 ±3mm。

承载式车身在碰撞中的损伤情况比车架式车身要复杂得多,在维修前首先要通过准确的测量,才能正确评估车身变形情况,确定损伤部位和未损伤部位,制定合理维修方案。在维修过程中,还要对车身进行全程测量和监控,保证拉伸和矫正有效进行。在维修结束时,还要通过对车身进行全面的测量,保证维修偏差在允许范围之内。

二、车身测量的基本原理

1. 尺寸单位

车身尺寸手册中的尺寸都是用公制单位给出的,但也有少数测量设备制造厂家同时使用公制和英制单位标注。为了容易阅读车身尺寸手册,下面给出英制单位与公制单位的符号及换算关系,如表 7-1-1。

表 7-1-1 英制单位与公制单位的换算关系

量名称	英制单位名称及符号	公制单位名称及符号	英制-公制换算关系	公制-英制换算关系
长度	英寸(in) 英尺(ft) 码(yd) 英里(mi)	毫米(mm) 厘米(cm) 米(m) 公里(km)	1in=25.4mm=2.54cm 1ft=30.5cm 1yd=0.914m 1rnj=1.61h	1mm=0.0394in 1cm=0.394in 1m=3.28ft 1km=0.62mi

2. 车身测量的基准

车身测量的基准,就是指测量尺寸的起点,即零位置。传统的车身测量方法是平面测量,其基准只能有两个方向的基准,即长度基准和宽度基准,现代的车身测量强调要进行三维测量,需要三个方向的基准,即长度基准、宽度基准和高度基准。只有三维测量的尺寸才能确定车身上某一点的位置。

一般上车身测量要有三个基准,即基准面、中心面(线)和零平面。

(1) 基准面

基准面,是指与汽车车底平行且距车底一定距离的一个假想平面,如图 7-1-1 所示。在车身尺寸测量图中,基准面在侧视图上投影成一条直线,用基准线来表示。基准面既是汽车制造厂和车身测量设备制造商测量和标注车身所有高度尺寸的基准,也是维修时测量车身高度尺寸的基准。

但因为它是个假想的平面,确定时的位置可高可低。车身维修手册中的高度基准选择与我们维修时的高度基准选择,两者同汽车的车底距离不一致,会造成高度尺寸不相符合的情况。

图 7-1-1 基准面

(2) 中心面

中心面,是指一个假想的平面,它将汽车分为左右相等的两半,即乘员侧和驾驶员侧,如图 7-1-2 所示。中心面与基准面相互垂直,在车身尺寸测量图中,在俯视图上它投影成一条直线,用中心线来表示。中心线是汽车车身所有宽度尺寸,也叫横向尺寸的测量基准。

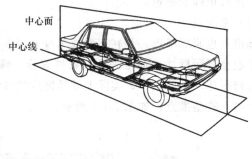

图 7-1-2 中心面（中心线）

一般情况，汽车车身的宽度尺寸是对称的，即从中心线到右侧某点的距离与到左侧相同点的距离完全相等，也称为对称式结构。但也有非对称情况，即非对称式结构，也仍然是从中心线开始测量。

（3）零平面

为了方便对汽车的研究，将车身看作是一个长方形结构，并利用两个能同时垂直中心面和基准面的平面把它划成前、中、后三个部分。这两个平面处于前、后桥附近，也是假想的平面，为了方便长度测量，把它们确定为测量长度尺寸的起点，叫零平面。如图 7-1-3 所示。

习惯上，利用机械式三维测量系统时，前零平面作为测量汽车前车身长度尺寸的基准，后零平面作为测量汽车后车身长度尺寸的基准；但利用电子测量系统时，为了测量得更加精确，把前零平面作为测量汽车后车身长度尺寸的基准，后零平面作为测量汽车前车身长度尺寸的基准。

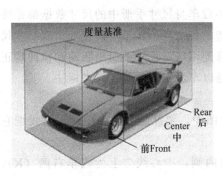
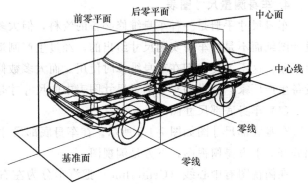

图 7-1-3 零平面

对于承载式结构，中间车身段在汽车设计时就已经把它的强度定为最强，所以在检查结构的正直性时，应把中间车身段作为基础。要对车身进行准确的测量，必须从至少三个已知正确的尺寸开始测量，也即至少有三个参考点处在理想位置，最好有四个或五个。首先应该测量中间车身段，如果中间车身段由于撞击而变形，就移到车上未受损伤的一端找出位置正确的三个基准点。

3. 基准点和控制点

基准点和控制点是两个不同的概念，在车身维修中最好能够正确区别它们，这样有利于对车身进行正确的测量。

（1）基准点

基准点也叫参考点，是在车架或车身上用来在维修中进行测量的一些特殊点，车身尺寸手册中也会有所标注。通常是孔、特殊螺栓、螺母、凸凹点、钣件边缘或汽车上的其他位置。维修损坏严重的汽车，实际上就是把这些参考点恢复到符合尺寸精度要求的状态。车身纵梁上的一些基准点，如图7-1-4所示。

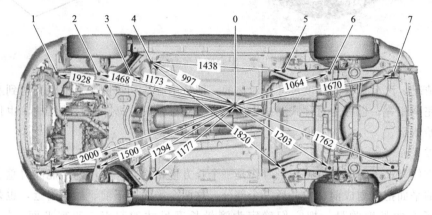

图7-1-4 车身底部基准点

（2）控制点

控制点是车辆在设计、生产时用来实现设计者的意图和保证制造尺寸的一些定位点。要注意的是，汽车制造中所用的控制点不一定会与车身维修技术人员测量车身所用的基准点相同。

4. 车身测量尺寸图表

车身尺寸手册是一种车身维修必备的资料，但大多数车身尺寸手册中的尺寸数据都是按设计图纸而不是按车身实测尺寸给出的，经过生产制造的各个环节，不可避免地出现一些尺寸误差，这不方便我们在车身维修时使用。而大多数修配用车身尺寸手册出版商和拉伸矫正设备生产厂家，提供的车身测量尺寸图表中的尺寸才是以车身实际测量尺寸来标注。

（1）车身底部尺寸图

车身底部尺寸图如图7-1-5所示。在车身底部尺寸图中，要注意有两个图。用虚线把它们分开，上方是俯视图，下方是侧视图。

在俯视图有中心线（Centerline）把汽车分为左右两侧，中心线之上为汽车右侧（R），中心线之下为汽车左侧（L）；而且中心线上标明汽车前部（FRONT），有的还标志有汽车后部（REAR）；俯视图中垂直于中心线标注的是车身底部基准点的横向尺寸，即宽度尺寸。中心线是宽度尺寸测量的基准。

在侧视图有基准线（DATUMLINE），它是高度尺寸测量的基准，在基准线上开始标注的尺寸都是高度尺寸。

在侧视图与俯视图之间纵向标注的是长度尺寸，注意长度测量的基准是两个零平面，用"▲"表示的基准点就是零平面位置。

（2）车身上部尺寸图

车身上部尺寸图包括发动机舱尺寸、立柱位置尺寸、前后门框尺寸、前后挡风玻璃位置

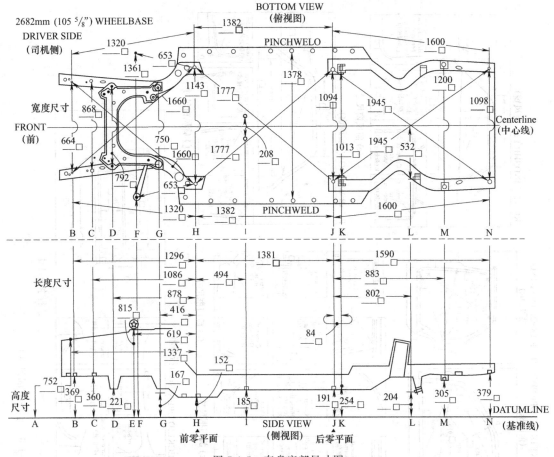

图 7-1-5 车身底部尺寸图

尺寸和行李箱尺寸图。

① 发动机舱尺寸图 发动机舱尺寸图上也有中心线，标注有宽度尺寸、长度尺寸和对角线尺寸。如图 7-1-6（a）所示。

② 立柱位置尺寸图 立柱位置尺寸图中标注有各个立柱宽度尺寸，对角线尺寸，并且把各个基准点位置放大。如图 7-1-6（b）所示。

③ 前、后门门框尺寸图 前、后门门框尺寸图主要标注各个基准点对角线测量的尺寸，并且把各个基准点位置放大。如图 7-1-6（c）、（d）所示。

④ 前、后挡风玻璃位置尺寸图 前、后挡风玻璃位置尺寸图中主要标注有宽度尺寸、侧边尺寸和对角线尺寸，也把各个基准点位置放大。如图 7-1-6（e）、（f）所示。

⑤ 行李箱尺寸图 行李箱尺寸图主要标注有宽度尺寸、高度尺寸和两侧边尺寸，并且把各个基准点位置放大，如图 7-1-6（g）所示。

三、车身测量的方法

1. 平面测量法

平面测量法即对角线测量法。对角线测量法是在车身截面上选四个点，然后测量两条对角线长度，再加以对比来判断车身受损情况的方法。对角线测量法在以往的车身测量中是一个主要的、重要的手段，在现代车身的测量，它已经转变了角色，但仍然还有实际的作用，

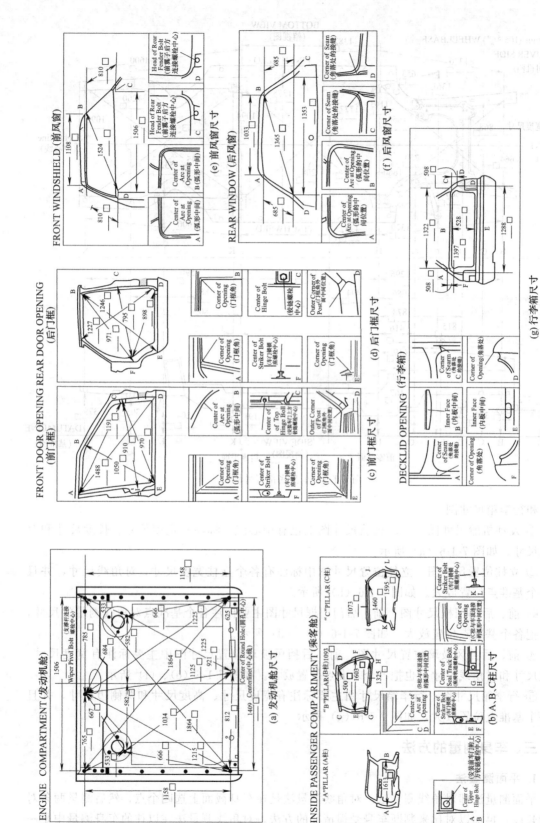

图 7-1-6 车身上部尺寸图

它能在没有截面标准尺寸的条件下，确定该截面是否变形。它最多只能测量车身上某一截面上某一基准点的两个方向上的尺寸。平面测量方法的每一个尺寸都是通过测量某两个基准点的中心距离得到的，所以也叫测距法，它可以利用钢卷尺、轨道式量规等来测量。

(1) 对角线测量法内容

如图 7-1-7 所示。

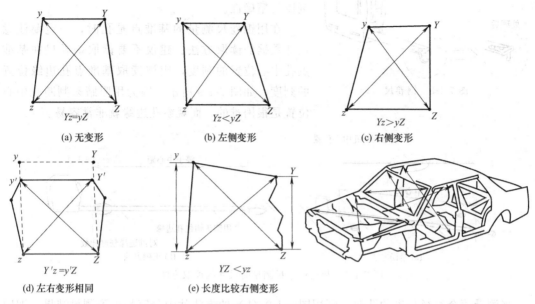

图 7-1-7　对角线测量法

图 (a)：说明如果一个对称截平面不变形，其对角线一定是相等的。

图 (b) 和图 (c)：说明如果有一条对角线缩短了，另一条长度仍不变，对称截平面一定有一个侧边变形了。利用对角线测量法很容易判断这种情况的车身变形。

图 (d)：测量对角线相等，也不能确定车身没有变形。说明仅仅用对角线测量法也不能检查出扭曲变形的情况，必须测量并比较左右两边长度，才能判断出变形情况。

图 (e)：两条对角线同时缩短了，并且两边长度相等，表示从测量对角线和两边长度相等，也不能确定对称截平面没有变形。说明仅仅用对角线测量法不能检查出车身左右两侧都发生损伤变形的情况，必须与车身测量尺寸图表对比侧边长度或者对角线长度才能知道变形情况。

(2) 对角线测量法适用场合

① 维修时没有发动机舱和车身底部的尺寸数据。

② 车身测量尺寸图表上没有该数据。

③ 汽车因为严重受损产生了扭曲变形。

(3) 对角线测量法的注意事项

① 同一尺寸要从不同方向上测量至少两次。

② 所有的基准点都需要相对于另外两个或多个基准点进行检查。

③ 测量对角线相等，并不能说明对称截平面一定不变形。

④ 对于非对称式结构，要参考车身尺寸测量图表才能进行正确测量。

(4) 对角线测量法工具

① 钢卷尺　钢卷尺测量简单、方便，工具费用低，但测量误差大，不够准确，只能适用于那些对精度要求不高的场合使用。因为车身测量的许多基准点是孔洞，利用钢卷尺进行测量时，最好能把它的钩头做一下处理，变细一些，可以直接伸入测量孔中，这样可以提高效率和准确度，如图 7-1-8 所示。注意钢卷尺是一个非常通用的测量工具，在车身测量中一定要保证其刻度的精确性。

在用钢卷尺测量的基准点是孔时，一定要注意尺寸数据的读取方法。建议不要读取钢卷尺在基准点孔中心位置的刻度，应该读取基准点孔边缘位置的刻度，如图 7-1-9 所示。因为用眼睛来判断孔中心位置是很困难的，而观察孔边缘就非常容易。

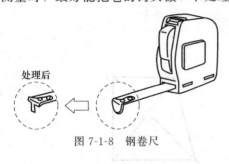

图 7-1-8　钢卷尺

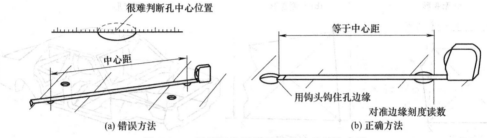

(a) 错误方法　　　　　(b) 正确方法

图 7-1-9　利用钢卷尺测量时尺寸的读取方法

当测量两个直径相等的孔时，利用图 7-1-9（b）的方法就十分容易得到测量结果，即图 7-1-10（a），但当测量的两个孔直径不相等时，测量结果要稍作简单计算。测量方法如图 7-1-10（b）所示。

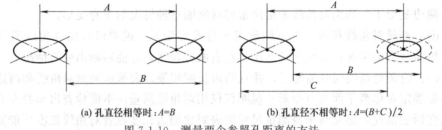

(a) 孔直径相等时：$A=B$　　　　(b) 孔直径不相等时：$A=(B+C)/2$

图 7-1-10　测量两个参照孔距离的方法

② 轨道式量规　轨道式量规，也叫专用测距尺或杆规，在车身测量两点间的中心距离时比钢卷尺要灵活、方便得多，特别是在有些基准点之间有阻碍物或者高度不在同一平面上时，更加显得有优势。

轨道式量规结构组成有轨道尺、测距尺和测量头等。轨道尺上有尺寸刻度，可以直接读出两个测距尺间的距离；测距尺，其高度是可以调整的，可以在轨道尺上移动，根据测量基准点之间距离调整到适当位置；测量头是圆锥形的，有自动定心作用。轨道式量规结构及其使用方法如图 7-1-11 所示。

当两个基准点的孔径都比测量头的圆锥直径小时，用轨道式量规测量最为方便，不管两个孔径大小是不是一样，只要把测距尺调整到合适位置和合适高度，让两个测量头能自然地落到测量孔中，然后从轨道尺上读数位置直接读出相应刻度数据就可以了。如果基准点的孔

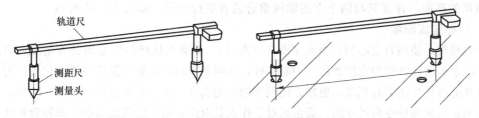

图 7-1-11 轨道式量规结构及其使用方法

径比测量头的圆锥大，或者孔的深度太浅，测量头的自动定心功能就失去作用了，这时要能测量得尺寸准确，同样要在孔的边缘进行测量。如图 7-1-12 所示。

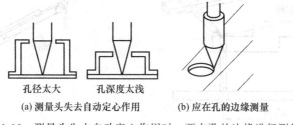

图 7-1-12 测量头失去自动定心作用时，要在孔的边缘进行测量

如果两个孔径大小不同，要测出中心距，同样可以先分别测出内侧边缘距和外侧边缘距（或者左侧边缘距和右侧边缘距），如图 7-1-13 所示。然后把这两个测量结果相加再除以 2 即可。例如有两个圆孔，一个孔径为 15mm，另一个孔径为 30mm，测得内缘的距离为 582mm，外缘距离为 760mm，则两孔的中心距为：(582+760)/2＝671mm；要判断此尺寸是否变形，与车身尺寸测量图表的相应尺寸对比就能知道。

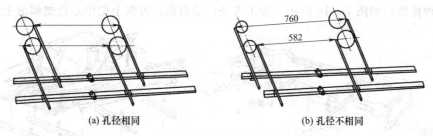

图 7-1-13 基准点孔边缘之间距离的测量方法

轨道式量规在车身测量中使用非常广泛，可以用在不同部位的测量，最经常测量的地方是悬架和机械部件的固定点。在测量过程中必须及时做好记录，并且基准点之间的尺寸要相互印证，通过对角线测量方法印证。如果测量前知道相应位置的正确尺寸，就能准确地确定损伤变形或者及时知道维修尺寸恢复的程度。如果没有现成的参考尺寸可用，可以采用同样牌号、生产年份、型号、车身类型的未损伤汽车作为参考，得到正确的车身尺寸。还可以沿用习惯的做法，如果车身仅仅是一侧损坏，那么可用轨道式量规测量未损伤一侧的尺寸，然后把测得的尺寸用于损伤一侧进行比较测量。

轨道式量规和钢卷尺都主要是用来测量两点之间的距离，但轨道式量规可以测量点对点的距离，也可以测量线对线（面对面）的距离，在车身测量中一定要根据车身尺寸图表说明或者根据需要来测量。点对点测量正如钢直尺作用一样，指用轨道式量规测出两个点之间的直线距离；线对线（面对面）的测量指测量两点轴线间的距离，这时必须在测量前调整好左右测距尺的高度，保证其与两个点的轴线重合或者平行才行。如图 7-1-14 所示。

2. 中心量规测量

中心量规，也叫自定心规，由水平滑杆（滑尺）、基准点挂杆和中心指针等组成。自定心是指无论水平滑杆调整的宽度如何，中心指针，也叫测视点，都始终保持在中心位置。有的中心量规基准点挂杆还带有刻度，更加方便调整两端的高度。中心量规结构如图 7-1-15 所示。中心量规不是用来测量变形尺寸的，而是通过工作人员对中心指针的视线瞄准，来检验直线定位误差，进而判断车身变形情况，也可以用来确定车身测量的基准中心线和基准面。

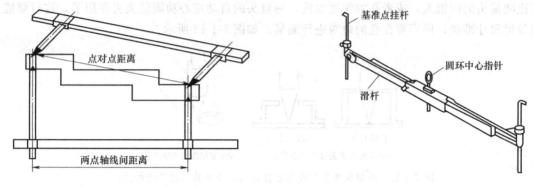

图 7-1-14　点对点或线对线测量　　　　图 7-1-15　中心量规结构

（1）中心量规的安装方法　在测量时，通常把四个或更多个中心量规配套使用，根据车身测量尺寸图表把它们挂在规定的位置上。利用四个中心量规的做法是：先挂中间两个，作为基准规，要尽量挂在没有受损的截面处，比如前后桥位置；再在明显受损的截面处挂另外两个，比如前后横梁处。挂中心量规时，要注意挂杆的安装方式。四个中心规及基准点挂杆安装的各种位置，如图 7-1-16 所示。为了方便记录数据，习惯上把中心量规都编上号。

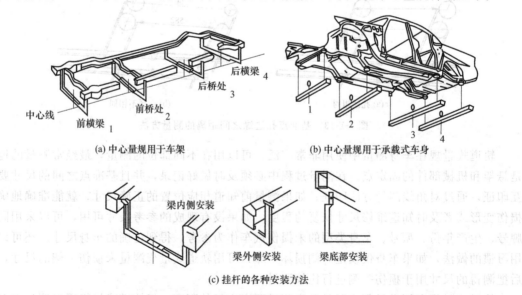

图 7-1-16　中心量规的安装方法

（2）中心量规的使用方法　中心量规悬挂好后，是通过观察变形处和未变形处所悬挂的各个规杆之间是否平行，或各中心指针是否在一条直线上来判断变形情况的。这时的观察方法要正确，才能做出准确的判断。

① 观察中心量规的平行情况　在观察中心量规的平行情况时，应站在中心量规的端部以外两个量规的中间用双眼扫视，站立位置离中心量规要有适当距离，不能太近。悬挂时应将中心量规置于同一高度上，即离基准面的距离都一样，在一个平面上，不同的高度会改变视角，从而得不出正确的数据。然后走到与损伤部位相对的车身的另一端进行观察，会得到较为准确的结果。

② 观察中心指针　观察中心指针时，同一时刻只能用一只眼睛进行，而且要左右眼轮换瞄准，视线一定要通过基准规上的中心指针，通过量规的中点，比如图7-1-5中的小圆环看。在观察时，不能靠量规太近，尽可能远些，才能提高精确度。如果在观察过程中，发现中心量规的平行度和直线度出现了偏差，就说明车身变形了。

③ 利用中心量规判断变形种类　如果车身没有变形，所有的中心量规都保持相互平行，中心指针都集中于一点。如图7-1-17（a）所示。

a. 上下弯曲。上下弯曲可以用四个中心量规来检查，在观察时，首先看滑杆的两端是否平行，然后通过瞄准中心指针来观察，如果是中心指针中心产生了上下偏移现象，就表示车架或者承载式车身产生了上下弯曲变形。哪一支中心量规的指针中心偏离了基准规的中心，就说明是在哪一个位置出现了变形。如图7-1-17（b）所示。

b. 左右弯曲。可以用四个中心量规来检查，在观察时，量规保持平行，但中心指针不能在同一条直线上，产生了左右偏移现象，哪一支量规的中心指针有左右方向的侧移，也就表示这个部位有横向的弯曲变形，如图7-1-17（c）所示。

c. 扭曲变形。扭曲变形，使车身四个角分别上翘或下翘，在观察时四个中心量规互不平行，如图7-1-17（d）所示。

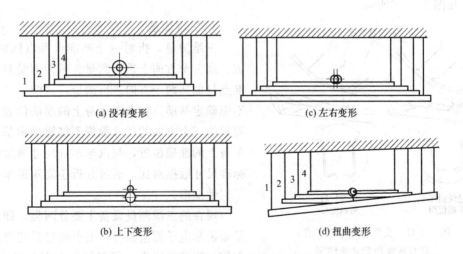

图7-1-7　利用中心量规判断变形种类

④ 专用中心量规　检测车身支柱这一类钣件的变形损伤，需要专用的中心量规，如图7-1-18所示。用这种中心量规来检查底部变形时，也可使用同样的找正方式。有些中心量规经调整后还可用于非对称结构的汽车，但使用时一定要和非对称车身的尺寸数据核对，并严格遵守随中心量规一起提供的说明书要求。

⑤ 利用中心量规确定基准面和中心线　利用中心量规确定汽车车身尺寸测量的基准面

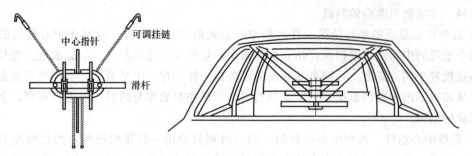

图 7-1-18 专用中心量规的使用

和中心线，在进行机械式三维测量时非常有用。

a. 确定基准面。基准面可以用中心量规构成，也可以利用专用基准量规。利用四个中心量规确定基准面，是利用磁性挂件将中心量规挂在车底上，一般是挂在前、后桥附近。注意中间两个量规，一定要选择车身没有变形的地方安装。四个量规要挂在同一高度，使它们在同一平面上，并且相互平行，才能起到基准面的作用。

b. 确定中心线。四个量规处在同一基准面上后，它们的中心指针就构成中心线，中间两个指针的连线就是理想的中心线，没有变形的汽车四个指针都是在理想中心线上。

⑥ 中心量规使用的注意事项

a. 不能将中心量规安装在可移动的零部件上，如操纵杆、弹簧等。

b. 当具体位置的中心量规挂好以后，除非影响矫正、固定或测量，在整个维修过程中，中心量规的位置应固定不动。

c. 中心量规悬挂点不得有任何变形，在维修过程中，必须对变形的基准点维修后才能使用。如图 7-1-19 所示。

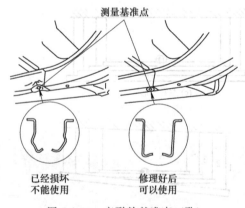

图 7-1-19 变形的基准点（孔）
只有在维修后才能使用

3. 三维测量

三维测量，指对一个基准点可以同时从长、宽、高三个方向上进行测量。平面测量对一个基准点只能从两个方向进行测量，这两个尺寸数据不能确定基准点在汽车车身上的准确位置；三维测量的三个方向的尺寸数据不仅能确定基准点在车身上的准确位置，与汽车车身尺寸测量图表的标准尺寸数据对比，通过分析还能知道车身产生了何种变形。

现在的三维测量设备主要分两类，即机械测量系统和电子测量系统。电子测量系统使用简单方便，测量精度高，不仅能用在车身维修车间，也可以用在二手汽车交易中进行车身检验。电子测量系统，不仅能测量出车身变形的变形量，还会告诉你汽车的变形方向、碰撞力施加方向，还会指出在进行拉伸矫正时施加拉力的方向，可在拉伸、矫正过程中用它来对损伤部位和未损伤部位的基准点进行连续监测。电子测量系统能将车身维修前、中、后的测量数据通过打印机打印出来，让车主直观地了解到车辆的损伤情况和维修情况，也为保险索赔提供了有力的技术文件。

四、车身测量的要求

(1) 准确地找到参考点,精确地测量各个尺寸,正确地分析损伤变形;
(2) 不厌其烦经常测量,在整个维修过程中要反复、不断地进行测量;
(3) 重复检验测量结果,各参考点都维修好后,再次检验整车的尺寸。

任务实施

一、车身机械三维测量系统的使用

车身机械三维测量系统常用的是米桥测量系统,在此主要介绍米桥测量系统的使用方法。

1. 认识米桥测量系统

(1) 米桥测量系统的组成 米桥测量系统由测量桥、底盘测尺和龙门测架等组成。测量桥由两根纵杆组成,底盘测尺和龙门测架均可放在测量桥上,并可沿测量桥纵向滑动。测量桥固定在工作平台上平面的中间位置。如图 7-1-20 所示。使用时把底盘测尺卡在测量桥上,并以测量桥的两根纵梁为轨道作纵向滑动调整,把滑尺座安放在底盘测尺上,并在底盘测尺上作左右方向滑动调整,安放测高杆在滑尺座孔中,并在高度方向调整。宽度尺寸在底盘测尺滑尺座数据窗口处读取,高度尺寸在滑尺座最高平面处读取,长度尺寸在测量桥上读取。

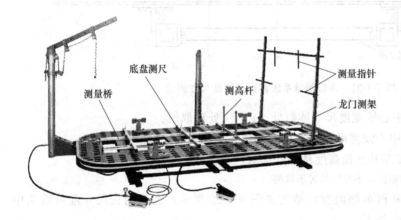

图 7-1-20 米桥测量系统

(2) 米桥测量系统的测量原理 测量系统的正视图(从汽车正前方看)结构如图 7-1-21 所示,测量的宽度和高度可以从中反映出来。图中各符号表示如下:

A—A——中心线,所有宽度值都从中心线向外测得。
B——顶部测量指针所对应点相对中心线距离宽度尺寸读数处,$b=B$ 处读取值。
C——顶部测量指针高度尺寸读数处,$c=C$ 处读取值。
D——龙门测架横向测尺(顶臂)距基准面高度尺寸从此处读取,$d=D$ 处读取值。
E——侧面指针距基准面高度尺寸从此处读取,$e=E$ 处读取值。
F——侧面指针长度尺寸读数处,$f=F$ 处读取值。

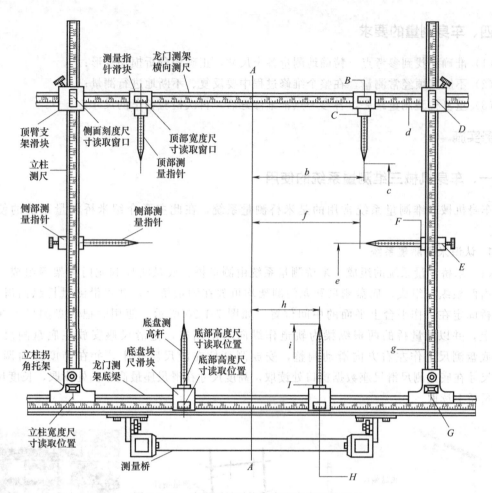

图 7-1-21　米桥测量系统高度和宽度尺寸测量

G——立柱基准面距中心线宽度尺寸读数处，$g=G$ 处读取值。

H——底盘测高杆距中心线宽度尺寸从此处读取，$h=H$ 处读取值。

I——底盘测高杆尖端距基准面高度从此处读取，$i=I$ 处读取值。

注：大写字母表示读数的部位，小写字母表示数值。

测量系统的侧视图（从汽车侧面看）结构如图 7-1-22 所示，测量的长尺寸度可以从中反映出来。图中各符号表示如下：

A、B、C、D 为长度测量位置，也是长度数值读取位置。

a、b、c、d 分别为各点距零平面（长度零点）距离。

2. 米桥测量系统的使用步骤

（1）上车固定。严格按照车身平台校正系统操作规程，把汽车放到测量平台中间，调整平台四个主夹具的高度，在合适位置把汽车牢牢夹紧。

（2）按照上述方法把测量系统安装到校正平台上。

（3）调整基准。

① 对正中心线。在车底部完好部位，找到相距尽可能远的两对基准点，按尺寸图表尺寸在测量系统上调整好对应测量指针（底盘测高杆）位置，移动测量桥使前后测量指针与车底部选好的基准点对正。

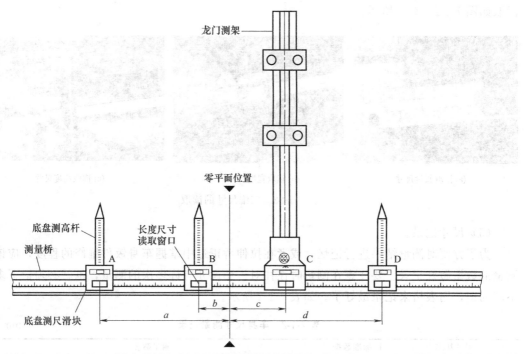

图 7-1-22 米桥测量系统长度尺寸测量

只有对正中心线，才能正确测量车身基准点的宽度尺寸。

② 调整基准面。同理，在车底部完好部位，找到相距尽可能远的两对基准点，把底盘测尺移动到相应位置，把左右测高杆正确放到基准点上测量高度，通过调整四个主夹具夹紧位置使两边高度一样，然后把前后基准点高度测量数据，与车身尺寸测量图表标准尺寸相减得到高度差，再次通过调整四个主夹具夹紧位置，使前后高度差相等，这样就能调整到汽车与测量平台相平行，基准面也就调整好了。

测量汽车高度尺寸，是以基准面的平行或重合为基础。

③ 确定零平面。零平面是汽车长度尺寸测量的起点，在车身尺寸图表中多数已给出，当此点受到损坏时，也可简单地把零点设定到其他完好位置，但同测量尺寸图表数据对比时要能做相应处理。把底盘测尺移动到车身尺寸图表给出的零平面处基准点位置，再把测高杆圆锥放到测量点上，就可以通过底盘测尺在测量桥上的长度尺寸读取窗口确定零平面位置了。

有些米桥系统测量桥上的测量尺是可以拉动的，能把测量尺的"0"刻度拉到此位置，那就是真正的零平面了，也更加方便测量。

(4) 测量。

基准调整好以后，就可以根据车身维修的步骤来进行各个基准点的长、宽、高尺寸的测量。操作时，把底盘测尺移动到需要测量的参考点下面，再把测高尺顶在参考点位置，便可以测量出此基准点的三维尺寸。

① 测量点的长度尺寸通过移动标尺固定座上的孔来读取，具体是读取窗口标记线对准的米桥侧面测量尺上的刻度数据。数据读取如图 7-1-23（a）所示。

② 宽度数据从底盘测量横尺上读出，具体是读取横尺上标记线对准的刻度数据。数据读取如图 7-1-23（b）所示。

③ 高度数据从不同高度的量杆上读出，具体是读取测高尺露出尺筒的刻度数据。数据

读取如图7-1-23（c）所示。

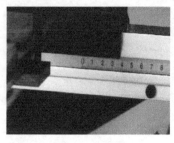
(a) 读取长度尺寸

(b) 读取宽度尺寸

(c) 读取高度尺寸

图 7-1-23　三维尺寸的读取

（5）尺寸记录。

为了方便对测量结果进行记忆，或者在拉伸矫正过中掌握车身钣件维修的程度，应该把测量的数据做好记录。要注意在测量时往往对一个尺寸有许多次的测量，也就必须记下多个不同的值，用表格来记录最好了。如表7-1-2所示。

表 7-1-2　车身尺寸测量记录　　　　　　　　　　　　　　　　　　mm

测量基准点		标准数据	测量数据						
A	长度								
	宽度								
	高度								
B	长度								
	宽度								
	高度								
C	长度								
	宽度								
	高度								
D	长度								
	宽度								
	高度								
E	长度								
	宽度								
	高度								

测量基准点名称可以用字母或数字表示，标准数据指车身尺寸测量图表中标注的尺寸，表中测量基准点和测量数据记录栏数目可根据需要制订。

（6）数据分析。

把测量数据与车身尺寸测量图表的标准数据比较就能知道变形的程度。通过测量结果分析，便能知道汽车车身变形的种类。

（7）米桥测量系统使用注意事项。

① 米桥测量系统使用除了要注意遵守安全操作规程外，还要注意不同的测量系统制造商生产的测量配件可能不一样，比如测高杆、滑座和测量桥的测量尺等，但使用方法是一样的。

② 拆下可拆卸的损伤件，包括机械部件和车身钣件。

③ 如果碰撞严重，应先对车身中段，即车身的基础，进行初步矫正。

④ 如果机械部件留在车上，则存在悬垂变形，必须进行数据修正。

二、车身三维电子测量系统的使用

1. 超声波测量系统的使用

超声波测量系统使用的配件主要有测量头、加长杆、转接器和超声波发射器等。如图 7-1-24 所示。

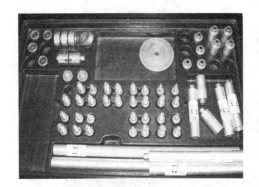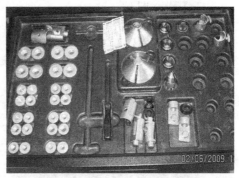

图 7-1-24 超声波测量系统配件

超声波测量系统操步骤如下：

（1）进入计算机超声波测量系统操作界面。点击计算机桌面"Shark"图标，选择中文模式进入系统操作界面，如图 7-1-25 所示。

图 7-1-25 超声波测量系统操作界面

（2）填写工作单。

在测量系统出现如图 7-1-25 所示操作界面时，按下键盘中［F1］键，直到进入填写工作单界面。在工作单表格中填写技师工号、车主相关信息等。如图 7-1-26 所示。

提示：［F1］键是"下一步"操作键，每一个步骤操作完毕，敲击键盘中［F1］键，便使系统进入下一步测量环节；［F8］键是"上一步"操作键，每敲击键盘中［F8］键一次，系统便返回上一步测量环节一步，直到提示关闭测量系统。

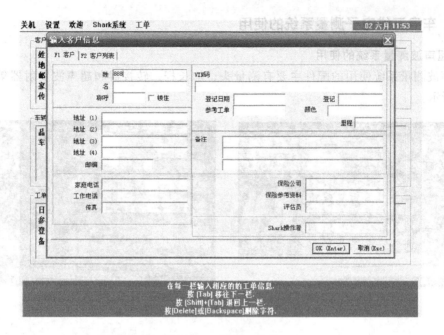

图 7-1-26 填写工作单

(3) 根据测量的汽车选择汽车品牌、生产公司和车型,并正确选择型号和生产年代。如图 7-1-27 所示。

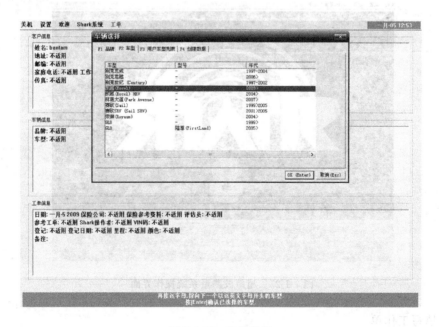

图 7-1-27 选择车型

(4) 根据车身实际情况选择有悬架、无悬架或者半悬架测量模式。有悬架模式车身测量点用大写字母来表示,无悬架模式车身测量点用小写字母来表示;测量图表也可以是半悬架测量模式,即一边是有悬架模式,另一边是无悬挂模式。按键盘[Page Up]选择有悬架,按键盘［Page Down］选择无悬架；使用键盘左右箭头键来移动"有悬架/无悬架分界线"，确定车架有悬架和无悬架的位置。如图 7-1-28 所示。

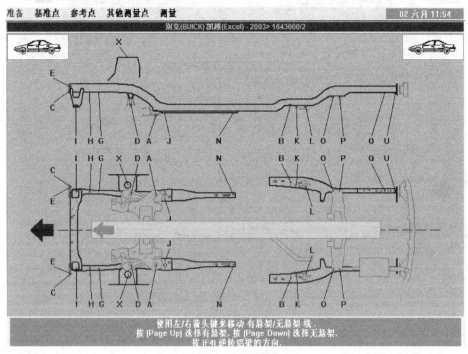

(a) 选择有悬架测量模式

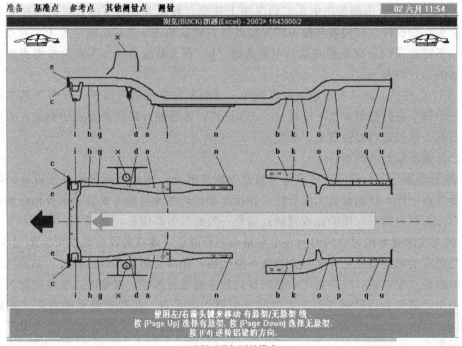

(b) 选择无悬架测量模式

图 7-1-28

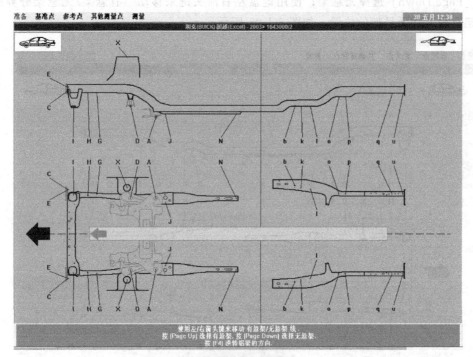

(c) 选择半悬架测量模式

图 7-1-28　选择有悬架、无悬架或者半悬架测量模式

(5) 选择基准点和参考点，确定测量基准。

① 用鼠标分别点击测量图中车架仰视图上基准点和参考点的字母，根据测量系统提示选择测量头、加长杆、转接器和超声波发射器等正确安装在车身相应点位置上，并点击测量按钮或按下键盘 [F1] 键进行测量。本例选择 "b" 点为基准点，"a" 点为参考点确定测量基准，如图 7-1-29 所示。

② 在计算机显示的基准测量结果界面中，分析测量基准的可靠性。即两个基准点和两个参考点中每个点的测量差值不应超过 "±3mm"，才能进行其他测量点的测量，否则要重新确定基准，直到达到差值要求。如图 7-1-30 所示。

(6) 其他测量点的测量。

① 敲击键盘 [F8] 返回到 "其他测量点" 操作界面，选择要测量的其他点，同测量基准点和参考点一样，把测量头、加长杆、转接器和超声波发射器等安装在车身相应测量点位置上，在计算机上填写与横梁接收器插孔编号一致的发射器编号。如图 7-1-31 所示。

② 超声波测量系统可以同时对多个测量点进行测量，现在的设备最多可以测量 12 个测量点。当所有的超声波发射器全部安装在车身上后，还需要测量其他位置时，必须拆除已经测量过的测量点发射器并安装到所需要测量位置才能进行测量。操作时先软件删除再拆除硬件，即先在计算机上用鼠标点击需要拆除发射器的测量点，在弹出菜单中点击 "删除发射器"，点击 "OK（Enter）" 确定；再把发射器从测量位置取下并从接收器中拔出来。删除发射器如图 7-1-32 所示。

注意：不能拆除基准点和参考点的发射器，否则因没有测量基准，测量系统将不能进行正常的测量工作。

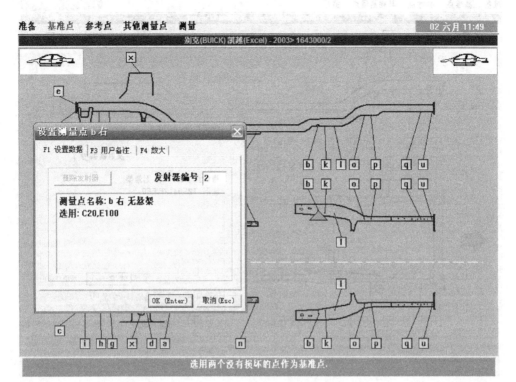

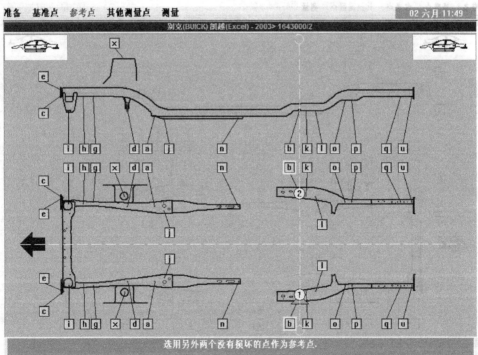

(a) 以"b"点为基准点

图 7-1-29

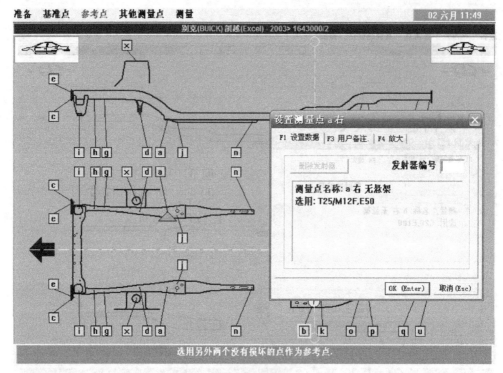

(b) 以"a"点为参考点

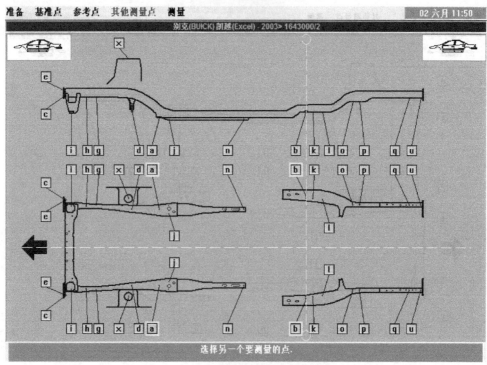

(c) 由基准点和参考点确定的测量基准

图 7-1-29 设计测量基准

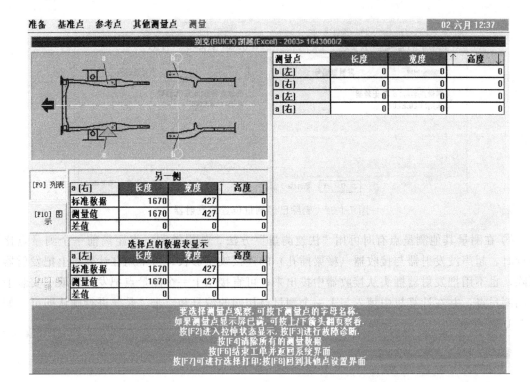

图 7-1-30　基准测量结果

 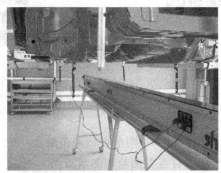

(a) 安装测量头、加长杆、转接器和超声波发射器

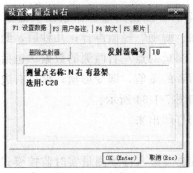 

(b) 发射器编号要和横梁上插孔一致

图 7-1-31　其他测量点的测量

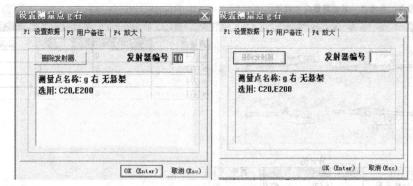

图 7-1-32　删除已经测量位置的发射器

③ 在测量其他测量点有时可用"快速测量"方法。如果被测量点距离前一个测量点比较近时,超声波发射器与接收器(横梁插孔)的连接线足够长,可不用在计算机上把发射器删除,也不用把发射器插头从接收器中拔出来;可直接从上一个测量点把发射器取下安装上待测测量点,并在计算机中填入与上一个测量点相同的编号和点击"是"进行确认即可。如图 7-1-33 所示。

图 7-1-33　"快速测量"方法

④ 每当测量完一对测量点,敲击键盘 [F8] 返回到"其他测量点"操作界面进行测量操作,直至把所有需要测量的测量点测量完。

(7) 测量结果。

在把各个测量点的超声波发射器正确安装完毕后,点击测量按钮或按下键盘 [F1] 键进行测量;此时会听到发射器发出超声波的"噼啪、噼啪"轻微声音;几秒后,测量结果界面便出现。在测量结果界面左下角的表格表示正在测量的点左右两侧的数据,包括长度、宽度和高度尺寸的测量值,还有测量点标准数据和两者的差值,即变形量;窗口右边的表格数据是所有测量过的点的长度、宽度、高度差值。如图 7-1-34 所示。

(8) 打印数据。利用打印机可以把需要的数据打印出来。

(9) 拉伸校正中的测量。

① 按下键盘 [F2] 键,选择拉伸状态。测量系统会进入持续测量实时监控模式,自动每隔 1~2s 时间测量一次,并把最新的测量数据在显示器上显示。在拉伸界面左下角点击正在拉伸的点的字母,其三维尺寸数据会非常直观显示出来,会随着校正的程度变化,车身维修人员可以及时根据这些数据来判断维修的程度和做出拉伸操作正确与否的判断。如图 7-1-35 所示。

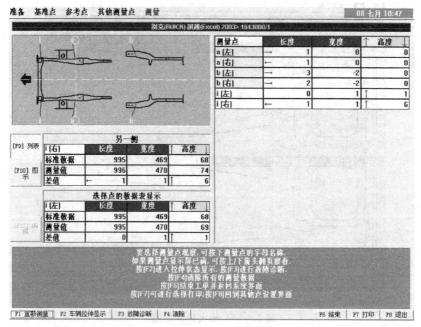

图 7-1-34 测量结果

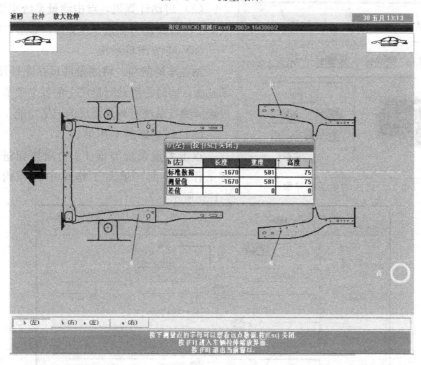

图 7-1-35 拉伸

② 在拉伸界面，按下键盘的［F1］键，系统便进入放大拉伸状态。如图 7-1-36 所示。
(10) 操作结束。
操作结束，关闭电源、气源，整理工具和设备，按照 7S 要求做好工位的清洁卫生。

2. 卡尔拉得车身电子测量系统的使用

(1) 穿戴防护用品。穿戴棉纱手套、护目镜、安全头盔等用品。

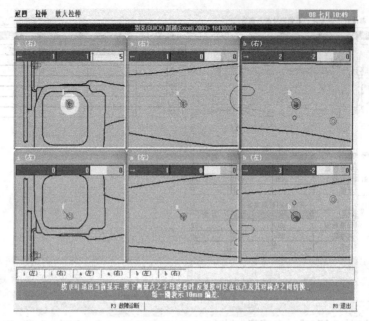

图 7-1-36 放大拉伸状态

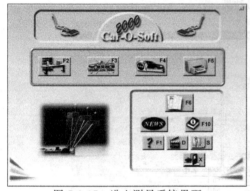

图 7-1-37 进入测量系统界面

（2）启动计算机，点击测量系统桌面图标，进入 Car-O-Soft 2000 测量系统界面。如图 7-1-37 所示。

（3）唤醒测量系统。

站在车辆前端，将测量滑尺在测量尺上往返滑动几次，同时将滑动测量尺上的各个关节来回活动，以唤醒测量系统对测量滑尺的记忆功能。

（4）创建新的工作单。

点击测量系统界面 F2 功能按钮进入客户档案工作单界面，填写工作单中各项内容。如图 7-1-38所示。

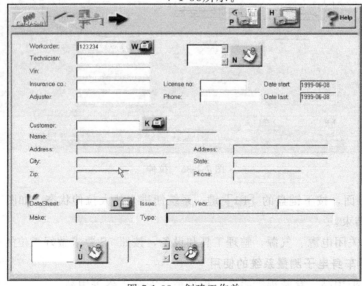

图 7-1-38 创建工作单

(5) 搜索车型和车身尺寸测量图。

根据需要测量的汽车或者车身查询汽车品牌，再按照汽车制造商和生产年代，正确选择车型。如图 7-1-39 所示。

图 7-1-39　选择车型

(6) 选择测量模式。

点击下一步按钮（➡）进入校准中心线窗口，根据测量对象实际情况来选择发动机是否拆除。"In"为被测量车身上安装有发动机，"Out"为无发动机，如图 7-1-40 所示。

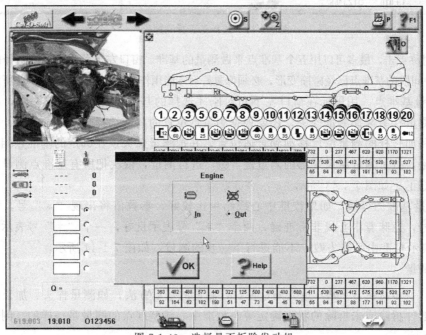

图 7-1-40　选择是否拆除发动机

(7) 校准中心线。

① 选择基准点。一般情况选择车身中间段作为测量的基准位置,也可选择没有变形位置尽可能远的前后两组基准点来做。用鼠标点击车身测量图表上要设定为基准的测量点数据表相对应的框即可。如果测量点是安装螺栓的位置,测量系统会弹出对话框,要求选择螺栓是否已拆除,"2"代表未拆除,"3"代表已拆除;"L"代表车身左侧的基准点,"R"代表车身右侧的基准点。如图 7-1-41 所示。

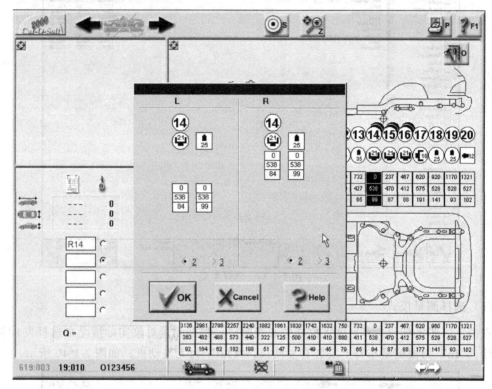

图 7-1-41 选择是否拆除螺栓

注意对称点击,最多可以用五个基准点来做测量的基准。窗口左下角显示所有选择的基准点。如果车身中间段的基准点已经碰撞变形,必须修复好后才能用作测量基准。如图 7-1-42 所示。

② 测量基准点。用鼠标在窗口左下角对刚才选择的基准点再次选定第一点,根据激活点显示的测量探头选择测量探头,还要根据测量点位置的高低选择合适的加长杆。将安装好测量探头和加长杆的测量滑尺移动到合适位置,并把测量探头顶在选定的基准点相应车身上的正确位置,按下测量滑尺端部的测量键"◎"进行测量,依次把所有基准点测量完,中心线就校准好了。如图 7-1-43 所示。

③ 测量基准的等级。如果校准中心线结果比较好,参数值将出现"﹡"号,如果有三个"﹡"号,意味着中心线非常准确,两个"﹡"号表示良好,一个"﹡"号表示合格;出现"—"表示校准中心线失败,不能进行下一步的测量。如图 7-1-44 所示。

(8) 测量。

点击下一步按钮(➡)进入测量窗口,测量的基本方法,如测量探头、加长杆的选择和安装,部件拆除或未拆除的状态确定等与校准中心线基准点的测量是一样的。测量界面如图 7-1-45 所示。

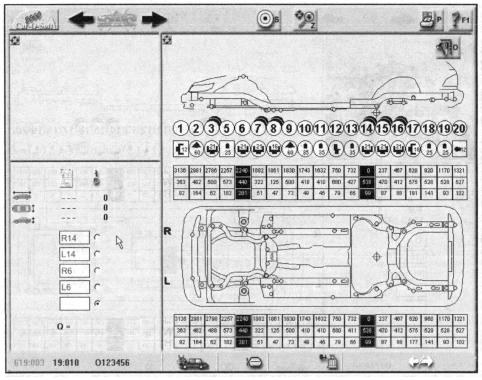

图 7-1-42 选择基准点

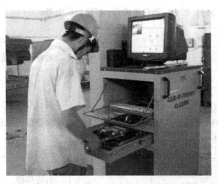
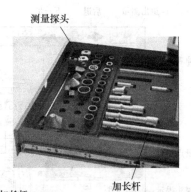

(a) 选择测量探头、加长杆

(b) 依次测量各个基准点

图 7-1-43 测量基准点

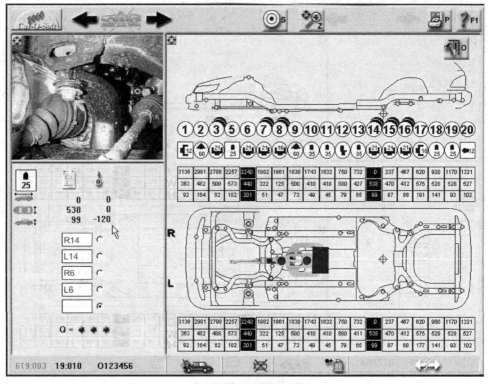

图 7-1-44　测量基准的等级

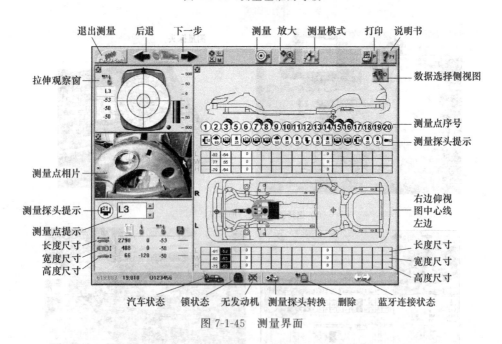

图 7-1-45　测量界面

点击所需要测量的点进行测量。如果系统测量锁处于打开状态" "，距测量滑尺最近的基准点总是被激活，只需按照一定的顺序测量下去即可；如果系统处于锁定状态" "，就有必要通过使用测量滑尺上的向上或向下的箭头按钮来选择基准点，或点击屏幕上的尺寸对话框里所要测量的基准点才能进行测量。如图 7-1-46 所示。

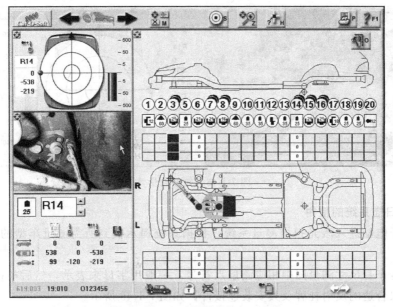

图 7-1-46 显示测量锁是打开状态

(9) 数据记录。

如果安装有打印机,点击打印选项就可以进入到打印页面,单击或键入所选打印报告类型的相应的符号就可以根据你的选择来进行打印。例如:"A"表示打印修复前的数据记录,"B"表示打印修复后的数据记录,"C"表示同时打印修复前和修复后的数据记录。如图 7-1-47 所示。

图 7-1-47 数据记录

(10) 拉伸测量。

在拉伸校正过程中,利用测量系统进行监控有助于维修人员判断钣件修复的程度,如图 7-1-48 所示。

(11) 自由臂测量系统使用注意事项。

自由臂测量系统的功能比较齐全,使用非常简单,特别是系统中有车辆测量部位的真实相片来帮助测量人员迅速找到测量点;系统不易受到噪声、风动的影响,但要注意在测量前必须固定好计算机接收系统,中心线校准好以后,不能移动。

(12) 操作结束。

操作结束后,关闭计算机和电源,整理电线和插排,取下测量滑尺的电池并把滑尺放好。清洁工位。

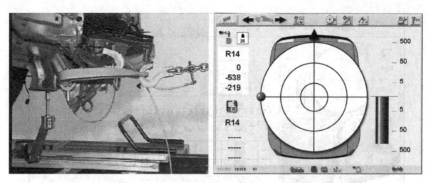

图 7-1-48 拉伸测量

3. 激光扫描系统的使用

（1）打开电脑进入激光扫描测量系统，根据系统提示找到所需测量车型的车身尺寸测量图。

（2）点击车身尺寸测量图中相应测量点符号，一般用字母来表示，然后根据系统提示，从机柜中选取合适的反射挂牌及其安装连接件。如图 7-1-49 所示。

图 7-1-49 反射挂牌及安装连接件

（3）将反射挂牌及其安装连接件正确安装在车身上相应测量点的位置上。各种基准点不同连接件如图 7-1-50 所示。

(a) 小孔　　　　　　　　　　(b) 大孔　　　　　　　　　　(c) 六角螺母

图 7-1-50 各种不同连接件的使用

（4）在系统上进行基准确定，通常用车身前、后桥位置附近的基准点来确定测量的基准。

(5) 基准确定后就可以测量其他基准点了，如图 7-1-51 所示。如果反射挂牌全部都已经安装在基准点上，在测量另外的基准点时，就要把其中已经测量过的基准点上的反射挂牌取下，才能测量。

(6) 通过测量的结果，非常容易判断车身的变形情况，因为激光扫描系统可以直接显示每一个测量点的误差，而且明确告诉你尺寸是缩短还是伸长了，如图 7-1-52 所示。

图 7-1-51　激光扫描系统使用

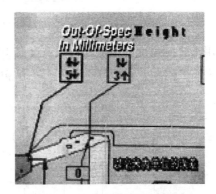
图 7-1-52　结果显示变形情况

拓展知识

ALLVIS 车身电子测量系统的使用

一、认识 ALLVIS 测量系统的组成

1. 伸缩式电子测量臂

伸缩式电子测量臂一般有两种规格，起始位置为 900mm 或 400mm。长度测量范围为 900～2653mm 或 400～2153mm，长度测量精度达到 ±1.5mm。如图 7-1-53 所示。

2. 电子控制盒

测量臂前端有一个带 LCD 显示的电子控制盒，盒内有一个可插入高度测量杆的插孔，可通过内嵌的电子水平仪进行水平基准面的标定及高度测量。LCD 显示的高度测量值是标准值，最终补偿后的高度值显示在计算机上。如图 7-1-54 所示。

图 7-1-53　伸缩式电子测量臂

图 7-1-54　LCD 控制盒

3. 高度测量杆

高度测量杆一共有六根，从短到长杆号为 A 到 F，如图 7-1-55 所示。高度测量范围为 20～900mm，高度测量精度达到 ±1.5mm。

4. 探头附件

探头附件主要包括圆锥体 $\phi 60$、$\phi 35$、$\phi 25$ 等，用来测量圆孔及椭圆孔；90°转换器一

图 7-1-55　高度测量杆

个，用来转换角度测量侧面的点；套筒 16 个（$\phi8\sim\phi22$），用来测量螺栓头；M201 适配器 9 个（$\phi6\sim\phi18$）；磁力座 2 个，$\phi35$ 和 $\phi60$。如图 7-1-56 所示。

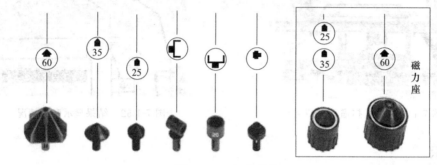

图 7-1-56　探头附件

5. 蓝牙

蓝牙用来进行无线传输数据，可传输距离 10m，如图 7-1-57 所示。

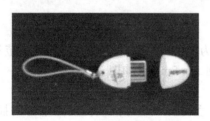

图 7-1-57　蓝牙传输设备（USB）

图 7-1-58　桌面快捷方式

二、ALLVIS 测量系统的操作步骤

1. 进入系统

点击桌面快捷方式进入，如图 7-1-58 所示。

2. 进入工单管理界面

进入主界面点击工单管理中新建工单子程序，如要查询以前工单可选择工单查询，如图 7-1-59 所示。

3. 新建工作单窗口

将工作单窗口中的内容填写清楚。车型、客户和维修技师可根据实际情况选择。然后点击 OK，进入下一界面，如图 7-1-60 所示。

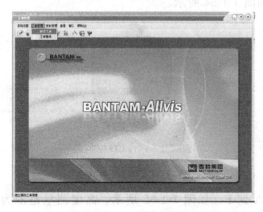

图 7-1-59　工单管理界面

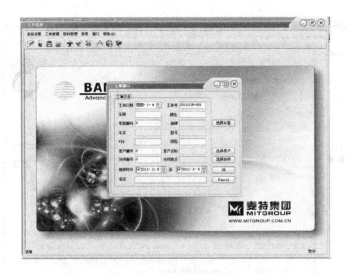

图 7-1-60　新建工作单窗口

4. 水平标定

如图 7-1-61 所示。进入水平标定有两种方式，点击工具栏的水平标定按钮或点击测量菜单下的水平标定菜单都可以进入。

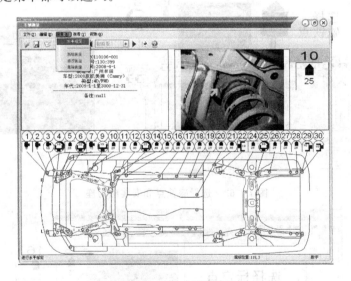

图 7-1-61　水平标定

（1）标定第一步：选择发动机位置和标定杆，如图 7-1-62 所示。

（2）标定第二步：选择磁铁点，如图 7-1-63 所示。

磁铁点要选择没有碰撞损坏的孔，尽量是圆孔，被选择的点会在计算机上的底盘图中用蓝色标识出来。并在底盘图上绘制阴影，阴影内的区域表示超出测量杆的极限。将磁力座安装到车身上，点击下一步。

（3）标定第三步：选择标定点，如图 7-1-64 所示。

在阴影区域外的点编号上按下鼠标左键选择标定点，被选择的点会用红色标识出来。

（4）标定第四步：显示标定值，如图 7-1-65 所示。

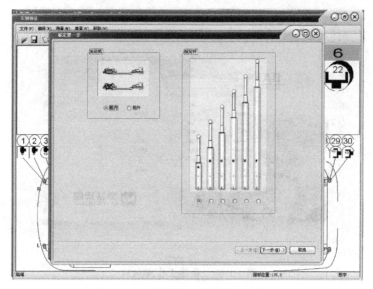

图 7-1-62　选择发动机位置和标定杆

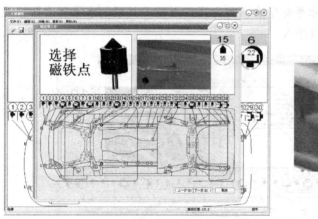

图 7-1-63　选择磁铁点和安装磁力座

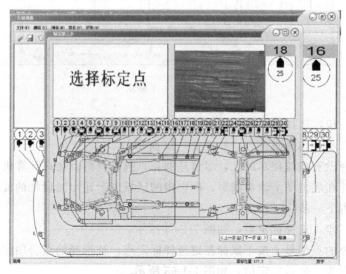

图 7-1-64　选择标定点

系统将两组磁铁点和标定点的长度和高度值，连同高度测量杆（标定杆）类型一起显示在屏幕上，并自动向测量臂发送第 1 组标定数据，也可手动选择相应的数据组后点击发送数据按钮进行发送。点击完成按钮弹出提示，确认后完成标定。

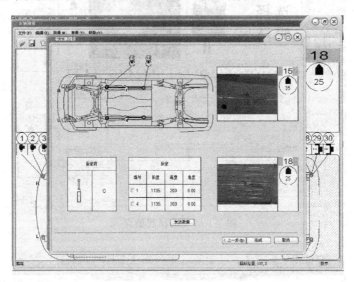

图 7-1-65　显示标定值

5. 车辆测量

点击【测量】下拉菜单【新建测量】或点击工具栏的【新建测量】按钮进入界面，如图 7-1-66 所示。

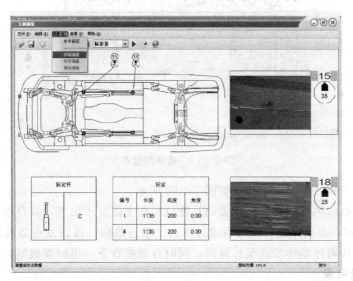

图 7-1-66　车辆测量

（1）测量第一步：选择起始点，如图 7-1-67 所示。

选择要测量起始点即磁铁点，被选择的点会用蓝色标识出来，点击下一步。

（2）测量第二步：选择测量点，如图 7-1-68 所示。

在页面中间的点编号移动，所在点相应实车图和工具类型及编号会显示在右上方。在阴影区域外的点编号上按下鼠标左键选择测量点，被选择的点会用绿色标识出来。

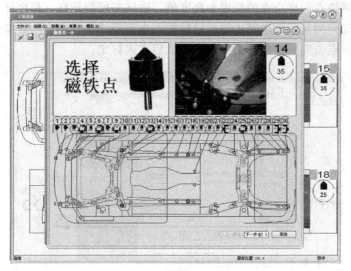

图 7-1-67　选择起始点

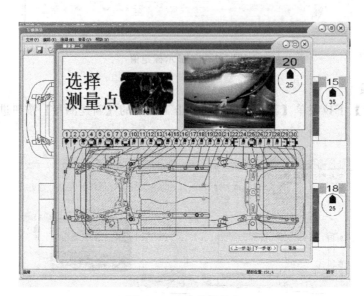

图 7-1-68　选择测量点

（3）测量第三步：显示测量值，如图 7-1-69 所示。

系统将磁铁点和测量点之间及相关的长度值和高度值显示出来，并自动向测量设备发送 1 号连线的标准值，也可以选择编号后通过点击"发送数据"按钮发送当前编号的数据，每组数据测量完成后通过蓝牙发送至计算机，同时自动接收下一组标准数据。

6. 保存测量结果

（1）点击工具栏按钮保存测量结果。

（2）保存在 worksheet 目录下，文件名为工单号，扩展名为" *.SDF"。

7. 打印测量报告

点击文件菜单下的【打印预览】菜单，弹出预览窗口，点击【打印】即可，如图 7-1-70 所示。

1. 车身测量的要求有哪些？

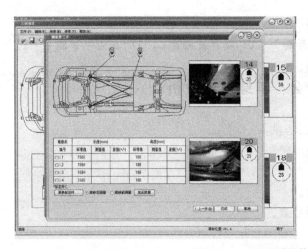 

图 7-1-69　显示测量值

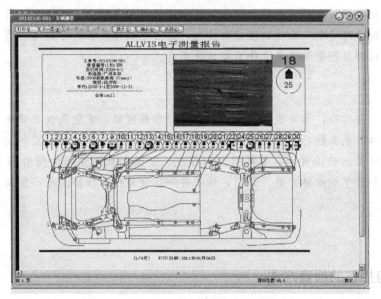

图 7-1-70　打印测量报告

 思考练习

2. 什么叫基准面、基准线、零平面？
3. 车身测量的基准与车身长度、宽度和高度相应关系如何？
4. 车身测量常用基准点结构有哪些？
5. 车身测量尺寸图表一般包括哪些部位的尺寸？
6. 对角线测量方法，测量的对角线长度相等，说明车身尺寸绝对没有变形，对吗？
7. 轨道式量规测量，点对点距离与线对线距离肯定一样，对吗？
8. 三维测量只有电子测量的形式，机械测量都不是，对不对？
9. 可以全程监控拉伸矫正的测量系统是（　　）。
   A．米桥测量　　　B．激光扫描测量　　　C．超声波测量　　　D．自由手臂测量

10. 可以同时进行多点测量的系统是（　　）。
A. 米桥测量　　　B. 激光扫描测量　　　C. 超声波测量　　　D. 自由手臂测量

任务 2　车身损伤分析

教学目标

1. 了解汽车损伤的检查方法。
2. 熟悉碰撞力对车身损伤的影响。
3. 熟悉汽车损伤常见类型的变形特点。

任务引入

对发生严重碰撞的汽车车身进行维修，首先要根据汽车损伤变形情况进行分析，知道汽车车身在发生碰撞时受到什么样的碰撞力作用，然后在拉伸矫正时才能巧妙利用作用与反作用力原理设计拉伸力把变形车身多快好省地矫正好。

任务分析

汽车在产生碰撞后，车身损伤的维修工作必须有据可循，才能又快又好地完成。车身维修工作既有规律，也有技巧，前提是在维修前必须对车身受损部位的位置和状态作仔细的检查，对碰撞损坏做出精确判断，掌握损坏的程度、范围和找到受损的所有部件，在此基础上，制订准确和科学的维修方案。否则，结果是不仅没能把损伤修复好，反而会产生更多的损伤。

相关知识

一、车身损伤的检查方法

1. 目测检查方法

目测方法检查车身损伤，通常检查的部位是钣件的连接部位、零件的棱角和边缘部位。损伤时这些部位会出现错位断裂、钣件裂缝、起皱、涂层有裂缝或剥落、有锈蚀等现象。还可以通过观察车门、翼子板、发动机罩、行李箱盖、车灯与车身之间的配合间隙是否均匀，开关车门是否顺畅等来检查车身的损伤情况。如图 7-2-1 所示。

2. 综合检查方法

仅仅从目测方法来检查车身损伤，是没有办法准确掌握车身变形情况的，对车身维修方案的制订不能提供充分的数据资料。车身损伤，应该通过目测来配合必要的、可靠的设备进行综合检查，过程如下：

(1) 从有无车架判断出汽车是全车架式、部分车架式、承载车身式哪一种结构形式。
(2) 根据汽车碰撞时产生的伤痕，通过目测来确定碰撞点。
(3) 根据碰撞点伤痕的位置、形状和波及范围，分析碰撞力的方向及大小。
(4) 根据碰撞力的作用点、大小和方向，确定损坏是局限在车身上，还是涉及其他机械部件，如车轮、悬架、发动机等；沿碰撞力作用路径检查受损部件，直到无损坏处。

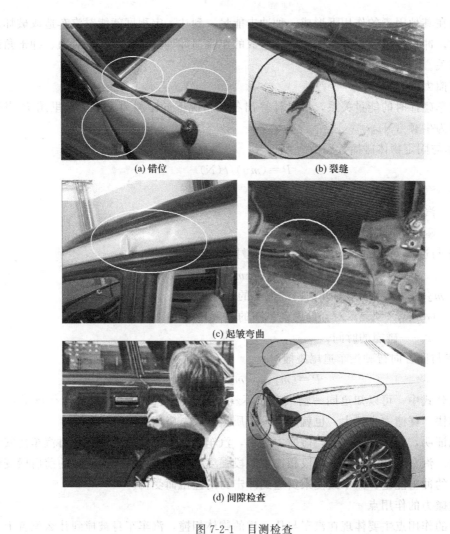

(a) 错位　　　　　　　　(b) 裂缝

(c) 起皱弯曲

(d) 间隙检查

图 7-2-1　目测检查

（5）利用测量工具或设备，对车身主要部位进行测量，将实测的车辆车身尺寸与车身维修手册的标准值加以对比，找到误差，判断损伤程度。

（6）检查悬架及整车的其他系统。

3. 损伤检查注意的问题

（1）首先处理玻璃碎片和金属锐边，不能除下的用胶带包扎好，对金属锐边最好用砂轮或锉刀将其磨平，以防伤人。

（2）如果润滑油、齿轮油等从车中渗出，要立即擦净，以防有人滑倒。

（3）应该在照明条件比较好的场地进行损伤检查，在检查中如果要对较重的汽车部件进行拆卸检查，要有起重设备。

二、碰撞力对车身损伤的影响

1. 碰撞力

汽车碰撞，实际上就是物体间的相互机械作用，这种作用的结果使运动状态发生改变，甚至使车身发生变形和损伤。碰撞力是汽车发生事故时，受到其他汽车或物体的冲击外力。

这冲击外力在其他因素的作用下形成一种冲击能量，到达一定程度就能对汽车造成破坏。冲击外力越大，冲击能量就越大。由碰撞所造成的车身损坏程度主要与冲击对象、冲击角度和冲击状态有关。

（1）碰撞力的大小

根据汽车碰撞时的能量关系，可以计算出各种情况下的碰撞力大小。这里用 P 表示碰撞力，单位为牛顿（N）。

① 汽车与固定物体碰撞，碰撞力为：

$$P=(mv)/t(\text{N})$$

式中　m——汽车的质量；

　　　v——汽车的速度；

　　　t——碰撞的时间。

② 汽车与迎面开来的汽车相对碰撞时，碰撞力为：

$$P=(m_1v_1+m_2v_2)/t(\text{N})$$

式中　m_1，m_2——分别表示对开的两辆汽车的速度；

　　　v_1，v_2——分别表示对开的两辆汽车的速度；

　　　t——碰撞的时间。

③ 汽车与同方向行驶汽车追尾碰撞时：

$$P=(m_1v_1-m_2v_2)/t(\text{N})$$

从上述公式中，可以知道同一辆汽车，不管是撞到固定的物体，还是与行驶的汽车相撞，车速越快，碰撞力也越大，也就越危险；质量越大，碰撞力也越大。

同时也证明，碰撞时间越长，碰撞力越小，汽车设计中的吸能缓冲装置对汽车的安全保护是必要的。汽车车身的前段、后段相比中间段强度要弱，目的在于以车身的前后段变形来吸收碰撞时的冲击能量，而不致使乘员遭到冲击力的撞击而受伤。

（2）碰撞力的作用点

碰撞力的作用点主要体现在汽车与什么样的物体相撞，汽车车身被撞到什么位置上。可以用碰撞力与碰撞面积来分析。

$$p=P/A$$

式中　p——单位面积上所受到的碰撞力；

　　　P——碰撞力；

　　　A——碰撞力作用面积。

单位面积上所受到的碰撞力越大，汽车越容易受到破坏，在碰撞力相同的情况下，面积大的物体对汽车的碰撞损伤就小些。比如汽车碰撞到一道墙的损伤就比碰撞到一根柱子时损伤要轻些。如图 7-2-2 所示。

（3）碰撞力的方向

碰撞力的作用方向与汽车车身的损伤程度和状态关系非常密切，不同的方向产生不同的构件损坏，也造成相同构件的不同损伤程度。

如图 7-2-3 所示，碰撞点是在汽车前方右上角，碰撞力是 A，它的方向由 α 和 β 角度决定。根据碰撞力 A 产生的作用，可以把它分解为三个方向的力，即分力 B、分力 C 和分力 E，分力 B 使汽车在垂直方向向下受到压缩，分力 C 使汽车在水平方向向后受到压缩，分力 E 使汽车在水平方向向汽车中心面方向受到压缩。

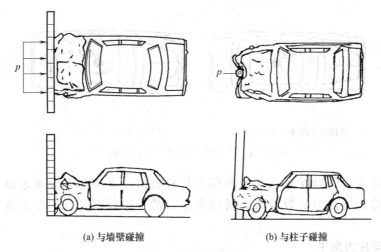

(a) 与墙壁碰撞　　　　(b) 与柱子碰撞

图 7-2-2　损伤分析

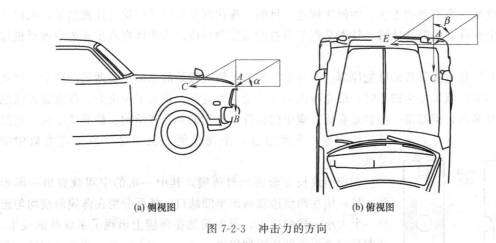

(a) 侧视图　　　　(b) 俯视图

图 7-2-3　冲击力的方向

用 F_a 代表碰撞力 A，F_b 代表 B 向分力，F_c 代表 C 向分力，F_e 代表 E 向分力，依据上图它们的关系如下：

$$F_b = F_a \sin\alpha$$
$$F_c = F_a \cos\beta$$
$$或 F_c = F_a \cos\alpha$$
$$F_e = F_a \sin\beta$$

从上面关系可以看出，碰撞力的方向不同，三个分力的大小就不同，在三个方向上对汽车的破坏程度就不同。

碰撞力的方向对汽车的破坏，还可以通过图 7-2-4 所示的例子来体现。

碰撞力对汽车进行冲击时，碰撞力的方向是否通过汽车质量的中心，对汽车造成的伤害也明显不一样：碰撞力通过质量中心，汽车受损比较严重；碰撞力没有通过质量中心，冲击力所引起的转矩使汽车在受损的同时可能会围绕质量中心转动，减轻了受损的程度。

以上是从汽车在受到单个外力冲击时的情况，学习碰撞力的大小、作用点、方向三要素，但实际碰撞中，往往有不确定数量的外力对汽车进行冲击破坏，产生的实际变

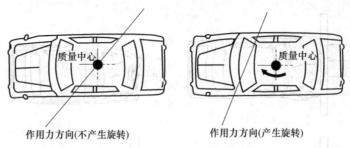

图 7-2-4 作用力的方向和车辆质心

形也是复杂多样的,所以在对汽车的损伤进行检查时,必须在充分考虑碰撞力的三要素前提下,再综合碰撞力的数量来分析汽车车身的受损情况,这样才能发现损伤的蛛丝马迹。

2. 碰撞力与应力集中

从碰撞力的计算公式中,我们知道要使汽车在碰撞中有效地保护乘员的安全,延长碰撞的时间就是一个有效的方法。如何达到这一目的,现代汽车在设计时就已经做到了。现代汽车车身上有许多的吸能区域,特别是汽车车身的前段和后段的吸能区在汽车碰撞中效果更加显著。

(1)车身吸能装置的吸能原理　车身上特别的吸能装置是故意制造成薄弱的环节,这些薄弱的环节在汽车发生碰撞时,最先吸收冲击的能量而变形,减弱了冲击力。尽管这种吸能装置多种多样,但都是一些制造有应力集中的构件,常用的有孔式结构、褶皱式结构、波纹管状结构等。下面通过一个简单例子说明碰撞力与应力集中的关系。

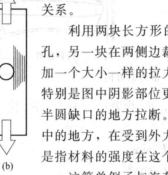

图 7-2-5　应力集中

利用两块长方形的塑料薄膜,其中一块的中间裁剪出一圆形孔,另一块在两侧边裁剪出半圆缺口。然后分别在薄膜两端均匀施加一个大小一样的拉力,很明显地在薄膜上出现了条纹状的变形,特别是图中阴影部位更加集中,进一步增大拉力,就会在圆形孔和半圆缺口的地方拉断。这说明圆形孔和半圆缺口的地方就是应力集中的地方,在受到外力作用下,首先变形然后断开。应力集中,就是指材料的强度在这个地方特别低。如图 7-2-5 所示。

这简单例子与汽车碰撞时的车身薄弱环节作为吸能区一样。在维修中处理车身吸能构件时,要注意只能矫正维修,不能进行加固。

(2)车身应力集中部位　在检查车身损伤情况时,熟悉车身的吸能区特点和吸能构件的位置,也有助于我们能更好地判断损伤程度和找到损伤位置。

在汽车车身上,应力集中的情况除了在设计时需要的吸能区外,在许多地方也不可避免地存在,这些区域在汽车碰撞中也容易发生变形。如图 7-2-6 所示为承载式车身的前部或后部在受到撞击后发生变形的部位。打圆圈的部位是将冲击力大部分吸收的部位,在损伤范围的判别上是最重要的着眼点。

车身应力集中的部位在车身产生损伤时,往往出现如下现象:

① 车门、发动机、行李箱和车顶有开口的变形。

② 挡泥板（轮罩）和纵梁上出现凹坑和皱纹。

③ 悬架系统和发动机安装位置产生变形。

④ 焊点或焊缝有裂纹。

⑤ 地板的支架等变形。

⑥ 防腐层开裂。

车身上常见应力破坏的位置如图 7-2-7 所示。

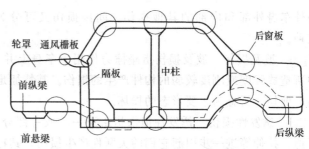

图 7-2-6 承载式车身的前部或后部受到撞击后发生变形的部位

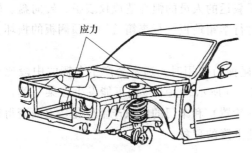 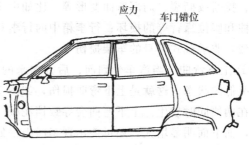

图 7-2-7 应力产生变形位置

（3）应力产生原因　对于汽车，最容易产生应力的原因有三个方面。

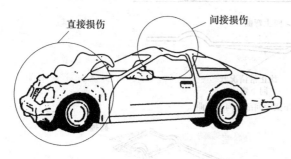

图 7-2-8 直接损伤和间接损伤

① 变形　变形产生应力，汽车碰撞导致车身钣件产生应力，已经非常清楚了。

② 过热　因为加热直接给予热量，很容易使车身钣件产生应力；在拉伸矫正、用钣金锤或者垫铁敲打，也会使钣件过热。

③ 不正确的焊接工艺　不正确的焊接工艺，很容易导致钣件变形，主要是存在焊接应力。

3. 碰撞损伤的形式

车身损伤从原因和性质方面区分，主要有直接损伤和间接损伤两种情况。如图 7-2-8 所示为汽车前部碰撞时的直接损伤和间接损伤。从损伤钣件的变形形状分有上下弯曲、左右弯曲、凹缩变形、棱形变形和扭曲变形等。

（1）直接损伤和间接损伤

① 直接损伤　直接损伤指汽车发生事故时，车身与其他物体直接碰撞而导致的损坏。直接损伤的特征是，车身以外的物体直接冲击车身，并在着力点上形成以擦伤、撞痕、撕裂为主要形态的损坏。

② 间接损伤　间接损伤指汽车发生事故时，除了引起直接损伤的碰撞力着力点处的损

伤外车身外部和内部的其他损伤。间接损伤又可分为波及损伤、诱发性损伤和惯性损伤三种。

a. 波及损伤　波及损伤指碰撞力作用于车身上并分解后，其分力在经过车身构件过程中所造成强度或刚度较弱的构件产生的损伤。其特征是，在某些薄弱环节上形成以弯曲、扭曲、剪切、折叠为主要形态的损坏。

b. 诱发性损伤　诱发性损伤指由于一个或一部分车身构件发生损坏或变形以后，通过压迫、拉伸等进一步引起它们的关联件产生损伤。其特征以弯曲、折断、扭曲等为主。比如各个位置的吸能区受到碰撞后，发生的变形就属于诱发性损伤。

c. 惯性损伤　惯性损伤指汽车发生碰撞或紧急制动时，由于装配在车身上的发动机、底盘各总成和载运的人员及货物等的惯性力作用对汽车碰撞而导致的损伤。其主要特征是：撞痕、拉断或撕裂、局部弯曲变形等。比如由于载运的人员的惯性造成仪表板、转向盘、转向支柱和座位靠背等的损坏；行李箱中的行李对行李箱地板、行李箱盖和后顶侧板的损坏。

（2）非承载式车身的车架损伤

① 上下弯曲　当汽车受到前、后方向来的碰撞力作用时，通常会产生车辆的中段比正常情况低的状态，这就是上下弯曲损伤，如图7-2-9所示。上下弯曲可能发生在某一侧，也可能在两侧同时发生。上下弯曲会导致挡泥板（轮罩）和车门的间隙产生变化，上面变得很狭窄，而下面明显增大，还可能出现车门把手处下降的现象。

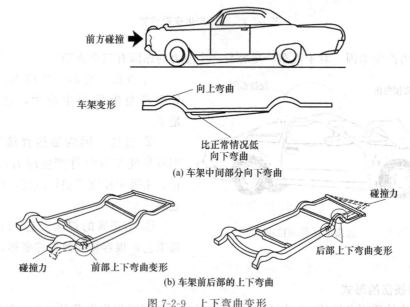

图7-2-9　上下弯曲变形

② 左右弯曲　在汽车的前部、中部或后部受到横向的碰撞力时，会造成车架发生侧向弯曲变形，即左右弯曲。如图7-2-10所示。左右弯曲时车辆一边因受压而收缩、另一边则因受拉伸而拉长。拉长的一边车身的车门间隙扩大，收缩的一边车身的车门间隙变窄，甚至使行李箱盖和发动机罩的开和关也不能顺畅。仔细观察可以发现，某侧纵梁的内侧和对面那根纵梁的外侧有折皱凸痕。

③ 凹缩变形　汽车在受到碰撞时，车身钣件主要是由于碰撞力的挤压作用，而造成某一部分尺寸比正常尺寸短的变形叫凹缩变形，也叫挤压损坏，严重时出现断裂损伤。凹缩变

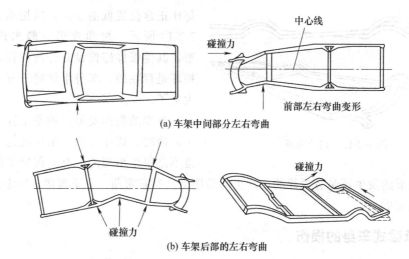

(a) 车架中间部分左右弯曲

(b) 车架后部的左右弯曲

图 7-2-10　车架的左右弯曲

形一般是由正面碰撞或者是被"追尾"时造成的,此时在通风栅板前部分或是从后轮到后保险杠为止会产生凹缩变形。具体表现在翼子板、挡泥板、发动机罩、车架各种梁出现皱痕、裂纹和严重的扭折变形,但车门一般没有太大的影响。如图 7-2-11 所示。

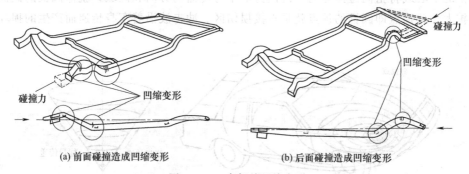

(a) 前面碰撞造成凹缩变形　　　　(b) 后面碰撞造成凹缩变形

图 7-2-11　车架的凹缩变形

④ 菱形变形　仅仅汽车的某一侧边在前面或是后面受到猛烈的碰撞时,整个车架由长方形变成平行四边形的损伤叫菱形变形,也叫错移损坏,如图 7-2-12 所示。这时汽车的发动机罩或行李箱盖与车身的配合不能吻合,同时后车轮挡泥板附近的接合处发生扭曲变形,行李箱的底板出现皱缩或扭曲的现象。菱形变形通常与上下弯曲或凹缩同时发生。

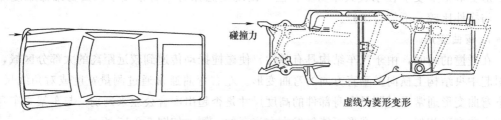

虚线为菱形变形

图 7-2-12　车架的菱形变形

⑤ 扭曲变形　当车身一侧的前端或后端受到向下或向上的碰撞力作用时,变形就以相反的方向(向上或向下)向另一端发展,出现车辆的某一角上翘,比正常位置高或相邻两角

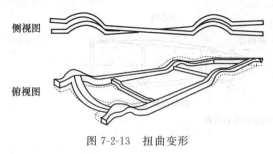

图 7-2-13 扭曲变形

都比正常位置低的变形，叫扭曲变形，如图 7-2-13 所示。扭曲变形一般出现在车架变形，其他钣件好像没有任何损伤，但实际的损坏是存在的，车身维修时千万不能想当然大意了。

车架的损伤变形一般是上述五种，但汽车碰撞时，碰撞力的复杂性使这些变形往往也不是单个出现的，有时包括了所有的变形种类，但变形的发生还是有规律的，产生的顺序是：左右弯曲—上下弯曲—凹缩变形—菱形变形—扭曲变形。

三、承载式车身的损伤

承载式车身是刚性结构，但在设计上是可以吸收碰撞力的。在碰撞中，冲击的能量呈圆锥形向其他地方扩散，如图 7-2-14 所示。碰撞力对车身的破坏有个递进的过程。碰撞时，撞击处就相当于圆锥的顶点，当碰撞力向其他结构传递时，它会被车身上更多的区域吸收，直到碰撞力全部消失。

圆锥的中心线将指向碰撞方向，碰撞力沿车身传播的方向和区域，就像圆锥的截面一样沿轴线扩大。碰撞点即圆锥的顶点就是直接损伤区。冲击波沿着车身传递而产生的损坏就是间接损伤。

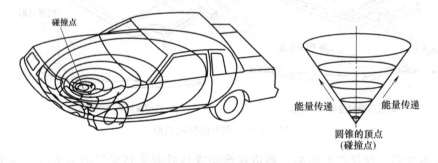

图 7-2-14 承载式车身碰撞能量的传递方式

承载式车身损伤变形的种类与非承载式车身的车架损伤变形一样，也分五种，即左右弯曲、上下弯曲、凹缩变形、菱形变形和扭曲变形，但它们的维修工艺与方法是不一样的。比如菱形变形很少发生在承载式车身上，但一出现就意味着车身报废了，因为维修难度非常大，与换件比较，不值得维修。

1. 弯曲变形

在碰撞的瞬间，由于汽车结构具有弹性，使碰撞振动传递到较远距离的大部分区域，从而引起中央结构上横向及垂直方向的弯曲变形。左右弯曲通常通过测量宽度或对角线尺寸，上下弯曲变形通常通过测量车身部件的高度尺寸是否超出配合公差来判别。与车架式车身结构的弯曲变形相似，这一变形可能仅发生在汽车的一侧。如图 7-2-15 所示。

2. 断裂变形

在碰撞过程中，碰撞点会产生明显的挤压，碰撞的能量被结构的折曲变形吸收，以保护

 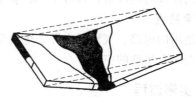

图 7-2-15 弯曲变形

驾乘室。而较远距离的部位则可能会皱折、断裂或者松动。可通过测量车身部件长度尺寸是否超出配合误差来判断其变形是否是断裂变形。如图 7-2-16 所示。

3. 增宽变形

增宽变形与车架式车身上的左右弯曲变形相似，可以通过测量车身宽度是否超出配合公差来判别。对于性能良好的整体式车身来说，碰撞力会使侧面结构偏向外侧弯曲，偏离乘员，同时纵梁和车门缝隙也将变形。如图 7-2-17 所示。

 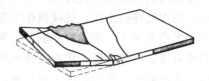

图 7-2-16 断裂变形　　　　　图 7-2-17 增宽变形

4. 扭转变形

整体式车身的扭转变形与车架式车身的相似，可以通过测量其高度是否超出配合公差来判别。由于扭转变形是碰撞的最后结果，即使最初的碰撞直接作用在中心点上，但再次的冲击还是能够产生扭转力引起汽车结构的扭转变形。如图 7-2-18 所示。

 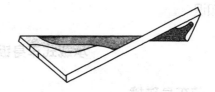

图 7-2-18 扭转变形

除无菱形变形外，整体式车身和车架式车身上的变形类型是极为相似的，但是整体式车身的损坏要复杂得多。

任务实施

一、工作准备

1. 工位准备

工具设备准备：待检查汽车、钢卷尺、轨道式量规、游标卡尺、三维测量系统、举升设备等。

劳保用品和材料准备：棉纱手套、安全头盔、车身评损表等。

2．安全检查

检查使用的电路、气路及电器、电线等是否正常，消除安全隐患；清理车辆周围，保证在巡车检查时有足够的空间。

二、实施过程

1．检查各区域的损伤

汽车碰撞损伤检查一般分五个区域进行，即直接碰撞损伤区、间接碰撞损伤区、机械损伤区、乘员舱区及外饰和漆面区。

（1）直接碰撞损伤区　直接碰撞损伤是用眼睛可以看到的，一般不需要测量，损伤的一般都是翼子板或零部件的开裂、变形、破碎，以及导致的泄漏。

（2）检查间接碰撞损伤区　间接碰撞损伤一般发生在车身溃缩区，不容易发觉，需要依赖测量；间接碰撞损伤常见的有：钣金件皱曲、漆面皱褶，钣金件缝隙变异错位，接口撕裂、焊点脱落等等。

主要使用钢卷尺或者轨道式量规，对车身前部、侧面、后部进行测量。

（3）检查机械损伤区　机械损伤主要查看汽车其余零部件及总成是否损坏，一般以故障检查和性能检查为主；要求对车辆进行侧重的全车检查，其中重点是发动机系统、变速器系统、制动系统、行驶系统、转向系统和电器仪表系统等。

（4）乘员舱区　乘员舱区主要检查汽车驾驶室和车厢内设施的损坏情况。

（5）外饰和漆面区　主要是检查汽车的外饰、漆面、车灯和其他配件的损坏。

2．损伤记录

每个区域都要仔细进行检查，并在车身评损表中作好相应记录。

3．车身损伤分析

通过检查车身损伤情况，结合问询，利用碰撞力的相关知识、承载式车身或非承载式车身的受力特点，进一步找出可能存在损伤。

拓展知识

承载式车身钣件的碰撞变形

一、前车身碰撞

前车身的变形，是由于车头撞上另一辆车或其他物体引起的损坏，如图 7-2-19 所示。

图 7-2-19　前车身的碰撞

当碰撞力较小时，首先保险杠被撞凹，产生直接损伤，然后由保险杠支架牵连到水箱饰板、水箱框架、前翼子板、前纵梁、前挡泥板（轮罩）、前护板及发动机罩、发动机罩锁支柱等都被撞压缩产生弯曲变形；碰撞力较大时，前翼子板将被撞到前门上，阻碍车门的开和关，发动机罩铰链将上弯，接触到发动机罩；前纵梁产生褶皱，与悬架所在横梁接触；如果碰撞力再增大，前翼子板等将严重损坏,前窗柱和前车身支柱,特别是前门铰链上部区域将发生弯曲。前车身地板也会产生皱纹状的压缩变形,如图 7-2-20 所示。

如果前车身碰撞与整车轴线有一个夹角(偏心碰撞),还会引发侧向弯曲变形。两侧的纵梁由横梁连在一起,受碰撞一侧纵梁上的力,将通过横梁传给另一侧纵梁。如果碰撞力很大,悬架部件会损坏,前轮定位将改变,还造成转向装置及其支座的损坏。

二、后车身的变形

后车身的变形,主要是由于汽车倒车时撞上其他物体或被后面的汽车"追尾"碰撞引起的损坏。如图 7-2-21 所示。

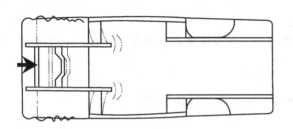

图 7-2-20 正面碰撞后,地板产生皱纹状的压缩变形

图 7-2-21 "追尾"

如果碰撞力较小,后保险杠、后车身板、行李箱和地板等会变形,车轮上方的后侧围板也可能鼓出;如果碰撞力较大,后侧围板会上折顶到车顶,造成车身上部在车顶板和后角板的结合处产生变形,后车身地板、纵梁也产生变形,三厢车的中柱产生弯曲变形。

三、车身侧面的变形

车身侧面的变形,主要是因为车辆侧面受到碰撞,如图 7-2-22 所示。

车辆侧面受到碰撞时,轻者会造成车身翼子板、挡泥板、后侧围板等侧面壁板产生损伤;较严重时造成车门、中支柱、车顶板等变形;严重时造成地板、门槛板等也发生变形,导致前后轮距、轴距参数变化。

图 7-2-22 汽车侧面碰撞

四、车身顶部变形

图 7-2-23 汽车翻滚

车身顶部变形,是由于落物砸伤汽车或汽车翻滚时引起的损坏。如图 7-2-23 所示。

车身顶部变形,轻微的主要是车顶板损坏;较严重的有车顶纵梁、后侧围板和车门及车窗的损坏,车身支柱和车顶板会弯曲;严重时,特别是在车辆翻滚时,还可能造成车身前部或后部损坏。

 思考练习

1. 汽车损伤的综合检查方法步骤有哪些?
2. 碰撞力的三要素对汽车损伤的影响是怎样的?汽车正面碰撞墙壁与电线杆,变形不同,应该怎样分析?
3. 汽车应力集中的地方主要在哪里?
4. 汽车的应力集中都不是人为想要的,所以都是无利的,对不对?
5. 什么叫直接损伤和间接损伤?
6. 汽车钣金维修,损伤维修顺序(　　)。
   A. 首先维修直接损伤,然后是间接损伤
   B. 首先维修间接损伤,然后是直接损伤
   C. 都不对
   D. 没有规定
7. 车架损伤的形式有(　　)、(　　)、(　　)、(　　)和(　　)等。其中(　　)和(　　)最严重,可能会导致汽车报废。
8. 承载式车身的损伤类型与车架损伤的形式有何不同?

任务 3　车身拉伸矫正

教学目标

1. 了解拉伸矫正的重要性及其基本原理。
2. 了解车身大梁校正系统的使用方法。
3. 能安全地进行车身的拉伸校正操作。

任务引入

对于受到严重损坏的汽车,其钣金维修要经过一系列的过程,如进行损伤分析、拆卸零部件、拉伸矫正、维修和更换钣件等,也即进行大修工作。

任务分析

车身的拉伸矫正是整个工艺流程的核心部分,也是严重损坏的事故车钣金维修的重心。汽车产生严重碰撞时,整个车身的钣件可能都会变形。类似车身覆盖件蒙皮的凹凸变形,我们可以通过钣金锤、垫铁和车身修复机来维修；但车身的结构件，如纵梁、横梁等，作为汽车的骨架构件，钣件的厚度比较厚，形状结构比较复杂，强度很高，仅仅依靠手工工具和车身修复机是无法维修的。汽车的车架或整体式车身又是一个受力的刚性立体，要对它们进行形状复原的前提，就是要进行有效的拉伸矫正。

相关知识

一、事故车的钣金维修工艺流程

事故车的钣金维修工艺流程如图 7-3-1 所示。

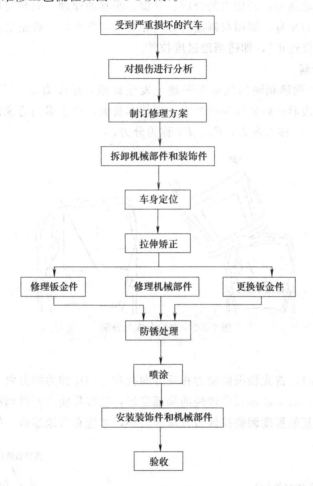

图 7-3-1　汽车钣金维修工艺流程

二、拉伸校正的重要性

1. 可以使车身钣金维修高效率，高精度地恢复钣件形状和状态

拉伸矫正的设备，有能够轻松施加巨大拉伸力的液压动力，有能够对车身各种变形都可以进行矫正的夹具，有车身矫正的各种相关数据和图表。通过拉伸矫正，不仅可以容易地将车身变形尺寸精度恢复到偏差低于±3mm，保证车身安装的各总成及各机构的位置精度，也能使车身各钣件的机械性能恢复到原来的状态，保证汽车行驶的各项性能要求。

2. 拉伸矫正，可以帮助车身维修人员准确判断钣件是维修还是更换

车身钣件维修的习惯是"弯曲就修，扭曲就换"。通过拉伸矫正，不仅可以十分容易地维修弯曲的钣件，还可以根据初步拉伸矫正的恢复程度准确判断钣件是否应该更换。

三、拉伸矫正的基本原理

车身维修有一个原则，也是最基本的方法，就是对车身进行测量和维修时，顺序与变形产生的顺序相反。对车身进行测量和维修的顺序是：

扭曲变形—菱形变形—凹缩变形—上下弯曲—左右弯曲

拉伸矫正的基本原理是：利用力的合成、分解、平移的原理，向与变形相反的方向设计牵拉顺序来拉伸变形的车身，即用与碰撞力方向相反的拉伸力拉伸矫正变形，并根据金属材料的弹性适度地"矫枉过正"，即适当地过度拉伸。

1. 力的合成、分解

如图7-3-2所示，两辆相同的汽车在平地上发生碰撞，碰撞力 F 可以根据它的作用效果，利用力的平行四边形法则分解为两个力，即使车身钣件产生纵向弯曲的力 F_1 和产生横向弯曲的力 F_2。其中 F 称为合力，F_1、F_2 称为分力。

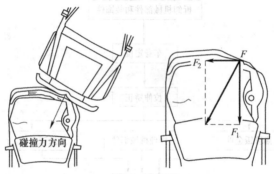

图7-3-2 力的合成与分解

2. 单向拉伸

在进行拉伸矫正时，首先根据碰撞力相反方向找到施加拉伸力的方向，然后在撞击点上在这方向上进行拉伸。对于碰撞程度较轻的局部变形，很容易使变形得到矫正，但在拉伸过程中还要根据变形恢复的程度调整拉伸力方向和大小，才能有效地维修。如图7-3-3所示。

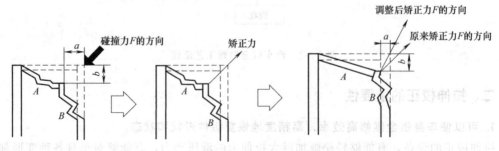

图7-3-3 单向拉伸方法

对局部损坏已经基本得到维修的构件，一般以其轴线的延长线作为拉伸的施力点一次完成矫正，如图7-3-4所示。

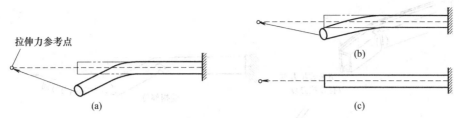

图 7-3-4 以轴线的延长线作为拉伸力参考点

3. 多向拉伸

当车身发生严重的变形时，碰撞力的作用是非常复杂的，其受力状态多为空间力系，车身变形的情形也是十分多样的，仅仅依靠单向拉伸，维修的效果会很差，特别是整体式的车身，往往容易把钣件拉坏。这时应该用多向拉伸（也叫多点拉伸）方法，提高拉伸效率和拉伸矫正质量。

实现多向拉伸，必须找到多向力。方法是把矫正的拉伸力分解，分解为两个或者两个以上的力。同样利用力的平行四边形法则进行。如图 7-3-5 所示。

以 O 为原点，拉伸力（合力）作为平行四边形的对角线，把它在两个相互垂直的方向进行分解。拉伸力 F 可以分解为 F_1 和 F_2 两个分力；拉伸力 F' 可以分解为 F'_1 和 F'_2 两个分力；拉伸力 F'' 可以分解为 F''_1 和 F''_2 两个分力。如果变形更加复杂，可以在空间中分解，每个合力就可以分解出三个分力。

在图 7-3-5 中同样可以看出，在单向拉伸过程中为何要随着变形恢复的程度改变拉伸力的大小和方向。成功的拉伸，拉伸力应该是逐渐减小的，形状变化后拉伸力方向肯定要同步改变，比如由 F 减小为 F' 或 F''，方向和大小都发生了变化。

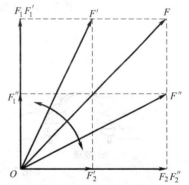

图 7-3-5 力的平行四边形法则

在拉伸矫正时，拉伸力 F 可用其两个分力 F_1 和 F_2 来代替拉伸，效果会更加好。如图 7-3-6 所示。

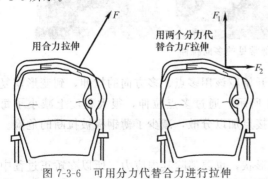

图 7-3-6 可用分力代替合力进行拉伸

记住，许多变形都很难通过一次拉伸来完全维修，必须通过不断地调整矫正力的大小和方向维修，有时还要重新选择矫正力的作用点。实现多向拉伸最直接的方法是多点拉伸。有时只是在分析好的某一点上附加一个小小的其他方向拉力，就能较好地达到目的。如图 7-3-7 所示，纵梁产生弯曲变形。可以把矫正的拉伸力分解为纵向和横向的两个分力，即一个是惯性锤的作用力，另一个是液压机通过链条施加的拉力，就比较容易把纵梁的变形修复。

车身侧面碰撞引起的整体弯曲变形，矫正时需要三个方向的拉伸力，如图 7-3-8 所示。

车身前部常见多向拉伸如图 7-3-9 所示。

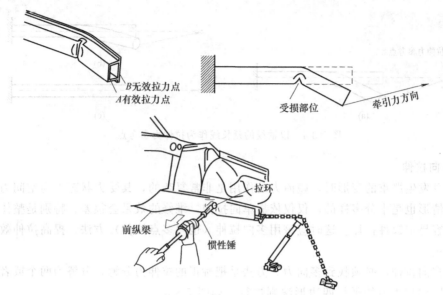

图 7-3-7　适当增加辅助拉伸力，弯曲便很容易得到恢复

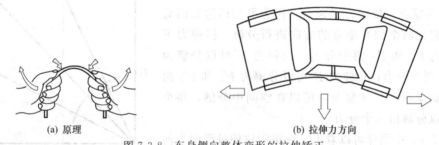

图 7-3-8　车身侧向整体变形的拉伸矫正

图 7-3-9　车身前部常见的多向拉伸

车架的矫正可以用单向拉伸，整体式车身开始应该用多点、多方向的拉伸，到变形恢复程度差不多的时候再用单向拉伸。如图 7-3-10 所示。通过多点拉伸，很大程度上减小了每个受力点上所需的力，大的拉伸力经过几个连接点加以分散，减少了薄钢板被拉断的危险。

4. 拉伸矫正的过程

对钣件进行拉伸矫正，既要使其恢复表面形状，也要消除其内应力。所以在矫正过程中要实施"拉伸—保持—拉伸—保持"的反复拉伸过程，避免产生因为想一次拉伸到位而引起的钣件二次损伤，比如断裂等；在矫正过程的保持阶段中还要对被拉伸部位，利用钣金锤进行适度敲击，以释放钣件内部应力。对于结构钣件，比如纵梁的拉伸矫正，保持阶段还要进行测量工作。如图 7-3-11 所示。

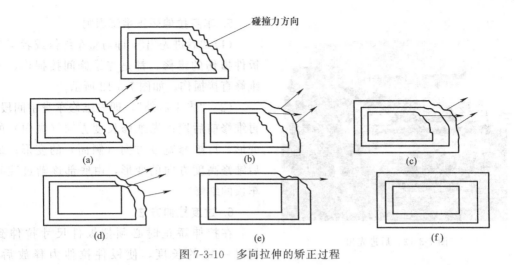

图 7-3-10 多向拉伸的矫正过程

拉伸矫正过程中,要慢慢地、小心地启动液压系统,仔细观察车身损坏部位的移动,看它是否与预计恢复的方向相吻合,它是否在正确的方向上移动。如果不是,应查明原因,调整角度和方向后再重新启动。

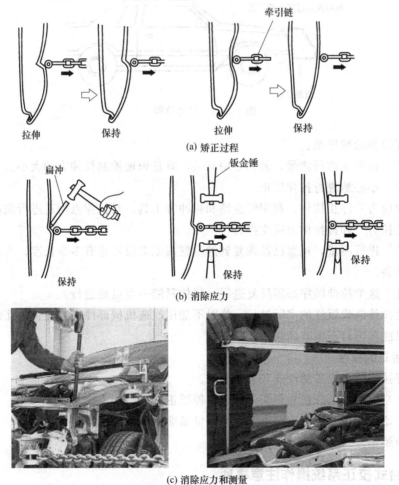

图 7-3-11 钣件拉伸矫正过程

5. 车身拉伸矫正维修原则

(1)"后进先出",即对整车维修或者某个钣件损伤的维修,都是先维修间接损伤,再维修直接损伤。如图 7-3-12 所示。

(2)"先里后外",即先维修车身中间段,再维修前后段;先维修长度方向(纵向)的变形,再维修宽度方向(侧面)的变形;最后维修高度方向的变形,由底部逐渐过渡到车顶的维修。

图 7-3-12 后进先出

6. 过度拉伸方法

在拉伸矫正时必须把钣件尺寸拉伸到超过一定的长度,使钣件拉伸力释放后,钣件由于弹性回归到正确尺寸。但过度拉伸绝对不能超过太大的尺寸,否则拉伸力释放后,存在了绝对的过长长度,钣件只能报废,反而加大了维修的难度和时间。如图 7-3-13 所示。

图 7-3-13 过度拉伸

控制过度拉伸的顺序是:

(1)测量 拉伸前进行测量,做到心中有数,有意识地控制拉伸力的大小。

(2)拉伸 小心地进行拉伸矫正。

(3)释放应力 停止拉伸,利用钣金锤和扁冲等工具,对拉伸点附近进行敲击。

(4)解除拉力 卸掉拉伸力或支撑力。

(5)测量 进行测量,观察已经恢复到的位置离原来位置还有多少长度,为进一步拉伸施加拉力做准备。

(6)重复 这个拉伸顺序必须反复进行,拉伸只能一点点地进行。

因为过度拉伸造成钣件的实际过长,绝对不能用改造机械部件安装位置的孔的尺寸来调整安装,这只能埋下行车事故的祸根。

7. 拉伸矫正的程序

(1)了解拉伸矫正设备的性能和安全规范。

(2)对车身损伤作出分析和判断,确定拉伸矫正方案。

(3)初步矫正确定基准的固定点,维修测量基准点。

(4)拉伸矫正。

四、平台式校正系统操作注意事项

(1)认真阅读设备使用说明书,严格按照安全说明使用校正系统。

（2）上车或下车时，要清除平台上的障碍物，把两个拉伸塔柱移动到后方，小心降下平台，装上上下车踏板。

（3）当车在平台上需要升起或降下平台时，要将车轮固定并将车打在驻车挡，不要在设备后面走动。

（4）将车开上平台或开下平台时，需要有一个助手。上车时尽量把汽车放置到平台中间，为拉伸和测量工作做准备。

（5）平台升起后一定要将后支腿锁住，不要在升降平台过程中跨越气管或油管。

（6）在每次拉伸前应保证拉伸装置与工作台连接可靠，检查主夹钳与车身连接是否夹紧牢固，主夹钳与平台螺栓是否已经上紧。

（7）使用前应检查拉伸系统中油缸、油管、气动泵的性能，保证各部件的性能完好。

（8）为了避免造成严重的伤害事故，不要在施力过程中靠近链条、夹具或其他承受强力的部件，或与它们处于同一直线上。

（9）在塔柱施力前清除链条上所有地方的扭转和缠绕，保证其呈一条直线。

（10）进行拉伸前要注意车身是否需要辅助固定，在什么位置增加，防止车身在拉伸过程中产生偏转、甩尾，造成车身二次损伤。如图 7-3-14 所示。

（11）在拉伸时必须在拉伸链条上安装保护的钢丝绳或其他装置，避免因为链条突然断裂或者脱离车身时造成危险。

（12）链条导向环的手轮，当拉伸开始时必须松开，使链条万一断裂，导向环可以依靠本身的重量自然下滑，防止链条向左右飞出。如图 7-3-15 所示。

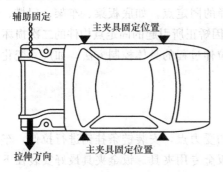

图 7-3-14　增加辅助固定

图 7-3-15　拉伸开始时松开手轮

（13）为了避免塔柱倾翻，要按箭头方向移动塔柱。当链条套筒伸出位置到警戒线时严禁继续提高压力。

（14）拉伸前要做好车身保护工作，比如把必须拆卸并可以先拆卸的部件拆除，用保护布覆盖仪表板等，在拉伸位置利用木块或厚橡胶做垫板，有些地方用尼龙带进行拉伸。如图 7-3-16 所示。

（15）一定要用设备厂家推荐的拉伸链条和钣金夹紧工具进行拉伸。

（16）拉伸力不能大于锚定力，否则会把车身上夹具固定点拉伤，甚至撕裂。

（17）在整个拉伸拉拔过程中，一定要监视车身固定点，注意焊缝是否开裂，倾听是否有异响（可能是焊接点开裂）。

（18）工作时最好戴上护目镜。

(a) 橡胶垫板　　　　　　　(b) 尼龙带　　　　　　　(c) 拆卸蓄电池

图 7-3-16　车身保护工作

五、拉伸矫正的基本技术

1. 制定拉伸矫正方案

对车辆损伤进行全面分析之后，制定出合理的维修方案，应该明确以下问题。

（1）基本内容　分析拉伸力的方向，如何按照在碰撞过程中出现损坏的相反次序来维修；拉伸夹具如何安装在正确的位置上；维修损伤所需要的拉伸次数；是否需要拆件，哪一部分必须拆掉后才进行拉伸，哪些又该先初步拉伸矫正再进行拆卸等。

（2）拉伸方法决定　根据车身变形情况，整体式车身的拉伸矫正还要利用力的合成与分解法分析出多点拉伸的位置，使车身实现多方位固定，进行多方向拉伸矫正。

（3）车身固定位置　选择车身固定位置时，在满足矫正力作用力方向的前提下，选择车身上强度较高的封闭式或半封闭式构件作为优先选择的固定点，如底板梁、车架、门槛、纵梁等。这样，不仅使固定有效、可靠，而且还能避免因矫正所引起的固定点构件的二次损坏。

（4）拉伸过程的控制　矫正方案中必须明确拉伸过程的具体控制方法，如尺寸变化后的预见性控制。

2. 拉伸矫正的准备

（1）拉伸矫正钣金夹具的选用

针对车身变形时需要各个钣件作为拉伸矫正的受力点，安装链条挂钩进行拉伸，车身校正设备往往都配套了各种类型、各种规格的车身钣金专用夹具。钣金夹具最好安装在下列位置：保险杠能量吸收器的安置点和螺栓孔；转向、悬架和机械安装点；损坏的金属板；焊接接头；加强件的凸缘等。如图 7-3-17 所示。

① 正确选择钣金夹具　车身钣金专用夹具是各种类型的特制夹钳或拉钩、尼龙带等，它们适用于翼子板、车轮罩、壳体及车门下边缘等处变形的矫正，而且这种装卡夹持方式一般也不会损坏矫正部位的金属。拉伸时利用它们将损坏部位夹持而固定，用车身校正系统的拉伸装置、液压千斤顶等来拉伸矫正。但使用时必须正确选择，才能发挥它们的作用，使我们能更快更好地维修变形的车身。

② 正确使用钣金夹具　进行车身拉伸矫正工作，必须时刻注意安全，钣金夹具是否正确使用，不仅关系到车身维修的效率，也关系到安全。钣金夹具夹持车身可以承受较大的矫正力，但装夹钳的方法和拉伸力的作用方向一定要正确。正确使用钣金夹具，主要是安装夹具时要注意其准确到位，拉伸力的方向必须经过夹具的中心，避免拉伸时拉伸力偏离中心产生扭矩，把夹具拉离开车身或者把车身拉坏。如图 7-3-18 所示。

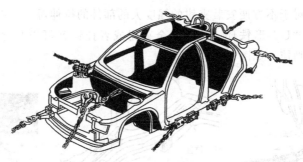

(a) 钣金夹具在车身上安装位置

(b) 部分车身钣金夹具

图 7-3-17 车身夹具及其安装位置

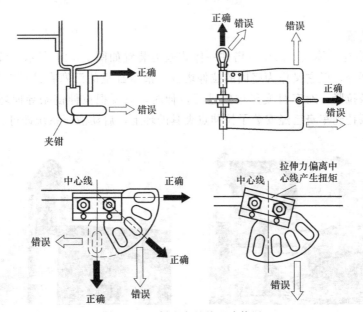

图 7-3-18 钣金夹具的正确使用

钣金夹具的具体应用如图 7-3-19 所示。

图 7-3-19 钣金夹具的应用

（2）临时焊板　对于不方便安装夹钳的强度大的部件的拉伸矫正，有时需要临时焊上一个带挂钩的钢板或者"U"形铁环，然后钣金夹钳或者挂钩就可以与之相连，进行拉伸矫正，矫正结束后再切割掉。如图7-3-20所示。

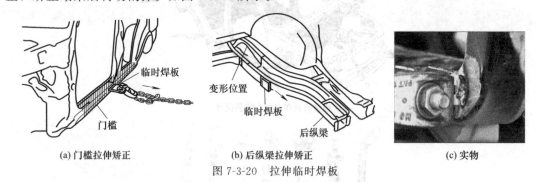

图 7-3-20　拉伸临时焊板

3. 车身矫正时的施力方法

车身矫正时的施力方法，主要由校正系统的施力装置决定。施力装置可以分为塔柱式装置和多功能液压千斤顶装置，其中塔柱式装置又可以分为液压缸塔柱一体式与液压缸和塔柱组合式两种。

（1）施力装置

① 液压缸塔柱一体式　液压缸塔柱一体式施力装置如图7-3-21所示，液压缸是液压系统的主要组成部分，但它又作为坚固的拉伸塔柱，液压缸里的活塞在液压缸里向上运动时，就能把拉伸链条拉紧。对车身变形位置进行拉伸时，只要把拉伸链条导向环调整到合适高度，然后把链条挂到车身已经安装了拉伸点夹具的环上，启动液压系统即可。

图 7-3-21　液压缸塔柱一体式

② 液压缸和塔柱组合式　液压缸和塔柱组合式施力装置如图7-3-22所示，液压缸与塔柱是分开的，它们通过活动铰链来连接，塔柱与其底座也是通过铰链连接。液压缸里的活塞杆向外伸出时，就能把塔柱向校正平台外推动，也就把卡在塔柱槽上的链条拉紧，对车身钣件进行拉伸矫正。

③ 多功能液压千斤顶　现在的车身拉伸矫正主要是利用塔柱，但在需要多向拉伸的时候还会经常使用到无塔柱的液压装置。无塔柱式液压装置主要是指多功能液压千斤顶，包括分离式千斤顶，它通常与拉伸链条与固定位置形成三角形结构，使用时要注意链条锚定的角度，不能超出临界位置，即内角90°，否则会产生危险，液压缸工作时会向下倒。如图7-3-23所示。

图 7-3-22　液压缸和塔柱组合式

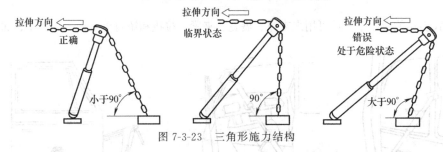

图 7-3-23　三角形施力结构

(2) 施力方法

根据车身的变形情况和受损位置的不同，在拉伸矫正时，校正系统向拉伸钣件施加拉力或支撑力必须也能够全方位的实现，才能把车身快速维修好。从矫正车身钣件的不同位置来分，施力方法主要有水平拉伸、向下拉伸、向上拉伸、向外向下拉伸、向外和向上拉伸等拉伸形式以及各种支撑方法、拉伸与支撑组合方法。但从施力装置施力的作用来分，只有拉伸法和支撑法。

① 拉伸法　拉伸法借助外力（如液压力、气动力）的牵拉作用，来实现对骨架、横纵梁、门槛等变形的矫正。选用合适的拉伸定位装置与车门或车身的变形部位固定后，就可以借助外力轻而易举地将变形矫正过来。拉伸法的矫正力可以非常容易地从零开始逐渐加大到所需的力量，可以从不同角度同时增大拉伸力，这对矫正综合变形很有利。可见，拉伸法适合于矫正大型构件的多方位变形，尤其是矫正车身的整体变形，非使用拉伸法不可。如图 7-3-24 所示。

② 支撑法　支撑法利用可以伸长的支撑杆的支撑力，将框架式构件的变形顶压至理想的位置。车身校正系统的拉伸塔柱、组合式多功能液压千斤顶均可用于拉伸、支撑作业。支撑法非常适合于对于开口类框架式结构，如门框、窗框、发动机罩、行李箱等的挤压变形的维修，如图 7-3-25 所示。

(a) 水平拉伸　　(b) 向上拉伸　　(c) 向上向外拉伸

(d) 向下向外拉伸　　(e) 拉伸和支撑组合

图 7-3-24　校正系统各种施力方法

组合式多功能液压千斤顶可用来支撑、展宽、夹紧、拉拔和矫直等工作，如图 7-3-26 所示。

 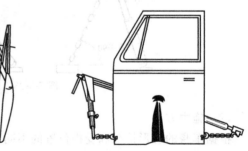

图 7-3-25　支撑法矫正　　　　　图 7-3-26　车门的拉伸矫正

4. 拉伸矫正操作

（1）车身前部损伤的矫正　当汽车在前面某一侧严重碰撞时，损伤往往涉及前部横梁一侧的前轮罩及纵梁的更换；另一侧的前翼子板、前轮罩和纵梁的维修。操作要从前轮罩和纵梁的矫正开始，并且要维修替换件的支撑结构。

矫正时，把汽车固定到校正平台上。先在需要更换部件的一侧，按与碰撞方向相反的方向，对纵梁进行拉伸。拉伸时应该多点拉伸，同时对轮罩上加强筋和纵梁进行拉伸。如果由于拉伸会引起维修侧的纵梁严重损伤，则可在对角线尺寸正确的地方，将散热器框架下横梁和散热器的上支撑分开，再分别加以矫正。要夹紧纵梁里面的损伤面，向前拉伸时，从里向外拉或从外向里压，维修完弯曲部分后，使尺寸与标准的对角线尺寸相吻合。如图 7-3-27 (a)、(b) 所示。

如果纵梁的碰撞变形特别严重，比如前车门关不上，就意味着翼子板的严重变形已经涉及车身的前柱。这时，必须要切割掉轮罩和纵梁，然后用支撑法和拉伸法配合运用来进行矫

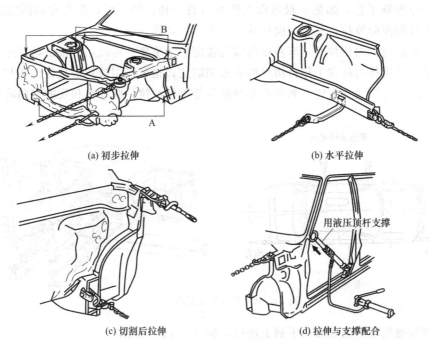

图 7-3-27 前柱和前围板的拉伸矫正

正。在纵梁和前围板切口处夹紧,与此同时,用分离式千斤顶从门框里边进行支撑,就可以获得事半功倍的维修效果,前围板被矫正了,前柱也得到矫正。如图 7-3-27 (c)、(d) 所示。如果仅仅用拉伸法或者支撑法来维修,维修结果会极不理想。

如果纵梁在垂直方向上有弯曲变形时,可以在高度方向上施加向下的拉伸力,同时采用在适当位置利用分离式千斤顶进行支撑帮助,实现多点拉伸,纵梁也会得到比较好的恢复。注意矫正力较大时,应该在支撑的地方用木块保护。如图 7-3-28 所示。

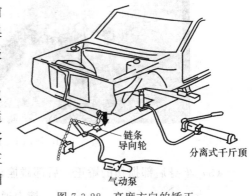

图 7-3-28 高度方向的矫正

汽车前部损伤其他拉伸方法如图 7-3-29 所示。

图 7-3-29 汽车前部损伤常见拉伸方法

(2) 车身侧面损伤的矫正 当汽车在车身中部产生严重碰撞时,车身结构必然受到重创,车门槛板变形,车身底板也会变形,整个车身会像香蕉一样扭曲。对其维修就是一个典型的多向拉伸维修工艺，如把一根弯曲的铁线拉直一样。矫正时，将车身的两端向两头拉开，再将车身侧面向外拉，进行三向拉伸。如图 7-3-30 所示。

当对汽车进行三向拉伸时，车身中间段的锚定非常重要。可以用一根链条穿过焊接在车身上的钢板夹并用挂钩挂在工作台边缘的方法来固定，也可以用拉伸塔柱将链条与焊接钢板夹连接的方法进行拉紧和固定。如果在车身高位处进行牵拉，则需在相反的方向将汽车底部固定住。

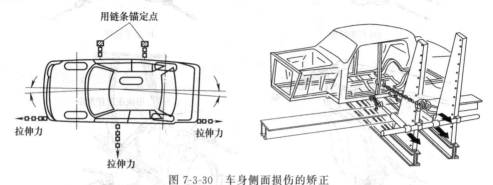

图 7-3-30 车身侧面损伤的矫正

车身侧面损伤矫正的维修从下到上进行，如图 7-3-31 所示。

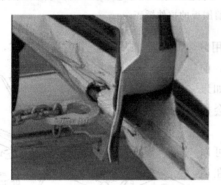 

图 7-3-31 由下而上的矫正顺序

（3）车身后部损伤的矫正　后部碰撞，比如追尾事故时，保险杠时常会被碰坏，而且碰撞力通常会通过后部纵梁的尾端或附近的钣件进行传播，引起"上弯"部位的损伤；后轮罩、翼子板也将变形，后围内侧板向前移动，造成其他部件之间的间隙变化。如果碰撞十分严重，还将影响到车顶、车门或车身中柱。

拉伸矫正时可以将夹钳或钩子接到后纵梁的后部、后地板或后围板位置进行拉伸。当后纵梁被撞进后轮罩、后门间隙变形，可以通过拉伸后纵梁来消除后围侧板的应力，翼子板的变形也就得到修正，将轮罩或车顶侧边的内板和后部纵梁一起夹紧拉伸，以保持正确的车门间隙。只是后翼子板有轻度变形时，可以在后围内侧板后端部分安装夹钳进行拉伸矫正。如图 7-3-32 所示。

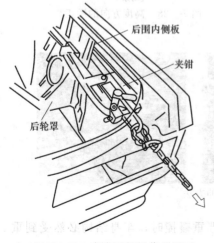

图 7-3-32 车身后部损伤的矫正

当出现汽车前部碰撞引起车尾部分结构扭曲时，可将车尾较低部位的结构件夹紧在校正台上。首先进行初步的拉伸，恢复一些较低的变形点；把损伤严重、不能再进行维修、需要更换的部件切割，再重新安装夹钳，继续拉伸。

任务实施

以拉伸校正前纵梁宽度尺寸为例，介绍平台式校正系统的使用。

一、工作准备

准备拉伸汽车一辆，车身校正系统、测量系统、钣金锤等工具和设备；按7S要求搞好各方面的清洁卫生，穿戴好棉纱手套、护目镜、安全头盔等劳保用品。检查所使用工具、夹具及设备是否有不安全因素，保证操作安全。

二、操作步骤

（1）上车。

事故车上校正平台的方式有多种，要根据实际情况进行，但不管用哪一种方式上车，都要小心翼翼，保证安全。

① 开车上平台　如果事故车还可以开动，可以把校正系统平台的上车端通过液压系统放低，并放正上车板，小心开车或倒车上去。注意一定要有人在附近指挥。

② 拉车上平台　如果事故车已经不能开动，但转向系统没有问题，可以把平台放低后，利用拉车装置把汽车拉上平台。如图7-3-33所示。

(a) 开车上平台　　　　　　　　(b) 拉车上平台

图7-3-33　上车方式

（2）汽车的固定。

矫正时将使车身构件承受很大的拉压作用力，必须对车身进行可靠固定，具体的固定方式要根据校正系统、固定夹具和汽车损伤的情况来决定。平台式校正系统通常是用四个主夹具在汽车车身的前桥和后桥位置进行固定。夹具的下部通过夹板、螺栓与台架固定，夹具的上端与车身底部加强件边缘牢固地连接在一起，从而实现车身与车身校正系统的刚性连接。安装夹具之前，要从加强件折边和夹具钳口上清除所有的润滑油和底漆，保证夹紧稳固。如图7-3-34所示。

（3）测量变形尺寸。如图7-3-35所示。

（4）根据目测检查和测量检查，对车身进行损伤分析，制订拉伸方案，确定拉伸位置。

（5）松开拉伸塔柱四个固定螺栓。如图7-3-36所示。

(a) 清除底漆　　　　　　　　　　(b) 主夹具固定

图 7-3-34　车身固定方式

图 7-3-35　测量变形尺寸　　　　　　图 7-3-36　松开塔柱固定螺栓

（6）把拉伸塔柱移动到拉伸位置，并用扳手把四个固定螺栓上紧。如图 7-3-37 所示。

图 7-3-37　移动拉伸塔柱并紧固

（7）选择尼龙带，把尼龙带绑在前纵梁上，并与拉伸链条连接，整理拉伸链条。如图 7-3-38 所示。

（8）调整链条导向环的高度位置，使其与拉伸链条同处水平位置，固定链条导向环。如图 7-3-39 所示。

（9）在前纵梁及链条上系上安全钢丝绳。如图 7-3-40 所示。

（10）把气管接到气动泵上。如图 7-3-41 所示。

（11）打开压缩气体开关，启动气动泵，使拉伸链条被拉直。如图 7-3-42 所示。

图 7-3-38　用尼龙带绑定并整理拉伸链条

图 7-3-39　固定链条导向环

图 7-3-40　系上安全钢丝绳

图 7-3-41　把气管接上气泵

图 7-3-42　启动气动泵

(12) 松开链条导向环。如图 7-3-43 所示。

(13) 拉伸。在松开链条导向环后，对需拉伸修复部位进行拉伸校正工作。如图 7-3-44 所示。

(14) 消除应力。在钣件被拉伸到一个合适状态时，停止拉伸。用钣金锤打击钣件变形处，消除应力。如图 7-3-45 所示。

(15) 测量校正尺寸。每次拉伸到一定位置后，都要进行测量，保证拉伸按预定方向进行，不产生绝对过度的拉伸。最后修复的尺寸不能超过维修手册提供的标准数据的 ±3mm。如图 7-3-46 所示。

图 7-3-43 松开链条导向环

图 7-3-44 拉伸

图 7-3-45 消除应力

图 7-3-46 测量校正尺寸

（16）反复拉伸校正和测量。拉伸、消除应力、测量的过程是根据钣件损伤修复的具体要求进行的重要环节，一般都要经过多次反复才行。

（17）操作结束。操作结束后，整理工具和设备，清洁工位卫生。

拓展知识

拉伸矫正时的加热

在低碳钢车身的时代，汽车钣金维修十分习惯用加热方法来加快矫正的速度，汽车维修手册也指导那样做，但现在的车身维修已经终止了这种维修工艺。车身用高强度钢和其他特殊材料越来越多，特别是维修高强度钢尤其要小心。在万不得已的时候不允许用加热方法进行维修。

一、加热的目的

高强度钢可以被加热到它的临界温度，并允许自然冷却而不会影响到它的强度和内部结构。如果高强度钢被加热超过其临界温度，它的强度就会被削弱。

对于一些皱纹折叠得很牢固的地方，俗称"死褶"，拉伸矫正时，有可能会把它撕裂。如果它是在拐角处或是双层板，强度又足够强，拉伸时就可以加热它。但加热时一定要有意识地小心，把加热作为放松"死褶"金属，消除应力的一种方法，不要把加热当作软化金属的方法。如图 7-3-47 所示。

图 7-3-47 拉伸矫正时加热

二、加热的方法

加热可以使用碳棒或氧-乙炔火焰。氧-乙炔火焰比较容易些,但要注意是利用其中性焰的外焰进行。

汽车上使用多种型号的高强度钢,它们的临界温度各不相同,只从表面观察是不可能确认出它们的临界温度的。监视加热的最好方法是使用热蜡笔或示温涂料(热敏涂料)。用热蜡笔在加热位置旁边的冷金属部位作记号,当温度达到一定时,热蜡笔记号就会熔解,加热也就要停止,加热温度就得到很好的控制。如图 7-3-48 所示。

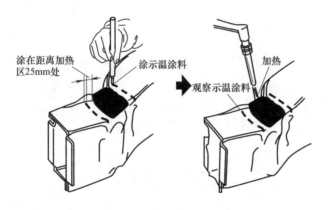

图 7-3-48 示温涂料的用法

三、加热的注意事项

(1) 给损坏处加热,必须按照汽车维修手册的推荐方法来操作,每个制造厂都有对其车身加热温度的推荐范围,这些范围是针对汽车上确定的金属成分而写的。

(2) 不能用水或压缩空气来冷却加热的区域,应让其自然冷却。快速冷却会使金属变硬并且在一些情况下会变脆。

(3) 金属的任何一个区域的累计加热时间不能超过 3min,车门加强梁和保险杠加强件等禁止被加热。

(4) 因为车身上的材料种类很多,建议所有的金属都应按照高强度钢那样处理,这样就不会把钣件修坏。

思考练习

1. 简述事故车钣金维修的工艺流程。
2. 什么叫力的合成与分解?
3. 为什么承载式车身要采用多向拉伸?
4. 拉伸矫正的正确过程有哪些环节?每个环节要注意什么?
5. 车身拉伸矫正维修的两个基本原则是什么?
6. 拉伸矫正中,绝对不能过度拉伸,对吗?
7. 平台式校正系统主要用什么方法对汽车进行固定?
8. 拉伸时应该如何对汽车进行保护?
9. 拉伸时拉伸力与钣金夹具的中心有什么关系?
10. 使用多功能液压千斤顶,组成三角形施力结构要注意什么?
11. 如果在拉伸矫正中一定要对车身钣件加热,用什么方法能准确监控好加热温度?

项目 8
车身钣件的切割更换

任务 1 纵梁的切割更换

教学目标

1. 知道车身钣件更换的技术要求和注意事项。
2. 能为车身钣件更换准备好工量具及材料等。
3. 会正确对前后纵梁进行更换。

任务引入

现代的汽车车身维修,在许多情况下,零件的更换维修方式比矫正维修方式要好。一般情况是:如果钣件弯曲,就进行修理;如果钣件扭曲,则进行更换。钣件切割更换维修的基本环节包括定位、粗切割、精切割、整修、装配、焊接、打磨和防腐等。

任务分析

纵梁的切割更换主要包括车身纵梁更换的条件、切割方法、切割更换技术要求、操作规范和注意事项等。前纵梁属于箱形结构,截面为封闭形式,受力较大,材料一般为高强度钢,主要依靠电阻点焊和气体保护焊缝焊与其他零部件连接。前纵梁是车身前部的主要吸能构件,有特意设计的溃缩区。当前纵梁变形较严重时,在维修时都作更换处理,千万不能随意进行加固,也不能在溃缩区进行切割和焊接。

相关知识

一、车身钣件更换的条件

(1) 车身钣件的损伤十分严重,产生了扭曲等复杂的变形,通过修理也无法恢复其外形和内在形态时,应该更换。比如钣件在轮廓分明的棱角处发生了扭曲变形,压扁区已出现扭曲,损伤位置在发动机或转向器安装位置附近发生扭曲变形;由于严重冷作硬化而造成的"锁紧在一起"的严重折叠起皱变形,必须更换。

因为扭曲钣件矫正后,零件上仍会有明显的裂纹、开裂口或压痕,不经过高温加热处理是不能恢复到事故前的形状的。所以在进行车身修理，操作前必须仔细地观察损伤的状态，而后决定修理方案。

（2）通过修理来维修车身钣件，虽然可以修理，但修理成本太高，修理时间太长；而新件的价格以及拆卸和安装工时明显有优越性时，应该换件。这样还会得到更好的外观，也会节约了喷涂方面的时间。

（3）钣件因为锈蚀，小的钣件或者大面积锈蚀的钣件只有通过换件来修理。

（4）待修理的车身钣件有更换的配件时，才能更换。如果没有待换的配件，只能通过修理或者制作钣件。进行该工作时，制作的钣件或者修理的钣件安装在车身上时，强度必须符合要求。

（5）换件必须经过保险公司的允许。现在的汽车修理，投保的汽车都要经过保险公司来确定修理方案，车身修理人员不能自作主张更换车身零部件。

二、车身钣金的换件修理基础

1. 车身钣件的切割方法

车身钣件的切割是车身换件修理的最基本工作，常用工具有砂轮机、气动錾、气动切割锯、气动剪和焊点切除钻等；常用设备有气割设备和等离子切割机。

（1）确定焊点位置

想找到焊点位置，有些地方用眼睛来观察就能找到，但有些地方，比如轮罩位置，通常有较厚的保护涂层，必须把保护涂层清除后才能找到焊点。

要除去保护涂层，可以用火焰烧烤，然后用钢丝刷除掉；也可以用砂轮机或者把硬钢丝轮或钢丝刷固定在钻头上进行打磨，用来去除喷漆、保护层以及其他的覆盖物；还可以用錾子和刮刀进行处理。注意在烧烤漆层时不要烧穿漆层，因为这样做会使钢板变色，伤害金属内部结构。如图8-1-1所示。

如果去掉油漆层后，仍看不到焊点时，可在两板之间用錾子小心铲，焊点的轮廓就会显露出来。

（2）切除焊点

焊点的位置确定以后，可使用电钻、焊点切除钻、气割和等离子切割等方法切除焊点。建议在对焊点切割时最好用焊点切除钻，切除时仅仅把上层板的焊点钻掉，不要钻透下层板，这样对钣件的重新焊接非常有好处。如图8-1-2所示。

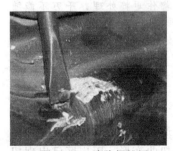

图8-1-1 清除保护层

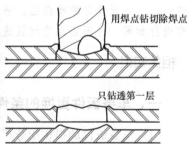

图8-1-2 钻除焊点

（3）切除焊缝

车身上还有些位置是用焊缝连接的，主要有气体保护焊焊缝和电弧钎焊焊缝等，可使用砂轮机或其他切断工具来去除。如果是一般的铜焊焊缝，可以用火焰法清除。如图 8-1-3 所示。

焊点或者焊缝被切除以后，可用扁錾和手锤或者气动錾把焊接的钣件分离。如图 8-1-4 所示。

图 8-1-3 切除焊缝

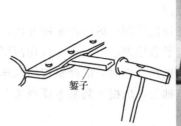
錾子

图 8-1-4 分离钣件

切割不是焊点焊缝连接的地方，可以直接利用气动錾、气动锯、气动剪等进行切割。在切割前必须对部件进行测量并做上标记。如图 8-1-5 所示。

切割车身钣件时，切割下来的零部件不要随意放在地板或过道上，要放在无人走动的地方。

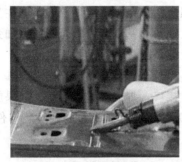
(a) 气动錾切割钣件

(b) 气动锯切割钣件

图 8-1-5 车身钣件的切割方法

2. 车身钣件切割的基本原则

汽车车身上通常有三种类型的结构件：封闭截面，比如门槛板、前纵梁、A 柱及 B 柱；槽形截面，比如后纵梁；单层平面部件，比如地板及行李箱地板。如图 8-1-6 所示。

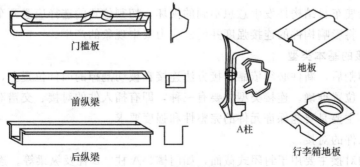
图 8-1-6 车身钣件结构类型

车身结构件的切割部位是非常讲究的，如果随便切割，很容易破坏车身的钣件强度，进而就严重破坏整体式车身的强度。比如封闭截面的钣件只有保持完整的封闭式形状才能保证其本身及其连接点的强度，选择切割位置时，应充分做好计划，保证焊接后使结构件正确闭合，形成封闭截面。所以切割车身结构件时必须按照合理的拆解方法，注意切割部位、切口方向和切割范围。

切割钣件前，要在相关件变形得到基本矫正，损伤变形基本恢复原状后才能进行，否则，新件装配时将无法准确定位。

沿着原焊缝更换损坏件是碰撞修理中的一种常用方法，如果变形位置在焊缝位置旁边或者更换构件比较经济时，都应沿着原焊缝对钣件进行切割更换。这样的修理结果，车身的强度与原来一样。不在原焊缝处更换部件时，应严格按照汽车修理手册中规定的方案选定切割位置，或在弄清具体构造的基础上，依据下列基本原则选取切割部位。

(1) 避重就轻

避重就轻是指要求切口位置一定要避开构件的强度支撑点，而选择那些不起重要支撑作用的位置进行切割。同一构件上强度大小的区别在于，有无加强板等结构在起辅助增强作用，是否是机械部件或其他构件的安装位置等。

但要注意，也要避开汽车设计时有意要求的薄弱环节，如吸能区的位置，切割时不要切割到波纹管位置，孔的位置，否则就会改变设计的安全目的。"重"还指一些重要的位置，比如尺寸测量的基准孔。

总之，切割位置的选择应以保持原钣件的强度为准则，不能切割和不能在其附近切割的位置有：悬架安装位置、结构件的安装位置、尺寸参照基准孔、复合形状、加强件、复合结构、塌陷或挤压区、发动机或传动系统安装位置等。

(2) 易于修整

切割只是换件的第一步，切割后，还需要对接口、焊缝等进行修整。如果能合理选择切口，换件修理的有些工作就可以简化。如所选切口正好位于车身内、外装饰件的覆盖范围内，其接口或焊缝的表面处理就显得容易多了。

(3) 便于操作

切割要使用各种工具，在切割后，要留有足够的钣件；在安装新件时，对切口有一定的要求，还需要焊接等，切割位置的选择必须考虑到进行这些操作时是否方便，还要尽可能少切割到相关联的钣件。如果所选的位置操作不方便，而且不能进行正确焊接，应选择其他位置进行切割。

(4) 无应力集中

应力集中会使车身结构件发生意想不到的损坏，切割位置的选择应避开车身构件的应力集中区。否则，将影响构件的连接强度并诱发应力集中现象的产生。

3. 切割连接的基本类型

车身钣件切割后，新件必须依靠焊接方法连接在被切割掉的旧件位置上，并且要保证连接的强度足够、位置准确。连接类型主要有三种，即有插入件的对接、交错对接和搭接。连接类型的选择，主要是要能保证元件的完整性和强度要求。

(1) 有插入件的对接

有插入件的对接主要用于封闭式截面，如门槛、A柱、B柱及纵梁等。连接时，在管式结构件中插入一尺寸规格合适，形状与连接钣件一样的零件，然后在对接位置进行缝焊，两边进行塞焊。用插入件连接，能使定位准确，连接容易，方便焊接。在车身钣件连接时，如有条件，都建议采用用插入件的对接方法。如图8-1-7所示。

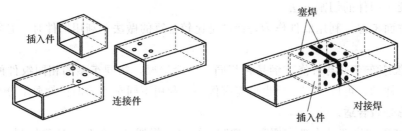

图 8-1-7 有插入件的对接

采用插入件对接时，钣件应垂直切割，而且在截断前后纵梁时，一定要牢记不能在压缩区切割，同时还要避开梁上的孔洞和加强件。同时，在连接前后纵梁时，千万不能把内插件放在压缩区，对这些部件的加强没有好处，反而会改变吸收碰撞能量的方式，可能对乘客造成危害。

内插件一般是从更换板或损坏的部件上切割得到的。如果从其他途径获取，务必注意的是材料性质必须是一样，因为不同性质的金属连接在一起，有可能发生电化学腐蚀，减少汽车寿命。

（2）交错对接

交错对接，是无插入件的对接，也称为错口对接或间隔对头连接，常用于 A 柱、B 柱及前纵梁的连接。连接时，对接位置进行连续焊接。如图 8-1-8 所示。

图 8-1-8 交错对接

（3）搭接

搭接指两块钣件错位重叠，然后在重叠位置进行焊接的方式。搭接用于地板、行李箱地板、后纵梁及其他平面或槽形部件上。

钣件进行搭接，至少应重叠 25mm；焊接时，一般是在重叠区使用塞焊，从上层板向下层焊，使用连续焊缝封闭底边。对地板及行李箱地板搭接时，还应该进行密封，防止水及烟雾进入。如图 8-1-9 所示。

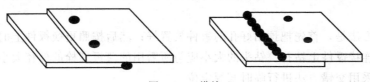

图 8-1-9 搭接

在车身钣件切割连接时，要根据钣件的形状和结构，在保证连接的强度符合要求前提下，合理选择连接方式，有的采用单一的连接方式即可，但有的可能要采用组合的连接类型才能保证连接的强度达到要求。比如截断的车身 B 柱，其外侧用错口对接，而内侧要用搭接。

4. 新件的切割方法

车身换件修理中用到的替换件有两种，一是新的配件，二是从报废车上切割下来的旧件。这两种替换件，在换件修理中统称新件。

(1) 报废车旧件的切割方法

从经济方面考虑，利用旧件作为替换件是比较合算的做法。利用旧件时，必须注意以下问题：

① 注意报废车车型与待修车辆是否相同。一般情况，相同车型的相同钣件的结构、形状和强度是一样的，可以通用，但也可能有例外。利用不同车型的旧件就要十分小心了，必须多方面考虑是否合适。

② 应该准确知道在什么地方切割，切割时可以先粗切割，然后再精确切割。

③ 最好是用钢锯锯断。钢锯切割对钢板热影响最小，也能做到准确切割。也可以用等离子切割，效果也很好，但要注意不能割到不能切除的地方。

④ 如果用割炬切割，必须留有至少 50mm 的余量，以保证从切口散出的热量不会影响到连接部位，在精切割时有足够的位置。

⑤ 切割时注意，不能将内部的加强件截断。如图 8-1-10 所示。

⑥ 不能在焊接的加强件处进行切割。

⑦ 切割好钣件后，检查钣件是否被腐蚀。如果出现锈蚀，该钣件就不能使用。

⑧ 切割好钣件后，还要测量其尺寸是否正确，不正确必须重新切割。

图 8-1-10 不能切断加强件

(2) 新钣件的切割方法

新钣件的利用，有时是整个钣件更换，但许多情况下，从工作效率上、车身变形情况来考虑，是没必要整个更换的，只是进行部分的切割更换。切割新钣件时，先粗切割比所需尺寸大 20～30mm 的钣件。待新件的定位作业完成后，再重新划线精切割。切割的多余量不宜过大，否则将不便于钣件的定位；也绝不能将尺寸留小，否则将严重影响质量，甚至会使钣件报废。

5. 钣件定位方法

(1) 定位和精切割

把新件切割下来后，对于车身结构件，还要经过定位，才能进行精切割和焊接。常用的定位工具有：弓形夹、自锁夹、定位焊、专用夹、金属螺栓等。精切割常用工具主要有气动锯和切割砂轮。

定位基本方法是，首先把预钻好孔的钣件放置好；然后按照更换钣件上的孔每隔一个孔在对应的下面连接钣件上钻孔。钻头的大小应与所需用的薄板螺栓的外径大小略大。对没有装入螺栓的孔采用交错方法进行临时塞焊定位。

在安装有多余量而重叠的钣件时，应先仔细调整定位。定位好以后，就可以对车身和新件进行准确划线和精确切割。切割重叠部分有两种方法：当多余量足够时，两块板可同时进行切割；如果多余量很小，则可在重叠板的边上划上线，然后按划线进行切割，这时可使两块板能紧密地接合在一起，缝隙很小或者没有。

把重叠部分切割掉，新件和旧件配合好之后，要做好配合的标记，把新件暂时卸下，做好焊接前的准备。如图 8-1-11 所示。

(2) 定位方法

进行钣件焊接前，必须进行精确定位。盲目操作的结果只能是因达不到要求而重新返工。位置度要求较高的车身结构件可采用测量法定位；对装饰钣件，可采用适配法定位。

无论是测量法定位还是适配法定位，都需要在定位工作结束后，再进行一次最后的调整。一些安装问题、修理缺陷、运动干涉等不良状况，都将通过合理的调整得到解决。

① 测量法定位　也叫参数法定位。可以利用先进的三维测量定位夹具系统，按照系统使用说明和有关的车身数据就能十分快捷地完成钣件定位。用三维测量定位夹具系统进行定

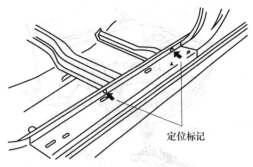

图 8-1-11　定位标记

位时，先在台架上按照车身数据把夹具放到正确的位置，并用螺栓固定好；然后将新钣件在夹具上放好位置，并检查新钣件与车上保留件的位置关系，经过必要的调整后再用夹钳把钣件夹紧，最后将新旧钣件焊接到一起。如图 8-1-12 所示。

图 8-1-12　前左纵梁的夹具定位

用测量法定位，也可以用杆规和中心量规等工具来操作。下面介绍用它们来安装定位轮罩，即挡泥板的步骤。

a. 按照安装标记或旧件拆解时遗留的痕迹安装上轮罩，然后用大力钳在后部将轮罩固定，用千斤顶在底部支撑。如图 8-1-13（a）所示。

b. 长度方向的调整。参照修理手册或运用对比法确定轮罩的安装长度，并调整好测距尺，沿纵向测量。在前方用垫木和手锤轻轻敲击，调整轮罩的装配长度，使其符合规定参数值的要求。如图 8-1-13（b）所示。在合适位置进一步用点焊固定轮罩，并在前面用临时焊点与前横梁连接。注意焊点不要太多，数量越少越好。

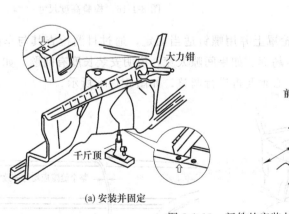

图 8-1-13　新件的安装与调整

c. 高度方向的调整。在两侧轮罩对称位置安装好中心量规后，通过调整新件使之与对侧构件等高，然后用千斤顶支撑，使其保持高度不变。在适当位置增加点焊，或者钻孔用螺钉临时固定。如图 8-1-14 所示。

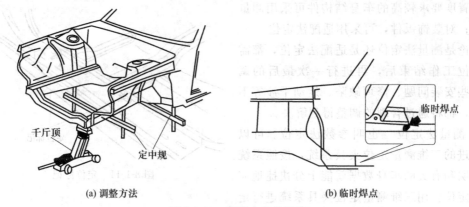

(a) 调整方法　　　　　　　　(b) 临时焊点

图 8-1-14　高度方向的调整

d. 宽度方向调整。使用杆规测量宽度尺寸，并用对角线尺寸来检验。按照修理手册的参考数据进行调整，直到符合为止，将其与横梁适当固定。如图 8-1-15 所示。

e. 安装悬架横梁。按图 8-1-16 所示检验高度与长度方向的尺寸。如果尺寸有误差，必须进行进一步调节。长、宽、高尺寸都符合参考数据后，就可以安装悬架横梁并固定。

f. 安装散热器支架。在确定与散热器支架连接的各个钣件位置正确后，安装散热器支架，并用夹具或者螺栓固定，用杆规按照标准数据进行调整。如图 8-1-17 所示。

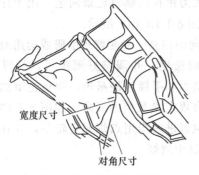
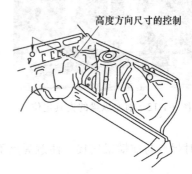

图 8-1-15　宽度尺寸调整　　　　　　图 8-1-16　检验高度尺寸

g. 安装翼子板。把翼子板安装在轮罩上并用螺钉适当固定，通过目测检查其与车门的配合间隙是否上下一致，间隙宽度是否超标。如果间隙太宽，说明安装长度有问题，如果上下宽度不一致，说明安装高度有问题。必须要再进行调整。如图 8-1-18 所示。

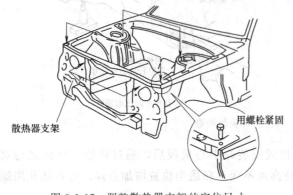
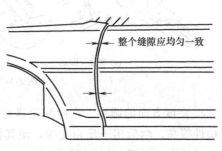

图 8-1-17　调整散热器支架的定位尺寸　　　　图 8-1-18　目测配合情况

h. 数据检验。在对轮罩及其相关件进行焊接之前，对所有关键尺寸必须检验核实，并用目测方法检查左右对称度、水平高度等。一切正常就可以进入焊接环节了。

② 用适配法调整 对于汽车装饰钣件，有时可用适配法，主要通过目测检查车身钣件组装后的外观线条是否对正，钣件之间的缝隙是否均匀一致来定位，不用像更换结构钣件那样进行精确测量。无论是用紧固件固定还是用焊接固定都可这样做。

以安装后翼子板为例，介绍用适配法调整钣件定位的基本步骤。

a. 安装后翼子板。把汽车左后翼子板安装到位，用大力钳将其与相邻钣件边缘夹紧。如图 8-1-19 所示。

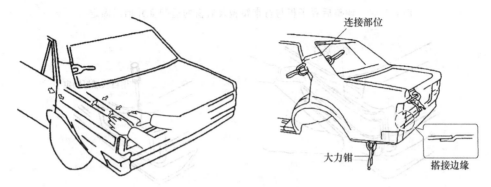

图 8-1-19 安装后翼子板

b. 用适配法调整。进行目测检查，纵观各钣件的形状线条是否对齐、翼子板与车门的间隙是否符合要求，再用自攻螺钉将其临时固定，如图 8-1-20 所示；把行李箱盖关闭，检查后翼子板与它的间隙和高度是否合适，并用对比法测量、验证窗口的对角线；确认无误后也用自攻螺钉加以临时固定，如图 8-1-21 所示；最后装上车身后部的灯具，以验证其适配情况及高度是否与另一侧对称，如图 8-1-22 所示。

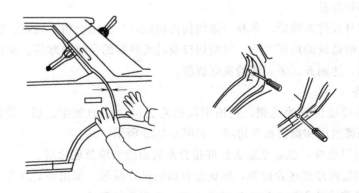

图 8-1-20 调整后翼子板与车门的适配度并加以固定

c. 临时固定。每进行一项适配作业，都应在钣件边缘的适当部位钻孔，用自攻螺钉将其临时固定。不要用夹具固定，因为有时不够可靠，且适配度的调整也显得不够方便。

d. 检查整体适配状态。全部装配完毕后，应检查适配状态，查看各钣件之间间隙、线形以及对称度等；检查新件及其相关钣件，有无整体弯曲或扭曲等变形现象。

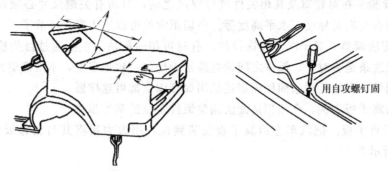

图 8-1-21　调整后翼子板与行李箱盖及后窗的适配度并加以固定

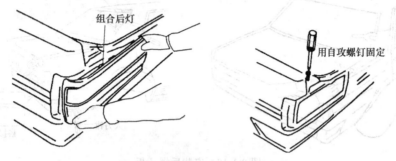

图 8-1-22　安装灯具并检查配合情况

6. 钣件组焊

（1）组焊基本要求

钣件组焊的基本方法是 MIG 焊，也有用电阻点焊。现阶段还是以 MIG 焊，比如二氧化碳气体保护焊为主。组焊时，二氧化碳气体保护焊的焊点的位置和数量应该与汽车出厂时的情况完全相同；电阻点焊的焊点数量应该比原来多 30%。

（2）连接部位准备

拟更换的车身钣件拆除后，车身一侧的构件切割端口必然会留下切割、钻削、磨削的痕迹，以及撬动接缝造成的局部变形、气割切口及其所残留的金属熔球等。端口必须经过修整来消除这些缺陷，达到齐、平、清的良好程度。

① 车辆准备

a. 磨去原来焊接位置的毛刺，利用钢丝刷除去接合处的灰尘、锈、油漆、保护层等，注意不要去掉锌覆盖层和损伤钣件边缘。如图 8-1-23 所示。

b. 如果用电阻点焊，也必须除去钣件接合面后面的油漆及底涂层。

c. 用锤子和垫铁修整接合位置，保证配合面的良好接触。如图 8-1-24 所示。

d. 在金属暴露的地方加上导电的防锈底漆，也叫透焊底漆。

② 新件的准备

a. 用打磨机除去焊点位置两侧的油漆，用钢丝刷清除接合部表面上的污物、锈迹和密封胶等。但不要打磨钣件的翻边法兰，否则会因打磨变薄而造成连接强度降低。不要用力过大，并及时换位，以免钣件过热而影响周围涂层。

b. 把接合表面的油漆和锈迹清除后，在金属裸露部位涂上透焊底漆，这对于接合表面和在后续处理时不能涂漆的表面非常重要。

图 8-1-23　打磨旧钣件

图 8-1-24　修平旧钣件

c. 钻塞焊孔，通常使用车身修理手册推荐的孔径尺寸。如果修理手册中没有给出，一般选择 8mm 孔径。并和工厂所使用的位置和数量相同。如图 8-1-25 所示。

d. 用手锤和垫铁将接合的位置整平。

(a) 打孔

(b) 打磨

(c) 喷透焊底漆

图 8-1-25　新件的准备

（3）组焊防护

为防止焊接时损坏车上的电子元件，应切断总电源或拆下蓄电池的电源线；为避免焊接过程中所产生的火花、高温损坏车身涂层、玻璃、装饰件等，应将有关机件遮盖或拆除；焊接过程中应随时对那些重要车身尺寸进行测量，出现异常及时调整。

（4）组焊方法

应用 MIG 焊，比如二氧化碳气体保护焊进行组焊，焊接前应根据被焊金属的厚度和焊接的种类调整参数进行试焊。特别是当焊接封闭截面构件，钣件背面无法进行检查时，只能用试焊方法，以确保焊接质量。试焊时，最好用从要焊到汽车上的零件上取下的多余钣件来做试焊，效果更加好，钣件强度更加可靠。

组焊时应遵循由中间向两边、先基础件后附属件的焊接原则，以免产生焊接缺陷，尽可能减少热量对钣件的影响和减少钣件变形。临时点焊时，必须先用夹钳固定。如图 8-1-26 所示。

（5）焊缝的修整

焊缝的修整方法主要是用砂轮打磨或锉削。对隐含部位的焊缝，只要求打磨到表面圆滑，允许留有一定的凸起；对于配合精度要求较高的部位，一定要打磨到位，但要注意不能破坏焊接强度；对那些不便于用砂轮机打磨的部位，可改用砂带机打磨或锉削处理。

7. 换件修理的防腐与密封

车身钣件经过切割、加热和焊接后，必须对修理部位及其钣件进行防腐与密封处理，确保修理质量。

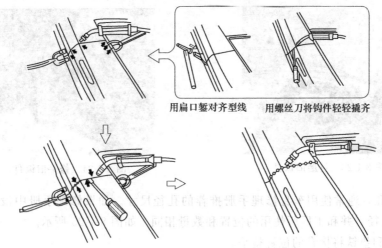

图 8-1-26　组焊方法

(1) 防腐蚀意义

现代汽车上的每一块钣金件均起到支撑和加强汽车的作用，所有的钣件均是汽车车身结构的一部分；车身的钣件一般是采用轻质金属薄板，腐蚀不仅会影响到车身的外观而且会削弱金属板件的强度。所以，对所有的钣件均应进行防腐蚀处理，这是十分重要的。车身结构件切割后的最后一道处理工序，就是在构件搭接部位涂敷防锈剂。因为两构件装配、组焊后的结合部位，不能得到表面喷涂材料的保护，在此之前必须对这些部位先行防护。

(2) 配件的原厂涂层

从原厂或配套厂家订购的配件上常有一层涂层，但这层涂层并不是用来作为防腐的底涂层的，只是为了临时的不生锈，应该重新喷涂底层涂料，给面涂层提供一个良好的附着面。但没有必要去除厂家原有的涂层。

(3) 异种金属的电化学腐蚀

不同材质的金属钣件连接在一起时，会发生电化学腐蚀。例如：铝板与钢板连接在一起时，钢板就容易产生腐蚀。如果安装不锈钢或铝制装饰件时需要在新的或修理过的钣件上钻孔，钻孔后应在孔的内边缘正确涂抹保护涂料。

(4) 对外露的外部车身底板表面防腐

对外露的外部车身底板表面防腐，可以涂上自蚀底漆，也可用金属调节剂及转换涂层进行处理，并涂上双组分环氧底漆。

(5) 封闭结构的内表面防腐

在封闭结构的内表面和车身底部表面使用底层涂料和防腐蚀材料时，必须应用涂料制造商推荐使用的设备。常用的设备为无空气喷枪或压力喷枪。

对封闭式结构内表面喷涂时，可把喷杆伸入钣件上的孔中，达到所需喷涂的最远处喷涂。例如对翼子板内表面、后顶盖侧板和其他封闭结构，可选用带有喷嘴的挠性尼龙管送到最里面的地方。喷射开始后，以均匀的速度把喷杆拉出，就可以得到良好的喷涂效果。如图 8-1-27 所示。

(6) 防腐注意事项

进行钣件防腐时，注意不能使防腐材料与导热元件、电子器件、商标、车牌号及移动件

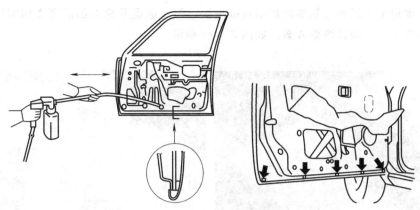

图 8-1-27 通过车门孔洞向内部喷涂防腐材料

接触。另外，也不能把防腐材料喷涂到座椅轨道、换挡联动机构、变速器部件、空气滤清器、发动机及附件、刹车件、排放气系统、车窗电动机及电缆和门锁等部件上。

(7) 连接处的密封

车身修理作业中的防锈与密封，应当善始善终地进行。对有密封要求的车身结构件，在相互搭接的焊接面上，除了要喷涂防锈剂外，还应一并涂敷点焊密封胶等。车身上的接头和接缝必须进行密封，防止锈蚀。有时钣件之间的缝隙也应进行填补密封。密封工作一般在焊接区已经彻底清除并且已经上完底层涂料后进行。用缝隙密封剂密封钣件的接缝，防止汽车排放的气体、灰尘和水通过连接处进入车厢内。

(8) 健康安全

车身修理中的防腐与密封，接触到的是各种涂料及密封剂，使用前，应首先判断该钣件上所采用涂层的材料类型或者密封剂的种类，选用合适的防护工具如合适的呼吸设备，防止吸入涂层粉末和有毒气体。

装有稀释剂、还原剂和油漆的容器应正确密封，并放置在防火的地方，并严禁在这些场所进行焊接和吸烟，并在明显的地方张贴禁止标志。

任务实施

一、工作准备

准备切割工具、手工修整工具、焊接设备及用品；检查工具和设备的气、电安全，杜绝安全隐患。

二、操作步骤

1. **车身损伤分析**

对即将维修的事故车损伤仔细进行分析。如图 8-1-28 所示事故车，车身左侧受到严重碰撞，前保险杠、水箱架、前翼子板、前挡泥板等都发生变形。

2. **制订维修方案**

经过损伤分析可知，右侧变形可以通过钣金

图 8-1-28 损伤判断

维修修复,水箱架可以通过简单的切割直接更换,但左纵梁及轮罩都需要作切割更换维修。结合车身维修手册,制订维修方案。如图8-1-29所示。

(a) 车身维修手册

(b) 严重受损的前纵梁

图 8-1-29　结合维修手册制订维修方案

3. 切割更换步骤

（1）拉伸矫正

对车身进行拉伸矫正工作,使其他必要的尺寸达到要求,为切割前左纵梁做好准备。如图 8-1-30 所示。

图 8-1-30　对车身进行拉伸矫正

(2) 找出需要切除的相关焊点，并用焊点切割钻钻除

① 找焊点　与纵梁有关的焊点主要在挡风玻璃基座处、轮罩与纵梁连接处、悬架支座下部、轮罩延长板与纵梁延长板接合部、轮罩上板与悬架支座外部后法兰连接处等。

注意，要找到隐藏的焊点，比如纵梁内外侧的连接处往往都涂有密封胶和吸音材料，必须把它们去除后才能找到焊点。如图 8-1-31 所示。

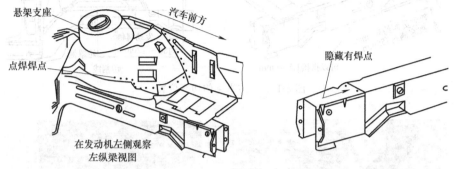

图 8-1-31　前纵梁相关焊点位置

② 切除焊点　将轮罩延长板与纵梁延长板接合部的焊点去除，把轮罩延长板和纵梁延长板拆开。具体方法是，先把固定散热器支座和轮罩延长板的焊点钻除，然后小心地将轮罩延长板向上翻，便露出轮罩延长板连接纵梁的焊点。如图 8-1-32 所示。

图 8-1-32　切除焊点

(3) 切割前纵梁

在悬架支座中心的前方，内部没有加强件的地方切割前纵梁，具体位置可以参考车身维修手册。如图 8-1-33 所示，在发动机一侧的切割位置是距前围约 305mm（右纵梁 355mm）处，轮罩侧的切割位置应取在发动机侧切口的后方 80～120mm 处。注意切割长度要比更换长度多 1.5～6mm 的搭接量。

① 划线　切割之前，对所要进行切割的新旧钣件进行认真分析，考虑它们配合时的情况，预留足够多余量，在车身前纵梁上进行划线。

② 粗切割　划线然后初步切割。如图 8-1-34 所示。

③ 精切割　粗切割后，根据切割位置，选择合适工具再进行精确切割，注意要切割出对接错口，且不能切割到钣件内部加强件。如图 8-1-35 所示。

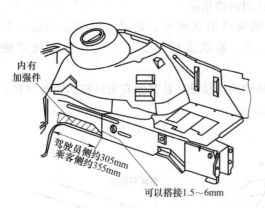
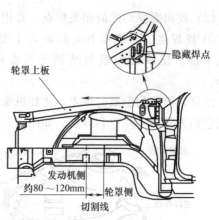

图 8-1-33 前纵梁的切割位置

图 8-1-34 划线和粗切割

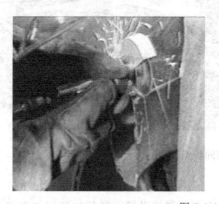

图 8-1-35 精确切割

（4）车身切割部位的准备

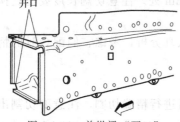

图 8-1-36 前纵梁"开口"

对车身上切割位置进行修整。为了保证良好的搭接，如有必要可在车身上原结构件伸出端的拐角处仔细作出"开口"。开口的长度不能超过6mm，保证安装后开口的露出部分能完全焊严。安装时新结构件必须搭在原来的结构件之上，使对接更加稳定可靠，还可以不用内插件，也使防腐蚀材料的涂敷更为省时有效。如图8-1-36所示。

(5) 新钣件的准备

① 划线和切割 按照切割旧件的方法，准确测量好尺寸，切割新钣件，并在测量的尺寸上增加一个适当长度，切割出对接错口。如图 8-1-37 所示。

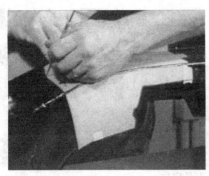 

图 8-1-37 新钣件划线和切割

② 试装配 把切割下来并修整好的新钣件安装到车身上，仔细观察它们的配合情况。如果不合适，必须修整和再次精确切割。如图 8-1-38 所示。

图 8-1-38 试装配

(6) 修整和防腐

对所有的接合部位及焊接部位进行打磨和彻底清理，并在裸露的金属接合面上涂上导电漆。

(7) 装配

把新钣件安装在车身上，如图 8-1-39 所示。

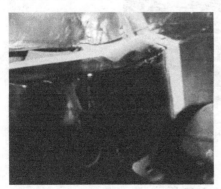 

图 8-1-39 装配

① 定位 将新钣件安装在车身上后，必须对其进行可靠的定位，才能进行焊接。定位方法最好利用定位夹具定位，把相应测量点按照维修数据图进行长、宽、高三维定位，以确保其尺寸及位置准确。如图 8-1-40 所示。

图 8-1-40 利用定位夹具定位

② 焊接 当检查所有尺寸在公差范围内之后，即可焊接。按照焊接规范进行组焊，塞焊在重叠区域上进行，所有对接的焊缝必须完全焊到，不得留有间隙。注意焊接热量影响，按正确焊接顺序进行。如图 8-1-41 所示。

图 8-1-41 焊接

（8）打磨

利用砂轮机对焊点和焊缝进行打磨处理，有必要时要磨平。如图 8-1-42 所示。

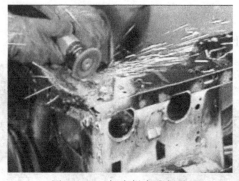

图 8-1-42 打磨焊点或焊缝

（9）防腐

对焊接部位进行防腐处理、密封处理。如图 8-1-43 所示。

 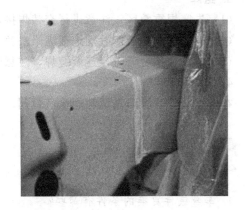

图 8-1-43 防腐和密封

（10）操作结束。

拓展知识

后纵梁切割更换的基本步骤

大多数后纵梁都是槽式结构，上方法兰与行李箱地板连接。修理时用搭接方法连接，重叠区用塞焊，钣件端面用连续焊。如图 8-1-44 所示。

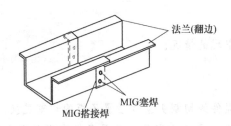 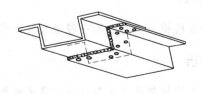

图 8-1-44 搭接连接修理后纵梁

1. 切割

根据后纵梁损伤情况，认真确定切割位置。在行李箱地板和后纵梁上进行测量并标记切割线的位置。先从行李箱侧用手电钻或气动钻除去连接纵梁和地板之间的焊点，然后沿切割线作直线切割。

2. 接合准备

（1）对留在车身上的纵梁部分，接合重叠区钻 2~3 个 8mm 的塞焊孔。

（2）用砂轮机打磨掉所有板上的毛边。

（3）把地板上的所有油漆、底涂层及焊缝保护层去掉，但要保留镀锌层。喷上透焊底漆。

（4）利用切割下来的旧纵梁钣件和多余的新钣件材料进行试焊。

（5）在车身上纵梁接合处装上新钣件，重叠 25mm 并夹紧。

（6）检查测量及配合定位，进行定位焊并再次测量。

3. 组焊

(1) 先塞焊重叠区,注意进行交替焊接,减少热量对钣件的影响。
(2) 在行李箱地板侧塞焊地板纵梁法兰。
(3) 沿重叠接合处进行连续缝焊,注意分段焊接。打磨所有焊点和焊缝。

4. 防锈和密封

在焊接区域喷涂防锈漆和刷涂密封剂。

思考练习

1. 车身钣件更换的条件有哪些?
2. 如何正确选择车身钣件的切割部位?
3. 车身换件修理常用的切割连接方式是什么?
4. 简述换件修理的防腐与密封要求。

任务 2 翼子板的切割更换

教学目标

会前后翼子板相关钣件的切割更换方法。

任务引入

翼子板的损伤,是汽车在碰撞过程中常出现的情况。

任务分析

翼子板的切割更换主要包括前翼子板加强件的切割更换和后翼子板的切割更换。前翼子板一般是用螺钉固定在翼子板加强件上,它损伤维修较容易;后翼子板在现代汽车车身上,为了提高美观,许多是作为一体化的侧围板出现的,即后翼子板与C柱、B柱、A柱外板一体化通过焊接连接到车身上,这类型的后翼子板在严重受损时也要通过切割更换的方法进行维修。

相关知识

一、前翼子板加强件位置

前翼子板加强件是支撑前翼子板的重要构件,位于汽车前轮拱上方。与更换前翼子板加强件相关的部件有发动机盖、电线、保险杠、A柱、车门、汽车大灯与轮弧里衬等。

二、后翼子板的切割更换要求

后翼子板切割更换在装配时要注意相关钣件的配合情况,一是各钣件位置不能干涉,二是配合间隙要符合规范要求。

任务实施

一、前翼子板加强件的切割更换

1. 损伤分析

如图 8-2-1 所示，前翼子板严重损坏，拆卸后直接更换即可；支撑前翼子板的加强件也受到严重破坏，需要进行切割更换。

图 8-2-1 损伤分析

2. 拆卸翼子板加强件

拆卸翼子板加强件，切除焊点、焊缝方法如图 8-2-2 所示。

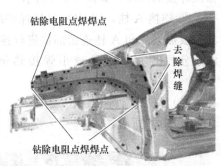 

图 8-2-2 去除加强件的焊接焊点和焊缝

3. 安装翼子板加强件

（1）准备翼子板加强件。如图 8-2-3 所示。

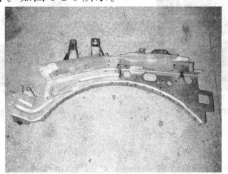

图 8-2-3 新的翼子板加强件

（2）钣件定位。可用大力钳或者临时焊点对翼子板加强件进行定位。如图8-2-4所示。

图8-2-4　钣件定位

（3）钻塞焊孔。

根据翼子板加强件的安装位置，用ϕ8mm钻头钻出适量塞焊孔。如图8-2-5所示。

图8-2-5　钻塞焊孔

（4）焊接。

① 连接轮拱，翼子板加强件与轮拱钣件连接可以用电阻焊点焊或者CO_2气体保护的塞焊进行，但要遵从这两种方法的焊接规范，保证焊接的强度。如图8-2-6所示。

② 连接A柱，用CO_2气体保护焊设备对翼子板加强件和A柱连接部位进行连续焊接，注意分段焊接，尽量减小焊接热量产生的变形。

（5）打磨。

利用砂轮机对焊接的焊点和焊缝进行打磨。如图8-2-7所示。

图8-2-6　焊接　　　　　　　　　图8-2-7　打磨

（6）防腐。

对焊接的焊缝和焊点喷涂防腐材料。如图8-2-8所示。

图 8-2-8 防腐

二、后翼子板的切割更换

1. 工作准备

准备钣金锤套装、气动錾、气动打磨机、气动钻、焊点钻、气动切割锯、撬棍、划线工具、等离子切割机、车身装饰件拆卸工具、挡风玻璃拆卸工具、车灯与保险杠拆卸工具等工具与设备；清洁场地和设备工具；检查所使用工具、设备及其连接电线、气管等，保证使用安全。

2. 损伤分析

汽车后左侧翼子板被擦破损伤，需要切割更换。通常情况如操作规范介绍一样，后翼子板的修复是把后面部分全部进行切割更换，但也有采用"挖补"的形式，如没有把后翼子板后面部分全部切割掉，还留下一小部分。后翼子板损伤分析如图 8-2-9 所示，在切割位置已经粘贴上美纹纸胶带并划好切割线。

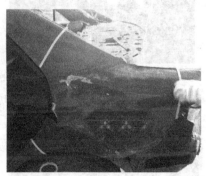

图 8-2-9 后翼子板损伤分析

3. 切割车身损伤钣件

（1）用手电钻或焊点钻把后翼子板与 C 柱和行李箱侧的电子点焊焊点钻除，用砂轮机或气动切割锯切断钣件，用砂轮打磨轮弧边缘折边，参考车身维修手册对 NVH 组件加热并分离。注意只需要切割一层板即可。如图 8-2-10 所示。

（2）把已经钻除焊点和已经切割的可以分离的后翼子板取下来。如图 8-2-11 所示。

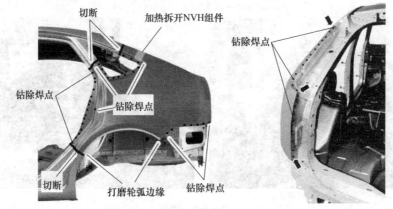

(a) 切割位置

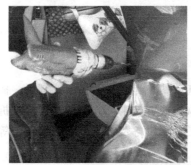 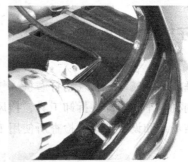

(b) 钻除焊点

(c) 切断

图 8-2-10 切割后翼子板

 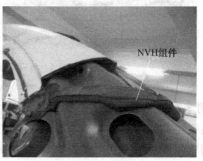

图 8-2-11 取下已经切割的后翼子板

4. 修整

对车身被切割部位进行整平，去掉毛刺，并进行清洁，为安装新钣件做好准备。如图 8-2-12 所示。

5. 新钣件准备

按照车身被切割位置，在新配件上划线，并进行切割；切割后用砂轮机修整。如图 8-2-13 所示。根据实际设备情况做好塞焊或者电阻点焊的准备，此例利用塞焊方法，要钻好塞焊孔。

图 8-2-12 整平车身被切割部位

(a) 新配件　　　　　　　　(b) 切割下来的新钣件　　　　　　　　(c) 修整新钣件

图 8-2-13 新钣件准备

6. 精确切割车身位置

（1）把新钣件放在车身要配合位置上，认真调整，在车身上各个不吻合位置划上精确切割线位置。如图 8-2-14 所示。

（2）按照精确切割线对车身进行精确切割。如图 8-2-15 所示。

7. 焊接

（1）在把新钣件焊接到车身之前，先利用塞焊方法把后门门锁撞板焊接到新钣件上内表面正确位置上。如图 8-2-16 所示。

（2）把新钣件放到车身切割部位上，用一字螺丝刀调平接缝位置，并固定好；临时固定方法有大力钳固定、自攻钉固定、临时焊点固定等。如图 8-2-17 所示。

（3）焊接。钻除焊点位置用塞焊方法焊接，切断位置用连续点焊或连续弧焊方法焊接。在焊接过程中要分段焊接，注意焊接顺序，避免热影响使钣件变形；对有变形位置要及时修复。如图 8-2-18 所示。

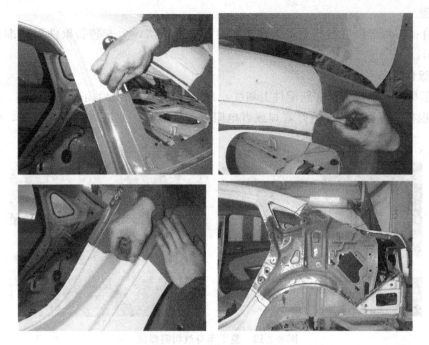

图 8-2-14 精确切割前划线

图 8-2-15 精确切割车身位置

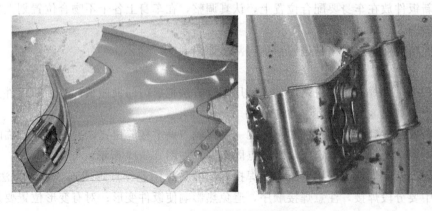

图 8-2-16 把门锁撞板焊接到新钣件上

(a) 调平方法

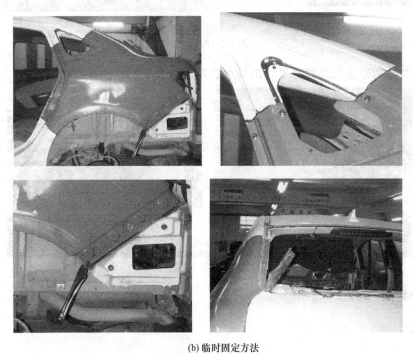

(b) 临时固定方法

图 8-2-17 调平和临时固定方法

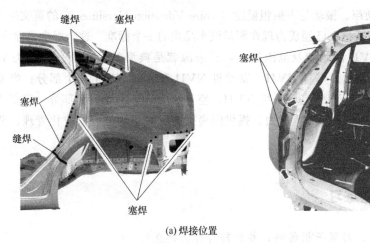

(a) 焊接位置

图 8-2-18

(b) 焊接和及时修整

图 8-2-18 焊接

(4) 打磨。用砂轮把焊缝磨平，把焊点磨光。如图 8-2-19 所示。

图 8-2-19 打磨

8. 操作结束

拓展知识

什么叫 NVH 组件？

  NVH 即噪声、振动与声振粗糙度（Noise Vibration Harshness）的英文缩写，代表汽车的"舒适感"。"舒适感"已经成为现在衡量汽车品质的一个标准，这个标准简称为 NVH 标准。

  汽车的 NVH 问题涉及范围很广，其来源就是典型的机械负荷在动力学和声学上的反应，基本上可以分为车身 NVH、发动机 NVH 和底盘 NVH 三个部分；类型可以细分为道路 NVH、制动 NVH、空调系统 NVH、空气动力 NVH 等数个部分。降低 NVH 的主要措施有降低 NVH 源头处输入的力、提供隔离措施、对车辆进行模块化管理、节点安装到位以及动态减振等。

 思考练习

1. 车身前、后翼子板维修，相比较有什么特点？
2. 简述前翼子板加强件切割更换的基本步骤。

3. 简述后翼子板切割更换的基本步骤。
4. 什么叫 NVH 组件？

任务 3　立柱的切割更换

教学目标

1. 能按正确操作方法矫正及更换 A、B、C 柱。
2. 更换、修复后应符合技术要求。

任务引入

汽车立柱位于车身两侧面，当发生侧面碰撞时容易产生损伤破坏。

任务分析

立柱的切割更换主要包括对 A 柱、B 柱、C 柱的外板、内板、加强件等的切割更换。

相关知识

一、A 柱

A 柱也叫前立柱，前支柱，属于箱形结构，由二件或三件钣件组合而成。如图 8-3-1 所示。切割更换时要拆卸相关附件，并按照维修手册指定位置切割和焊接，最后做好防腐工作。

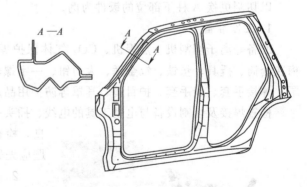

图 8-3-1　A 柱的位置和结构

二、B 柱

B 柱在车身上属于强度特别高的钣件，除了结构由外侧钣件、内侧钣件和加强件等多层构成外，也采用最高强度材料来制造。与 B 柱切割更换有关的部件有前门、后门、B 柱饰板、门槛板饰板、顶棚、前座椅与后座椅等，在进行切割更换时必须把它们同时拆卸，并把地毯和线束等从工作位置移开。

如果 B 柱加强件也要更换，则必须依据尺寸分别在门槛以及 B 柱内部切割；如果只有 B

柱外侧钣件的底部要更换，则需要在车门铰链固定点上方分别切割。

B柱的结构，不同品牌、不同车型会不相同，如图8-3-2所示。切割更换时必须灵活采用相应方法。

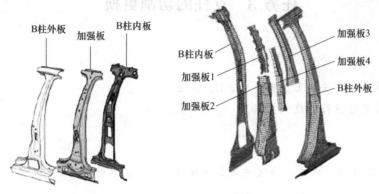

图8-3-2　B柱的结构

三、C柱

汽车C柱的更换主要涉及后翼子板、加强件和后轮弧等。切割更换时要拆卸相关附件，并按照维修手册指定位置切割和焊接，最后做好防腐工作。

任务实施

一、A柱的切割更换

以切割更换A柱下部位的钣件为例。

1. 工作准备

准备等离子切割机、点焊机、CO_2气体保护焊机、砂轮机、手电钻、焊点钻、12号内梅花套筒、撬具、垫铁、钣金锤、大力钳、一字螺丝刀、十字螺丝刀等工具和设备；焊接面罩、焊接手套、线手套、护目镜、耳罩等防护用品；抹布、防腐蚀涂料等用品。

检查焊接及切割设备与电动工具的电线、插头是否有破损现象，插座、接头是否接触不良，检查焊接区域是否有易燃易爆物品，如有问题应先处理好。

2. 拆卸

（1）拆除A柱与翼子板裙部钣件加强件

用焊点钻钻除电阻点焊焊点即可。如图8-3-3所示。

（2）拆除A柱外钣件

按照车身维修手册要求确定切割位置，本例A柱维修手册要求往B柱外侧钣件550mm位置的门槛板外侧进行切割。

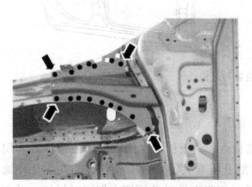

图8-3-3　拆除翼子板裙部钣件加强件

位置①用切割工具切断钣件，位置②用手电钻钻除焊点，位置③用焊点钻钻除两块钣件厚度的电阻点焊焊点。如图8-3-4所示。

(3) 拆除 A 柱加强件

位置①用手电钻去除焊点；位置②进行加热，注意温度大约170℃，把 NVH 组件拆开。如图 8-3-5 所示。

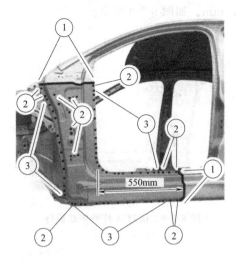

图 8-3-4　拆除 A 柱外钣件

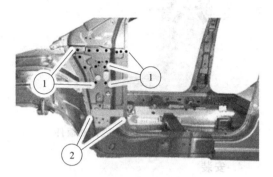

图 8-3-5　拆除 A 柱加强件

(4) 拆除 B 柱内侧钣件

要进入 A 柱内侧钣件接合处，必须在 B 柱内侧钣件的前方切割并拆除。注意安装时切除的部位会再被使用。

位置①用切割工具切断内侧钣件，位置②用手电钻钻除连接焊点。如图 8-3-6 所示。

(5) 拆除 A 柱内侧钣件

位置①切断钣件，位置②用手电钻钻除连接焊点，位置③用手电钻钻除两块钣件厚度的连接焊点。如图 8-3-7 所示。

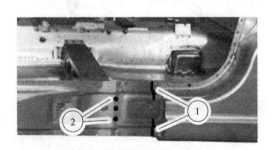

图 8-3-6　拆除 B 柱内侧钣件

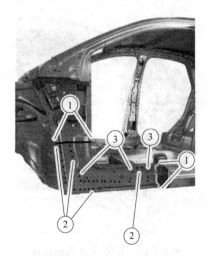

图 8-3-7　拆除 A 柱内侧钣件

3. 切割新钣件

(1) 切割 A 柱加强件新钣件

从新配件中根据切割更换位置尺寸，切割下更换钣件；并经过定位和精切割后，在焊接

位置钻出 CO_2 气体保护焊塞焊孔，注意钻孔直径 10mm。如图 8-3-8 所示。

（2）切割 A 柱外侧新钣件

从新配件中根据切割更换位置尺寸，切割下更换钣件；并经过定位和精切割后，在焊接位置钻出 CO_2 气体保护焊塞焊孔，注意钻孔直径 10mm。如图 8-3-9 所示。

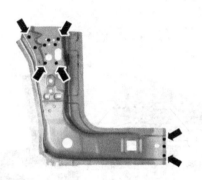

图 8-3-8　切割 A 柱加强件新钣件

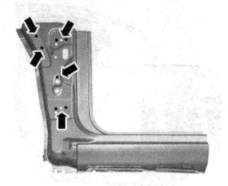

图 8-3-9　切割 A 柱外侧新钣件

4. 安装

（1）安装 A 柱内侧钣件

① 焊接。位置①进行 CO_2 气体保护焊连续焊，注意分段焊接，防止热影响导致钣件变形；位置②进行电阻点焊或 CO_2 气体保护焊塞焊。如图 8-3-10 所示。

② 打磨。按照装配要求和强度要求打磨焊点和焊缝。

（2）安装 A 柱加强件

① 粘接和焊接。在位置①涂抹黏胶，并把 NVH 组件粘接上；在位置②进行 CO_2 气体保护焊塞焊；在位置③可以进行电阻点焊或者 CO_2 气体保护焊塞焊，必须注意相应焊接规范。如图 8-3-11 所示。

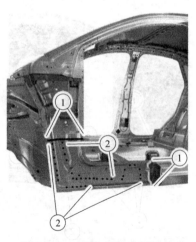

图 8-3-10　安装 A 柱内侧钣件

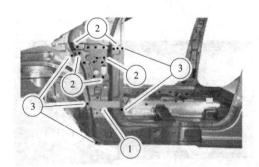

图 8-3-11　安装 A 柱加强件

② 打磨。打磨位置②的塞焊焊点到合格位置，避免 A 柱外侧无法正确安装；位置③如果是塞焊，也必须打磨。

（3）安装 B 柱内侧钣件

把从拆卸步骤中切割出来的 B 柱内侧钣件重新焊接在原来位置上。如图 8-3-12 所示。

① 焊接。在位置①进行 CO_2 气体保护焊连续焊；在位置②进行塞焊；在位置③可进行电阻点焊或塞焊。

② 打磨。按照装配要求和强度要求打磨焊点和焊缝。

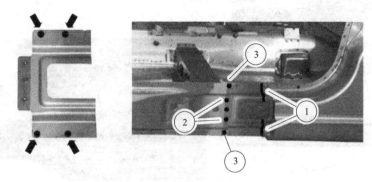

图 8-3-12　安装 B 柱内侧钣件

（4）安装 A 柱外侧钣件

① 焊接。在位置①进行 CO_2 气体保护焊连续焊；在位置②进行 CO_2 气体保护焊塞焊；在位置③可以进行电阻点焊或者 CO_2 气体保护焊塞焊，但必须注意相应焊接规范，最后的焊接点是在翼子板加强件安装时焊接。如图 8-3-13 所示。

② 打磨。根据要求打磨焊点和焊缝。

（5）安装 A 柱和翼子板裙部钣件加强件

此安装可用电阻点焊或者 CO_2 气体保护焊塞焊进行。如图 8-3-14 所示。

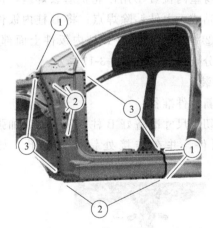

图 8-3-13　安装 A 柱外侧钣件

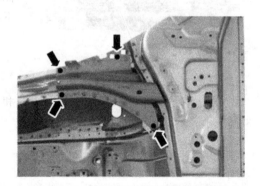

图 8-3-14　安装翼子板裙部钣件加强件

二、B 柱的切割更换

以切割更换 B 柱外侧钣件、内侧钣件和加强件为例。

1. 拆卸

切割位置尺寸请参考相应维修车身维修手册。

（1）切割 B 柱外侧钣件

位置①用气动锯或者切割砂轮进行切割；位置②用气动钻或者手电钻钻除焊点；位置③

用加热工具或者设备进行加热，注意加热温度控制在大约170°，并拆开NVH组件。如图8-3-15所示。

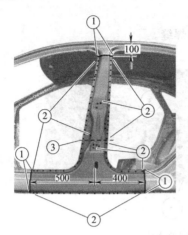
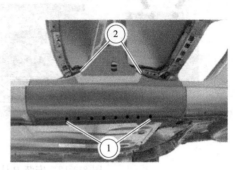

图 8-3-15　切割 B 柱外侧钣件

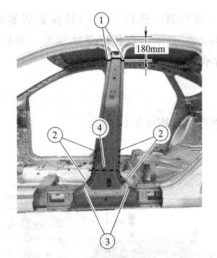

图 8-3-16　切割 B 柱外侧钣件

（2）切割 B 柱加强件

位置①切割 B 柱加强件；位置②的焊点去除；位置③进行适度加热（大约 170°），拆开 NVH 组件；局部更换时，在位置④进行切割。如图 8-3-16 所示。

（3）切割 B 柱内部钣件

在车身室内位置①用砂轮机磨去焊缝，位置②用焊点钻或手电钻钻除焊点；将 B 柱内钣件内侧的位置②焊点去除，把 B 柱内钣件上面部分、下面部分分别取下。如图 8-3-17 所示。

2. 安装

（1）新钣件准备

根据切割尺寸准备好 B 柱内侧钣件、加强件和外侧钣件，并在连接处钻好塞焊孔。如图 8-3-18所示。

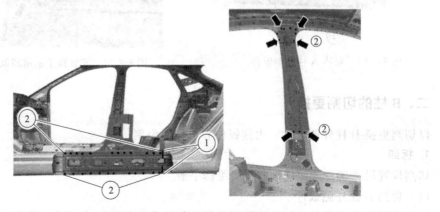

图 8-3-17　切割 B 柱内部钣件

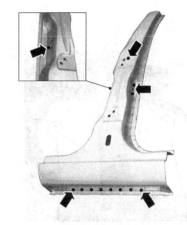

(a) B柱内侧钣件　　　　　(b) B柱外侧钣件

图 8-3-18　新钣件准备

(2) 安装 B 柱内侧钣件

① 焊接。位置①进行 CO_2 气体保护焊塞焊或电阻点焊，位置②进行 CO_2 气体保护焊塞焊，位置③进行 CO_2 气体保护焊连续缝焊。如图 8-3-19 所示。

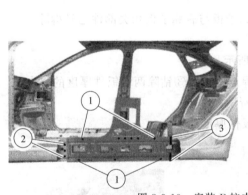

图 8-3-19　安装 B 柱内侧钣件

② 打磨。根据要求打磨焊点和焊缝。

(3) 安装 B 柱加强钣件

① 焊接。位置①涂抹黏胶，安装 NVH 组件，位置②进行连续 CO_2 气体保护焊缝焊，位置③进行电阻焊点或 CO_2 气体保护焊塞焊。如图 8-3-20 所示。

② 打磨。根据要求打磨焊点和焊缝。

(4) 安装 B 柱外侧钣件

① 焊接。位置①涂抹黏胶到 NVH 组件，位置②进行 MIG 连续缝焊，位置③进行电阻点焊或 CO_2 气体保护焊塞焊，位置④进行 CO_2 气体保护焊塞焊。如图 8-3-21所示。

② 打磨。根据要求打磨焊点和焊缝。

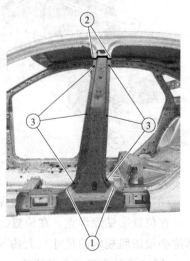

图 8-3-20　安装 B 柱加强钣件

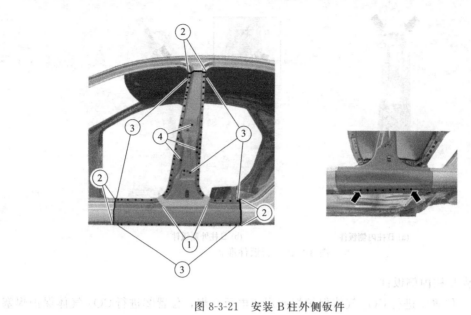

图 8-3-21 安装 B 柱外侧钣件

三、C 柱的切割更换

本例 C 柱的更换,在更换之前,后翼子板与后翼子板相关部件已经拆除。

1. 拆卸

(1) 拆除 C 柱加强件。如图 8-3-22 所示。

位置①用气动锯切断;位置②钻除焊点;位置③钻除两块钣件厚度的焊点。

(2) 拆除后外侧轮弧。如图 8-3-23 所示。

位置①钻除焊点;位置②钻除两块钣件厚度的焊点。

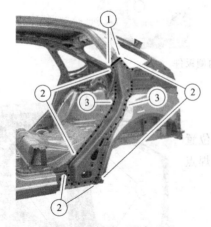

图 8-3-22 拆除 C 柱加强件

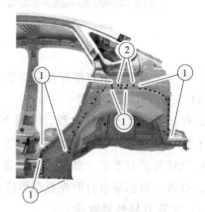

图 8-3-23 拆除后外侧轮弧

(3) 拆除后轮弧内侧焊点和焊缝。如图 8-3-24 所示。

在位置①钻除焊点,在位置②打磨掉焊缝。注意:要确保正确的 MIG 焊接,MIG 焊接部位必须依照规定的尺寸(大约 5mm)从背后搭铁。当打磨背部时,必须确保所有剩余的 MIG 焊接点痕迹都完全被清除。

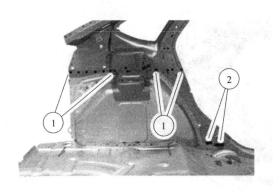 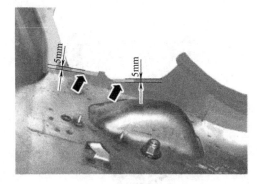

图 8-3-24　拆除后轮弧内侧焊点和焊缝

2. 安装

(1) 安装后外侧轮弧

① 准备新钣件,并按维修手册要求在塞焊的位置钻出孔。如图 8-3-25 所示。

② 在轮弧室顶部(位置②)后翼子板内侧,在已有孔再钻透一个钣件的厚度;在后轮弧外侧位置①进行塞焊或电阻点焊(注意不同焊接方法的钣件准备),位置②进行塞焊。如图 8-3-26 所示。

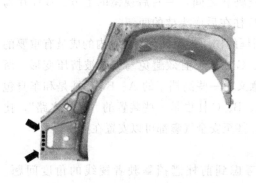 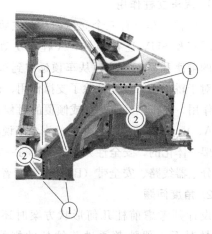

图 8-3-25　外侧轮弧准备新钣件

图 8-3-26　外侧轮弧焊接

③ 焊接后轮弧内侧。在位置①进行电阻点焊或 CO_2 气体保护焊塞焊,在位置②进行 MIG 连续缝焊。如图 8-3-27 所示。

(2) 安装 C 柱加强件

① 准备新钣件。按照切割尺寸准备装配件,并按维修手册要求在塞焊的位置钻出孔。

② 焊接 C 柱加强件。在位置①进行 MIG 连续缝焊,位置②进行 CO_2 气体保护焊塞焊或电阻点焊,位置③进行 CO_2 气体保护焊塞焊。如图 8-3-28 所示。

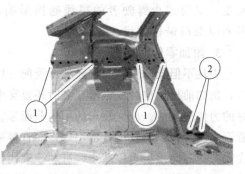

图 8-3-27　焊接后轮弧内侧

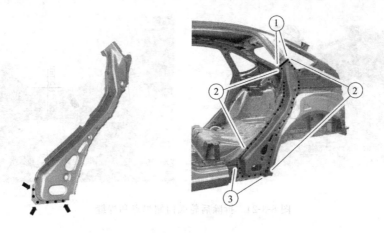

图 8-3-28　安装 C 柱加强件

拓展知识

汽车立柱漫谈

1. 汽车立柱作用

一般轿车车身有三个立柱,从前往后依次为前柱(A柱)、中柱(B柱)、后柱(C柱),旅行轿车和SUV还有D柱;A柱在发动机仓和驾驶仓之间,左右后视镜的上方。B柱在驾驶仓的前座和后座之间,从车顶延伸到车底部。C柱在后座头枕的两侧。

对于轿车而言,立柱除了支撑作用,也起到门框的作用,而且对驾驶仓内的成员有重要的保护作用,在车辆发生翻滚或倾覆的时候,A、B、C柱能够有效避免驾驶仓被挤压变形,所以,A、B、C柱的强度对车内的生命来说有重要意义,一些高档车的A、B、C柱是和车身包括车架一体化的,安全性大大提高;另一方面,A、B、C柱也是一些装置的"必经之路",比如部分电器线路、安全带(B柱)、照明音响装置,甚至安全气囊都可以安置在上面。

2. 角度问题

设计师考虑前柱几何形状方案时还必须要考虑到前柱遮挡驾驶者视线的角度问题。一般情况下,驾驶者通过前柱处的视线,双目重叠角总计为$5°\sim 6°$,从驾驶者的舒适性看,重叠角越小越好,但这涉及前柱的刚度,既要有一定的几何尺寸保持前柱的高刚度,又要减少驾驶者的视线遮挡影响,是一个矛盾的问题。设计者必须尽量使两者平衡以取得最佳效果。

3. 附加零件

中柱不但支撑车顶盖,还要承前、后车门的支撑力,在中柱上还要装置一些附加零部件,例如前排座位的安全带,有时还要穿电线线束。因此中柱大都有外凸半径,以保证有较好的力传递性能。现代轿车的中柱截面形状是比较复杂的,它由多件冲压钢板焊接而成。随着汽车制造技术的发展,不用焊接而直接采用液压成形的封闭式截面中柱已经问世,它的刚度大大提高而重量大幅减小,有利于现代轿车的轻量化。有些设计师却从乘客上下车的便利性考虑,索性取消中柱。最典型的是法国雪铁龙C3轿车,车身左右两侧的中柱都被取消,前后门对开,乘员完全无障碍上下车,取消中柱就要相应增强前、后柱,其车身结构必须要用新的形式，材料选用也有所不同。

4. 尺寸

后柱与前柱、中柱不同的一点就是不存在视线遮挡及上下车障碍等问题，因此构造尺寸大些也无妨，关键是后柱与车身的密封性要可靠。

5. 刚度

刚度是汽车车身设计的指标，刚度是指在施加不至于毁坏车身的普通外力时车身不容易变形的能力，也就是指恢复原形的弹性变形能力。汽车在行驶过程中受到各种外力影响会产生变形，变形程度小就是刚度好，一般情况刚度好强度也好。刚度差的汽车，行驶在不平路面上就容易发出嘎吱嘎吱的响声。立柱的刚度很大程度上决定了车身的整体刚度，因此在整个车身结构中，立柱是关键件，它要有很高的刚度。

思考练习

1. 简述汽车 A、B、C 立柱结构。
2. 简述汽车 A、B、C 立柱切割更换基本步骤。
3. 汽车 A、B、C 立柱切割更换要注意什么事项？

任务 4　汽车门槛板的切割更换

教学目标

1. 能按正确操作方法矫正修复汽车门槛板。
2. 修复后符合车身修复技术要求。

任务引入

汽车门槛属于车身侧面结构件，在汽车发生侧面碰撞时、与地面刮蹭时或发生锈蚀时，都会产生损伤，需要维修。

任务分析

汽车门槛板的切割更换主要包括外板、内板和加强件在严重损伤时的维修。

相关知识

一、汽车门槛板的结构

汽车门槛板主要分二层板、三层板、四层板等结构，区别在于加强件的数量，主要组成零件有外板、内板和加强件等。如图 8-4-1 所示。

二、汽车门槛板的作用

修饰车身的外观，增加车身的安全性和整体的强度。

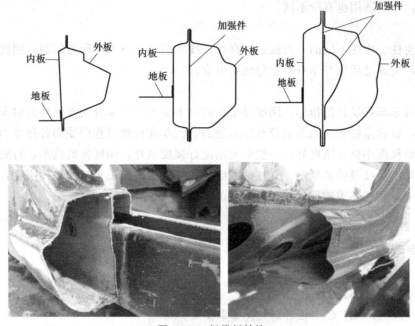

图 8-4-1 门槛板结构

任务实施

一、工作准备

准备等离子切割机、CO_2 气体保护焊机、焊点去除钻、气动砂轮机、手电钻、撬具、垫铁、锤子、大力钳、剪刀等工具和设备；准备焊接面罩、焊接手套、线手套、护目镜、抹布、防腐蚀涂料等。

二、操作步骤

1. 损伤分析

对门槛板进行损伤分析，再根据门槛板损伤程度确定方案，参考车身维修手册，切除的部位视损坏的范围而定。如图 8-4-2 所示。

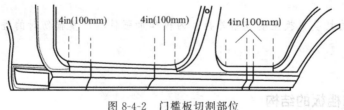

图 8-4-2 门槛板切割部位

2. 拆卸

拆卸车门、车门铰链、前座椅与后座椅、门槛内饰板；掀开地毯并将电线线束从工作部位移开。

3. 切割门槛板

位置①用气动锯切开钣件；位置②用焊点钻或者手电钻钻除焊点；位置③（轮弧末端）用

手砂轮机磨除一个钣件的厚度；位置④加热到大约 170℃，拆开 NVH 组件。如图 8-4-3 所示。

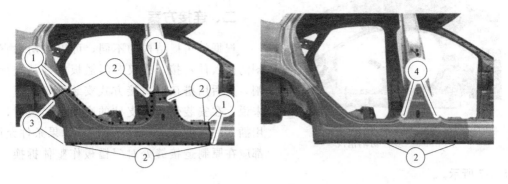

图 8-4-3　切割门槛板

4. 新钣件准备

根据车身门楣的切割位置尺寸，在新钣件上划线进行切割，并在准备进行塞焊的位置钻孔。如图 8-4-4 所示。

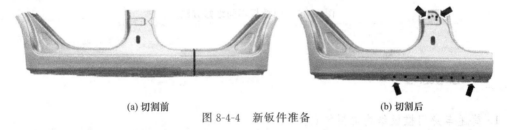

(a) 切割前　　　　图 8-4-4　新钣件准备　　　　(b) 切割后

5. 安装门槛板

位置①涂抹黏结剂到夹紧凸缘，在位置②涂抹黏胶到 NVH 组件，位置③进行连续 CO_2 气体保护焊缝焊，位置④进行电阻点焊或者 CO_2 气体保护焊塞焊。如图 8-4-5 所示。

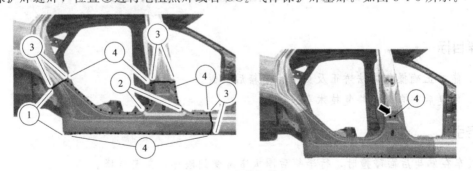

图 8-4-5　安装门槛板

拓展知识

门槛板切割更换有哪些维修方案？

一、切割方案

根据门槛板损伤情况的不同，可以选择门槛板与立柱一起维修，也可以对门槛板单独维

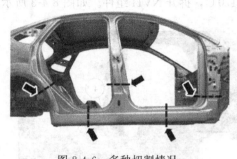

图 8-4-6 多种切割情况

修，应视具体情况进行，如图 8-4-6 所示。

二、连接方案

根据门槛板结构的不同，可以采用垂直切割的插入件对接，或仅对门槛板的外部进行切割，然后用搭接或对接方式安装新钣件。一般来说，在安装带有中支柱的废旧门槛板时，使用插入件对接方式。无论如何，如果条件允许，都应在原制造接缝处对门槛板作整体拆换。如图 8-4-7 所示。

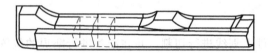

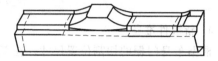

(a) 用插入件对接　　　　　　　　　　　(b) 搭接方式

图 8-4-7 门槛板不同维修方法

 思考练习

1. 简述车身门槛板结构类型特点。
2. 简述车身门槛板切割更换的基本步骤。

任务 5　行李箱后围板的切割更换

教学目标

1. 能按正确操作方法矫正及更换行李箱后围板。
2. 修复后符合车身修复技术要求。

任务引入

汽车在发生后面碰撞时，行李箱后围板常常受到破坏，需要维修。

任务分析

行李箱后围板切割更换主要包括切割、安装、打磨等维修环节。

相关知识

行李箱后围板是汽车后部主要受力结构件之一，其总成由行李箱门横梁、行李箱门锁安装板总成、后围板、后围加强板等构成；更换行李箱后围板需拔下蓄电池电缆，拆下尾灯、左右两侧后挡泥板、后保险杠、备胎、行李箱门门框密封条、行李箱装饰件和电线等附件。

任务实施

一、工作准备

做好工位、工具和设备准备，进行必要的安全检查，穿戴相应劳保用品。

二、操作步骤

1. 损伤分析

对碰撞汽车认真进行损伤分析。受损汽车如图 8-5-1 所示。

图 8-5-1 损伤分析

2. 切割

（1）切割行李箱后围板外板

使用合适钻头配合手电钻钻除后围板外板的连接焊点，然后拆下后围板。如图 8-5-2 所示。

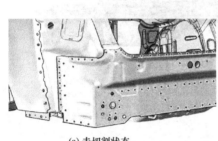
(a) 未切割状态

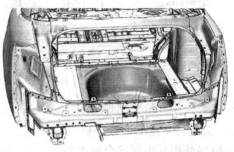
(b) 已切割状态

图 8-5-2 切割行李箱后围板外板

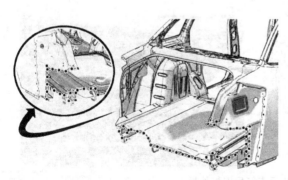

图 8-5-3 切割行李箱后围板内板

（2）切割行李箱后围板内板

使用合适钻头配合手电钻钻除后围板的连接焊点，然后拆下后围板内板。后围板内板已经切割状态如图 8-5-3 所示。

3. 新钣件准备

（1）行李箱后围板外板

在行李箱后围板外板新钣件上相应位置按照维修手册要求钻出塞焊孔，并去除毛刺、整平，在接合面上涂上导电漆。如图 8-5-4 所示。

（2）行李箱后围板内板

同样方法准备好行李箱后围板内板新钣件。

4. 安装

（1）安装行李箱后围板内板

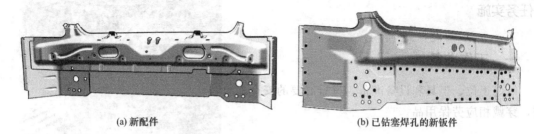

| (a) 新配件 | (b) 已钻塞焊孔的新钣件 |

图 8-5-4 新钣件准备

① 做好内板与车身接合面准备。在要安装新钣件的车身上接合面位置进行修整、清洁，并涂上导电漆。

② 焊接。利用 CO_2 气体保护焊塞焊把内板安装到车身上。如图 8-5-5 所示。

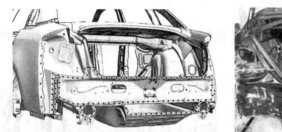

图 8-5-5 安装行李箱后围板内板

③ 打磨。用砂轮机把焊点磨平。

(2) 安装行李箱后围板外板

① 做好外板与内板接合面准备。

② 焊接。把准备好的行李箱后围板新钣件安装在车身上，定位好后即可进行 CO_2 气体保护焊塞焊。如图 8-5-6 所示。

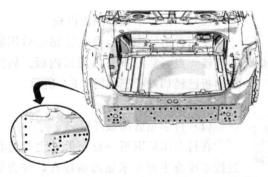

图 8-5-6 安装行李箱后围板外板

③ 打磨。把焊接位置的焊点磨平。

5. **防腐**（如图 8-5-7 所示）

(1) 在外表面上涂上磷化底漆。

(2) 在图中箭头所指接合面位置的间隙涂上密封胶。

(3) 在维修区域钣件空心位置喷上保护涂料。

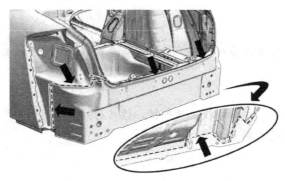

图 8-5-7 防腐

拓展知识

行李箱后围板切割更换小提示

行李箱后围板处于汽车结构最后端，是汽车被"追尾"时最容易受到损伤的构件，注意不同的车型其行李箱后围板结构会有区别，修复方法也要相应改变。某车型的行李箱后围板如图 8-5-8 所示。

图 8-5-8 不同结构的行李箱后围板

 思考练习

1. 行李箱后围板切割更换维修涉及汽车什么附件？
2. 简述行李箱后围板切割更换基本操作步骤。

任务 6　汽车地板的切割更换

教学目标

1. 能按正确操作更换行李箱地板。
2. 修复后符合车身修复技术要求。

任务引入

汽车在发生侧面、后面严重碰撞时,地板也会受到破坏,需要维修。

任务分析

汽车地板包括前地板、中部地板、后地板,维修时一般采用搭接方式连接。在此主要介绍后地板即行李箱地板的切割更换。

相关知识

车身地板通常是一块大的钢板冲压件。除选用高强度钢板冲压外,车身底板上还配置了抗载能力强的车身纵梁和横梁。车身测量与修理用的基准孔,也加工在车身的横、纵梁上。

行李箱地板,属于汽车后部钣件,以备胎存放位置为主。更换行李箱地板前需要拔下蓄电池电缆,拆下后行李箱盖、尾灯、后挡泥板、后保险杠、行李箱地板地毯、备胎、后排座椅背、后排座椅、后搁板、后轮罩装饰条、后行李箱门、排气管、燃油箱、隔热板、行李箱装饰件、电线、框封条等。行李箱地板如图 8-6-1 所示。

图 8-6-1 行李箱地板

任务实施

一、工作准备

准备切割更换车身钣件常用工具和设备。

二、操作步骤

1. 备件准备

(1) 准备行李箱后围板总成,并按维修手册要求在焊接位置钻出合适直径的塞焊孔。如图 8-6-2 所示。

(2) 准备行李箱地板,同样要钻出塞焊孔。如图 8-6-3 所示。

2. 切割

(1) 切割行李箱后围板。按行李箱后围板拆卸方法拆除其外板和内板。

(2) 切割行李箱地板。用手电钻或气动钻钻除位置连接焊点。用砂轮机磨除位置焊缝。如图 8-6-4 所示。

3. 安装

(1) 安装行李箱地板

① 接合面准备。打磨车身上去除焊点或焊缝的位置;用钣金锤对车身上的切割位置进行修整,达到平整要求;在接合面接合位置涂上导电漆进行防腐。如图 8-6-5 所示。

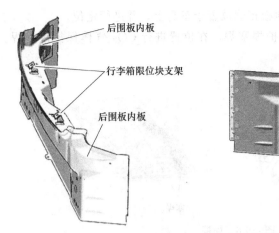
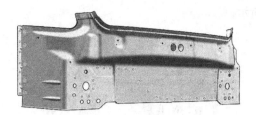

图 8-6-2　准备行李箱后围板总成

图 8-6-3　准备行李箱地板

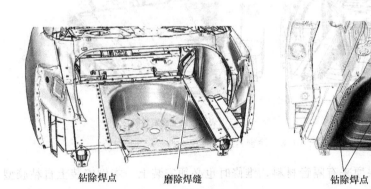
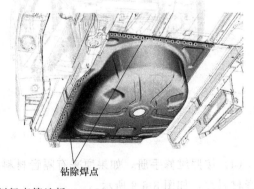

图 8-6-4　切割行李箱地板

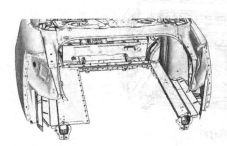
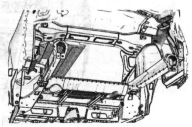

图 8-6-5　接合面准备

② 定位。按照搭接形式把行李箱地板正确放置于车身上，并进行定位。

③ 焊接。在位置进行 CO_2 气体保护焊塞焊，在位置进行 CO_2 气体保护焊缝焊。如图 8-6-6 所示。

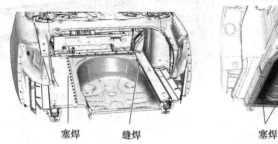
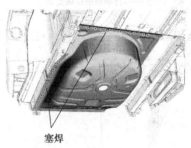

塞焊　缝焊　　　　　塞焊

图 8-6-6　焊接

图 8-6-7　安装行李箱后围板

（2）安装行李箱后围板

按照行李箱后围板的安装方法把后围板安装在汽车上，并磨平焊点。如图 8-6-7 所示。

4. 防腐

（1）在外表面上涂上磷化底漆。

（2）在维修区域钣件空心位置喷上保护涂料。

（3）在行李箱地板搭接位置涂上密封胶。注意上下面都要涂到，如图 8-6-8 所示。

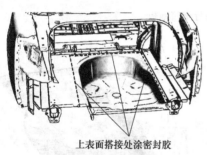

上表面搭接处涂密封胶　　　下表面搭接处涂密封胶

图 8-6-8　涂密封胶

（4）按照维修手册，如果原来有隔音材料，维修时也必须安装上。本例安装上自粘胶型隔音材料片，如图 8-6-9 所示。

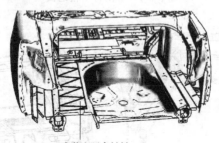

安装上隔音材料

图 8-6-9　安装隔音材料

拓展知识

车身底部零件

车身底部零件是组成汽车骨架的基础，它们的位置关系如图 8-6-10 所示。

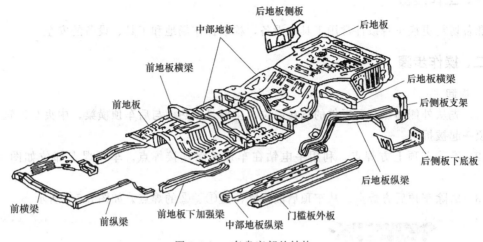

图 8-6-10　车身底部的结构

 思考练习

1. 汽车地板分哪几部分？
2. 行李箱地板在切割更换前要先拆卸哪些车身附件？
3. 简述行李箱地板切割更换的基本步骤。

任务 7　车顶的切割更换

教学目标

1. 能按正确操作方法矫正及更换车顶钣件。
2. 修复后符合车身修复技术要求。

任务引入

汽车在发生严重碰撞，特别是有翻滚情况时车顶会严重损坏，需要切割更换。

任务分析

车顶钣件的更换，主要是在车顶经过修复并得到校正后，把车顶蒙皮和横梁进行切割更换的维修。

相关知识

车顶钣件主要由车顶板和横梁构成。车顶钣件的更换要拆除顶盖内装饰板、装饰条、天线座、前挡风窗玻璃和有关电线线束、尾门、后灯、天线等。切割更换时要按照维修手册指定位置切割和焊接，最后做好防腐工作。

任务实施

一、工作准备

准备切割更换车身钣件常用工具和设备，检查操作场地和工具、设备的安全。

二、操作步骤

1. 拆卸

（1）先从外侧加热车顶钣件的粘接部位。主要是加热前与后车顶横梁，中央车顶轨架会与车顶一起被拆下。

（2）磨除车顶上方焊点。利用手电钻在车顶钻除连接焊点。车顶焊点部位如图8-7-1所示。

（3）磨除车顶后方焊点。从车顶后面磨除位置①、②的焊点。如图8-7-2所示。

图8-7-1　磨除车顶上方焊点

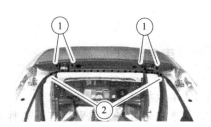

图8-7-2　磨除车顶后方焊点

2. 安装

（1）准备新钣件

在需要焊接位置钻出塞焊孔。如图8-7-3所示。如果车顶上方是利用电阻点焊进行焊接，按照电阻点焊规范进行，不需要钻孔。

（2）安装车顶轨架

先测量和确定车顶轨架在车顶上的正确安装位置，然后涂抹黏胶在车顶轨架上，并正确放置在车顶新钣件安装位置①上。临时定位好后，在位置②用CO_2气体保护焊塞焊进行焊接（也可以用电阻点焊焊接）。如图8-7-4所示。

（3）黏合部位的准备

按照维修手册在车顶前后横梁上涂抹专用黏胶。如图8-7-5所示。

（4）安装新车顶

把新车顶正确安装在车顶，进行定位后，按照新钣件准备情况选择相应焊接方法，把新车顶焊接在车顶上。如图8-7-6所示。位置①可用CO_2气体保护焊塞焊或者电阻点焊，位置②可用CO_2气体保护焊塞焊。

图 8-7-3　准备新钣件

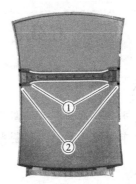

图 8-7-4　安装车顶轨架

图 8-7-5　黏合部位的准备

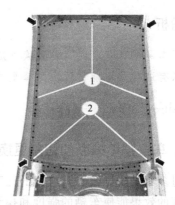

图 8-7-6　安装新车顶

3. 打磨

用砂轮机把 CO_2 气体保护焊塞焊焊点按照要求磨好。

4. 防腐

把维修过程中暴露金属部位喷涂上防锈漆。

拓展知识

车顶板

车顶板是车厢顶部的盖板，也叫车顶盖。对于轿车车身的总体刚度而言，顶盖不是很重要的部件。从设计角度来讲，重要的是它如何与前、后窗框及与支柱交界点平顺过渡，以求得最好的视觉感受和最小的空气阻力。为了安全，车顶盖还应有一定的强度和刚度，一般在车顶盖下增加一定数量的加强梁，顶盖内层敷设隔热衬垫材料，以阻止外界热量的传入及减少振动时噪声的传递。

 思考练习

简述车顶板切割更换的基本步骤。

任务 8　车身整体截断的切割更换

教学目标

1. 了解车身整体截断的切割更换合理性。
2. 了解车身整体截断的切割更换基本方法。

任务引入

当汽车的前部或者后部严重损坏,在维修时又能找到同款车的后部或者前部时,采用整体截断的切割更换方法能大大提高维修效率。

任务分析

利用车身整体截断的切割更换方法维修车身时,切割方法、连接方法及焊接质量都非常重要,只有这样些才能保证车身修复的强度。

相关知识

一、车身整体截断的切割更换合理性

经过多年的研究及实际应用的证明,车身整体截断的换件修理是完全切实可行的。因为,修理的效果能使车辆的强度和操纵性能,都能与发生碰撞前相当。在汽车发生严重的"追尾"事故中,承载式车身,即整体式车身的后部变形利用这种方法修理,与传统方法相比,更为实用,更为经济,减少了对车辆进行大量的拆卸时间和劳力,也减少了许多矫正、局部换件修理的工作,而且对防腐蚀处理的影响也较小。

二、车身整体截断的切割更换基本方法

车身整体截断修理,是汽车钣金修理中最困难和技术要求最高的形式,通常用这种修理方法的情况,是那些后部车身有严重撞伤的汽车。基本的做法是从废旧市场采购旧的整车或者是前部车身严重损坏的汽车,然后在合适位置截断,得到后部车身,通过连接与修理的汽车前部车身成为一体。

任务实施

一、工作准备

准备维修工作中所需要工具、设备、材料和必要劳保用品。

二、操作步骤

1. 拆卸

把两车身上的所有附件全部拆卸,包括玻璃、座椅、油管等和任何装饰件,只剩下空空的车身。

2. 测量

对两车身钣件连接的部位进行精确测量，比如车门槛板到前侧板连接处、两侧前门上部连接到车窗立柱中心的距离等，先量一个车身再量另一个车身。计划好切割位置，并做好标记。如图 8-8-1 所示。

图 8-8-1 测量

3. 切割

按照切割标记，首先将尺寸留大些进行粗切割；然后再进行较精确的切割。切割时注意，地板上可能有加强件和附加件，需要在截断前拆下来。加强件可保留在替换用的后半部车身上，便于定位使用。整体切割位置可在两边 A 柱上方、两边前车门门槛中间和车厢地板或者其他合适位置，如图 8-8-2 所示。

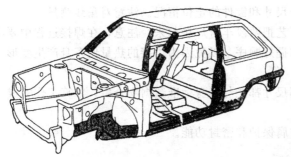

图 8-8-2 车身整体截断位置

4. 准备门槛和立柱的内插件

内插件可以用旧的 A 柱和门槛制成，但必须与其内部形状相似，使配合良好。钣件连接方式如图 8-8-3 所示。

 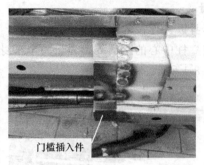

门槛插入件

图 8-8-3 钣件连接方式

5. 整体截断车身段的连接

（1）把前、后车身段的接口修整并配合好后，钻出塞焊孔，涂上透焊防蚀涂料。

（2）插入门槛及支柱内的内插件，然后用钢板螺钉或塞焊固定。

（3）根据挡风玻璃的角度和形状，把 A 柱内插件放入挡风玻璃支柱的上部或下部。

（4）连接两车身段。首先连接门槛，然后连接 A 柱。把门槛和 A 柱的翻边法兰夹紧，以免两部分被拉开。

（5）用杆规或钢卷尺检测挡风玻璃框和门洞的尺寸是否合适。也可以装上挡风玻璃和车门验证定位是否合适。

（6）正确定位之后用钢板螺钉把地板固定起来，这样可以使两车身段连在一起，保证在焊接过程中不会错位。

（7）用自定心规和杆规双重检测车身尺寸和钣件的定位情况。注意对角线测量。

（8）按照支柱、门槛和地板的连接工艺把两段车身焊接起来。注意，在焊接过程中要经常测量，防止尺寸变动；焊接时一定要掌握好顺序，以免因为焊接的热量使车身产生变形。

6. 测量

车身修完后，必须通过测量，当全部尺寸都能与车身标准数据吻合后，才算工作完成。

7. 防腐和密封

进行防腐蚀处理，对车身恢复所有防腐保护和密封功能。

拓展知识

车身整体截断的切割更换条件

能够进行整体截断换件修理的汽车，必须符合以下的条件，才能保证修理的效果达到美观要求、强度要求、安全要求、耐用度要求和使用要求等。

（1）采购的汽车与待修理汽车，包括车身和机械部件必须类型相似，质量相当。特别注意汽车自动防抱刹车系统（ABS）的适用性。

（2）待修理汽车，必须符合车辆出厂号码代码标识和废气排放法规的全部要求，所有悬架、制动系和转向系都应处于良好的技术状态，否则没有修理的必要。

（3）仔细检查两车前、后车身段的尺寸是否一致；如果不一致，两部分的连接是很难实现的。

（4）修理后，汽车的动力系及其他零部件的质量是否得到保证，如果没法保证，就不能进行修理。

（5）采用车身整体截断换件修理车辆质量较好，已得到反复验证。但要注意，这种修理方法不是经常采用的方法，因此，出于职业道德的原因，在这种修理开始之前必须向车主征求意见；参保的汽车必须在保险公司授权下进行修理。

思考练习

1. 简述车身整体截断的切割更换合理性。
2. 简述车身整体截断的切割更换基本方法。
3. 车身整体截断的切割更换有哪些条件？

任务9 车门外板（蒙皮）的更换

教学目标

1. 会对车门外板（蒙皮）进行更换。
2. 更换维修后符合修复技术要求。

任务引入

车门是汽车的重要部件，除了因日常的经常开和关造成磨损引起故障外，在汽车发生事故时也会产生损伤和损坏，需要修复。

任务分析

车门外板如果碰撞情况较轻，只是一般的凹凸变形，可不必将车门总成拆卸下来，而在车身上直接修理，可利用车身修复机进行修理；比较严重时要把车门卸下来，并且进行内、外板分离才能进行修理。车门外板在变形严重，或者因剐蹭而产生大面积破坏时多选择切割更换方法修复。

相关知识

一、车门结构

车门结构主要有门板总成、玻璃导向槽、密封条等，使用中的车门上还装有门锁、玻璃、玻璃升降器等附属设施和车门装饰板等装饰件。

二、车门种类

按照制造方式不同车门一般分为整体冲压型和焊接型两种，如图8-9-1所示。

任务实施

一、工作准备

准备砂轮机、钢卷尺、胶带纸、焊点钻、钣金锤等工具，工作手套、护目镜等防护

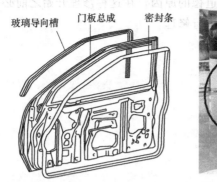

(a) 整体冲压型车门

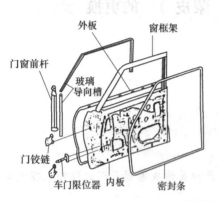

(b) 焊接型车门

图 8-9-1　车门类型

用品。

二、操作步骤

1. 损伤分析

车门是由内、外板合成的盒式构件，根据其受损伤的轻重程度与其他情况的不同，可以采取不同的修理方法。严重受损车门如图 8-9-2 所示。

图 8-9-2　严重受损车门

2. 拆卸

（1）在拆卸车门之前，先检查车门铰链是否弯曲，观察车门与门洞间的间隙情况。

(2) 查看面板的固定方式,以确定需要拆卸内部的哪些构件。
(3) 拆下车门玻璃,以免在修理车门时破裂。
(4) 拆下车门,放到合适的工作场所。

3. 分离外板

(1) 在门框上贴上标记条,分别测出面板边缘到标记条下边线的距离 b 和面板边缘到门框的距离 a。如图 8-9-3 所示。

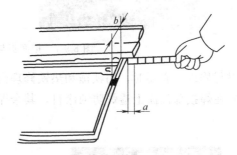

图 8-9-3 测量出面板的位置

(2) 用焊点钻和打磨机除掉焊点。如图 8-9-4 所示。
(3) 用砂轮机或其他工具把面板与门框之间的钎焊缝剔除。如图 8-9-5 所示。

图 8-9-4 用焊点钻除掉焊点　　　　图 8-9-5 把钎焊缝剔除

(4) 打磨面板边缘的翻边,只需磨掉外缘而使其断开即可,不要打磨到门框上,以免造成门框变形或被意外破坏。如图 8-9-6 所示。

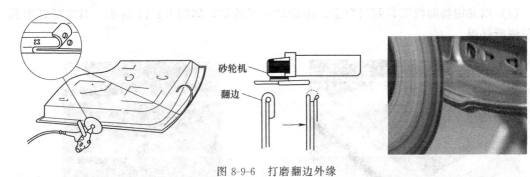

图 8-9-6 打磨翻边外缘

(5) 用钣金锤和扁冲或气动錾把面板与门框剥离开来,用切割工具把那些无法钻掉或磨掉的焊点周围割开。如图 8-9-7 所示。
(6) 拆下面板后,检查门框的损坏情况,并用钳子和砂轮机等工具清理翻边,同时对内

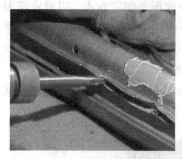

图 8-9-7　把面板与门框剥离开来

部损伤进行修理。必要时,用铁锤和垫铁修理内折边上的损伤。如图 8-9-8 所示。

（7）在焊接部位涂上透焊防蚀涂料,其余裸露部位涂防锈漆或其他防锈涂料。如图 8-9-9 所示。

图 8-9-8　修理门框架　　　　　　　　图 8-9-9　喷涂透焊防蚀涂料

4. 安装

（1）准备安装新面板。钻出或冲出塞焊用孔,用砂纸磨去焊接或钎焊部位的油漆。裸露部分应涂上透焊防蚀涂料。

（2）有些面板配有隔音板,这些隔音板必须固定到面板上,这时应先用酒精擦净面板,然后用加热灯对面板和隔音板进行加热,最后用黏结剂将它们黏结起来。如图 8-9-10 所示。

（3）在新面板背面涂上车身密封胶。在距翻边 10mm 处均匀涂抹,厚度为 3mm。

（4）用夹钳将面板安装到门框上,准确地对好位置,如图 8-9-11 所示。对需要钎焊的部位进行钎焊。

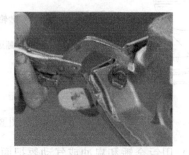

图 8-9-10　安装隔音板　　　　　　　　图 8-9-11　夹钳固定门板

（5）用钣金锤和垫铁做翻边,翻边时垫铁上应包上布,以免划伤面板。翻边应分三步逐步地进行，注意不要使面板错位，不要出现凸起或折痕，翻边到30°后，用翻边钳收尾。收尾也分三步进行，同时要注意不要造成面板变形。

（6）用点焊或塞焊焊接车门玻璃框，然后再对翻边进行定位点焊，如图 8-9-12 所示。

（7）在翻边处涂上接缝密封胶，在焊接和钎缝部位的内侧涂防蚀涂料。如图 8-9-13 所示。

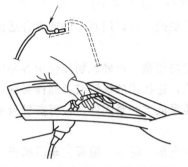

图 8-9-12　车门玻璃框的焊接

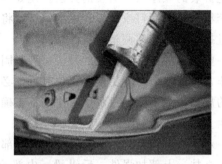

图 8-9-13　翻边处涂上密封胶

（8）在新面板上钻出用于安装嵌条和装饰条的孔。在安装任何零件前，所有的棱边都要修整好。

（9）将车门放入门洞内，检查定位状况，然后把车门装好。

（10）调准车门与相邻钣件间的位置关系，检查转动是否灵活。

拓展知识

车身钣件更换的类型

汽车车身常见更换的零部件，如图 8-1-14 所示。

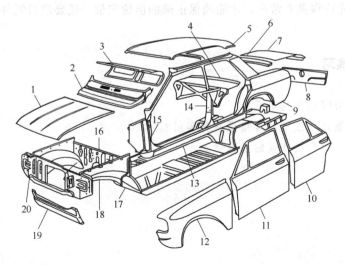

图 8-1-14　汽车车身常见更换的零部件

1—发动机罩；2—通风栅板；3—仪表板嵌板；4—后托架板；5—车顶板；6—后缘板；7—行李箱盖；8—后围板；9—后翼子板；10—后门；11—前门；12—前翼子板；13—门槛板；14—中柱；15—前柱；16—前围板；17—前纵梁；19—车轮罩；19—前护板；20—散热器支架

由于汽车车身结构形式不同，各钣件连接方式的不同，钣件本身的结构形式也不同，车身钣件的更换要根据钣件的受损情况灵活更换。

1. 整个部件更换

车身的零部件固定到车身上的方法有焊接、粘接，也有利用紧固件连接的。在更换这些部件时，应该仔细地检查，研究部件的结构，了解它们是如何固定在车身上的，以便合理地确定拆装的顺序及所需要的方法。比如一般外钣件的部分，即前翼子板、车门、发动机罩、行李箱盖是用螺钉或螺栓连接的，可以将其成件地整个更换。可以用新配件或者合适的旧件通过拆卸和安装、调整完成修理工作。

整个部件更换要注意的是，每种紧固件都有其特定的用途，正确识别和使用各种紧固件是非常重要的。每当更换紧固件时，都必须按要求更换，连接用的螺钉或者螺栓必须符合原来的规格，绝不能随意乱用，使用不正确的紧固件或质量低劣的紧固件，很可能导致事故的发生。

对于整体式车身组成骨架的结构件部分，如散热器支架、轮罩、地板、车门槛板、前纵梁、立柱、上部加强件、后纵梁、内部的护板槽、行李箱地板等，在汽车发生严重的事故时，也是经常需要更换的部件。但它们是以电阻点焊等焊接方法连接成一体的，与车身外钣件的螺钉或螺栓的连接方法不同，也可以进行整个部件更换，更换时主要通过切割和焊接来实现。

2. 部件局部更换

当车身外钣件本身的骨架部分没有严重受损，只是蒙皮部分需要更换时；或者是车身结构件的变形不是整个严重损伤，只是需要更换某一部分时，都可以进行部件的局部更换。比如车门的损伤，如果其框架没有严重损坏，只需要把蒙皮拆卸下来，换上新蒙皮即可；如果前纵梁只是某一截严重褶皱变形，修理时可以把这一截更换就行，不用整个纵梁都换掉。

结构件的更换，不管是整个部件更换还是局部更换，都是通过切割分离损坏件，然后通过焊接来连接新件。整个换件过程，包括定位、测量，技术要求都很高，如前悬架的悬梁接合部等结构上的允许误差非常小，才能确保正确的前轮定位。还要进行钣件防腐工作。

思考练习

1. 车门主要由哪些结构组成？
2. 如何区分整体冲压型和焊接型两种车门？
3. 简述切割更换车门外板的基本步骤。

参 考 文 献

[1] 冯培林. 汽车钣金维修技术. 北京：化学工业出版社，2012.
[2] 梁振华. 汽车钣金基本工艺与设备. 北京：人民邮电出版社，2012.
[3] 冯培林. 汽车车身修复基础. 北京：人民交通出版社，2015.
[4] 冯培林. 汽车车身修复技术. 北京：人民交通出版社，2015.
[5] 刘森. 汽车表面修复技术. 北京：金盾出版社，2003.
[6] 辛明. 汽车车身与整车维护. 北京：中国劳动社会保障出版社，2005.
[7] 顾建国. 汽车钣金维修技师. 北京：人民交通出版社，2003.
[8] 祖国海，高宏伟. 汽车钣金工艺与技能训练. 北京：中国劳动社会保障出版社，2005.
[9] 张洪源. 汽车钣金. 北京：人民交通出版社，1997.